☀ pmv

ALLGÄU MIT KINDERN

**DIESES BUCH GEHÖRT
FAMILIE:**

··

mit:

··

··

··

··

Vor die Haustür, fertig – los
3. Auflage, Saulheim in Rheinhessen 2020

PETER MEYER VERLAG

UMWELTFREUNDLICH

pmv-Bücher sind nach ökologischen Grundsätzen hergestellte Reisebegleiter. Nahe Reiseziele und Freizeittipps, die Natur und Umwelt schonen, immer Anreisemöglichkeit mit ÖPNV sowie regional verankerte Restaurants und Unterkünfte sind inhaltlich unsere Kriterien. Darüber hinaus helfen wir durch achtsamen Umgang mit Rohstoffen, Vermeidung von Plastik, Nutzung von Recyclingpapier und grünem Strom sowie Klimaausgleichszahlungen, die Natur zu bewahren. Inhalt und Umschlag dieses Buches wurden auf umweltfreundlichen Papieren, die zu 100 % aus Altpapier bestehen, gedruckt. Die Druckfarben aus Pflanzenölen sind frei von Mineralölen und tierischen Inhaltsstoffen. Unser obligatorischer Klimaausgleich für dennoch verursachte Treibhausemissionen fließt einem Klimaschutzprojekt im Oberallgäu zu. Klimaurkunde und unsere Nachhaltigkeitserklärung finden Sie unter www.PeterMeyerVerlag.de.

BLAUER ENGEL · DAS UMWELTZEICHEN · XQ4

www.blauer-engel.de/uz195

Dieses Druckerzeugnis wurde mit dem Blauen Engel ausgezeichnet.

Preisträger Deutscher Verlagspreis 20

IMPRESSUM

© 2020, 3. Auflage (1. Aufl. 2017) | pmv Peter Meyer Verlag | Am Weidenberg 18 | 55291 Saulheim in Rheinhessen | www.PeterMeyerVerlag.de | info@PeterMeyerVerlag.de

Umschlag- und Reihenkonzept, insbesondere die Kombination von Griffmarken- und Schlagwort-System auf dem Umschlag, sowie Text, Gliederung und Layout, Karten, Tabellen, Piktogramme und Illustrationen sind urheberrechtlich geschützt. Abdruck und Einspeisung in elektronische Medien, auch auszugsweise, nur mit Genehmigung des Verlags. Kopien vom gedruckten oder digitalen Buch sind nur für den privaten, nicht kommerziellen Gebrauch gestattet. © Die pmv-Reihe »... mit Kindern« existiert unter diesem Namen kontinuierlich seit 1996.

Druck & Bindung: oeding print GmbH, Braunschweig, www.oeding-print.de | **Fotos:** Wenn nicht anders angegeben, alle Rechte beim Verlag, siehe Nachweis beim jeweiligen Bild. Die Fotos unserer Autorin zeigen eigene und befreundete Kinder oder sind bei Presseterminen entstanden. Sollte eine abgebildete Person nicht mehr mit der Verwendung des Fotos einverstanden sein, bitten wir um Ihre freundliche Nachricht. Cover: pmv, Katja Faby | **Karten:** pmv | **Zeichnungen:** Silke Schmidt | **Bezug:** über Prolit, Fernwald-Annerod, oder über den Verlag, info@PeterMeyerVerlag.de, © 06732/6000491 | **print-ISBN** 978-3-89859-467-7 | **eBook** 978-3-89859-089-1

HINWEIS

Unsere Inhalte werden von den Autoren an Ort und Stelle recherchiert, zudem ständig gepflegt, aktualisiert und erweitert. Für die Genauigkeit, Gültigkeit und Korrektheit der Daten und Angaben, insbesondere der Tourbeschreibungen, kann der Verlag jedoch keine Haftung übernehmen. Sie wandern und radeln stets auf eigene Gefahr, aber hoffentlich immer mit großer Freude. *Auch im Namen der Anbieter bitten wir um Verständnis für corona-bedingte Änderungen bei Preisen, Öffnungszeiten und Angebot. | **Ohne Werbung:** Die Aufnahme und Beschreibung von Adressen und Aktivitäten in diesem Buch unterliegt der Auswahl durch Autorin und Verlag und kann nicht erkauft werden.

*pmv

PETER MEYER VERLAG

ALLGÄU
mit Kindern

*Die 300 schönsten Ausflüge und Erlebnisse
für Freizeit und Ferien*

VON BARBARA KETTL-RÖMER

100 % für
Kind & Umwelt

MEMMINGEN & UNTERALLGÄU

KEMPTEN & UMGEBUNG

KAUFBEUREN & MARKTOBERDORF

FÜSSEN & DIE SEEN IM OSTEN

PFRONTEN – ROTTACHSEE

IMMENSTADT & OBERALLGÄU

WANGEN & WESTALLGÄU

ORTE, INFO & VERKEHR

UNTERKUNFT & CAMPING

REGISTER & KARTEN

KAUFBEUREN & MARKTOBERDORF

FÜSSEN & DIE SEEN IM OSTEN

WANGEN & WESTALLGÄU

Carl Hirnbein – der Notwender und Alpkönig 169

Festkalender Wangen & Westallgäu 182

ORTE, INFO & VERKEHR

Vorsicht, Tiere! Verhaltenstipps für kleine und große Wanderer 198

UNTERKUNFT & CAMPING

REGISTER & KARTEN

WILLKOMMEN IM SCHÖNEN ALLGÄU!

Mit Kindern ins Allgäu? Aber natürlich! Das Allgäu ist für Kinder ein einziger großer Abenteuerspielplatz mit unendlich vielen Möglichkeiten zum Spielen, Toben, Naturerleben und Lernen.

Kleine und große Wasserratten können sich in den unzähligen Seen, Natur- und Erlebnisbädern tummeln, Tierfreunde Kühe, Schafe, Ziegen, Ponys und Kleintiere auf dem Bauernhof oder im Streichelzoo besuchen, Naturforscher Lehrpfade, Höhlen oder gleich den Himmel erkunden. Bergfans wandern, klettern, fahren Ski oder rodeln. Hier gibt es so viel zu erleben, dass meine im Allgäu aufgewachsenen Kinder manchmal erst, wenn begeisterte Besuchskinder aus der Großstadt mit uns unterwegs sind, wieder bemerken, wie besonders unsere Heimatregion ist!

Wir haben für diesen Reiseführer die schönsten Aktivitäten für Familien mit Kindern von 3 bis 13 Jahre ausgewählt. Dabei legen wir Wert darauf, auch die weniger bekannten Regionen wie etwa das »Unterland« zwischen Memmingen und Mindelheim oder das Ostallgäu zwischen Kaufbeuren und Marktoberdorf mit ihren vielleicht weniger spektakulären, aber doch sehens- und liebenswerten Seiten vorzustellen. Und natürlich zeigen wir euch auch die Allgäu-Bilderbuch-Regionen mit den Allgäuer Hochalpen, den Märchenschlössern und Seen.

Viel Freude bei eurem Besuch im Allgäu und viele unvergessliche Erlebnisse wünscht euch
Barbara Kettl-Römer

Barbara Kettl-Römer, Jahrgang 1968, lebt seit 1995 als *Nei'gschmeckte* (= Eingeheiratete) im Ostallgäu. Sie arbeitet als Wirtschaftsjournalistin und kam über ihr privates Reiseblog www.tief-im-all-gaeu.de nach und nach auf den Geschmack, auch Allgäu-Reiseführer zu schreiben.

Zur Gliederung dieses Buchs

Euer Buch *Allgäu mit Kindern* ist in **7 geografische Griffmarken** gegliedert: *Memmingen & Unterallgäu,* die Allgäu-Metropole *Kempten & Umgebung,* dann *Kaufbeuren & Marktoberdorf,* im Osten *Füssen & die Seen* sowie *Pfronten & Rottachsee,* am stärksten ist *Immenstadt & Oberallgäu* und den Abschluss bildet die Griffmarke *Wangen & Westallgäu.*

Die Griffmarken sind immer nach demselben Schema aufgebaut:

Im & am Wasser: Dieses Kapitel ist *Sam,* der unternehmungslustigen Wasserratte, gewidmet. Sam zeigt euch den Weg zu Frei- und Hallenbädern, zu Natur- und Moorseen, wo ihr schwimmen oder rudern könnt, sowie zu Schiffsfahrten.

Gestatten?
Ich bin Sam, die Wasserratte. Meine Clique und ich begleiten euch auf euren Entdeckertouren durch dieses Buch. Darf ich vorstellen:

Natur & Umwelt erfoschen ist das Lieblingsthema von *Karlotta,* unsere neugierige Igelin. Sie liebt es, draußen unterwegs zu sein und die Natur kennen zu lernen: Sie wandert und weist euch den Weg zu Naturwundern, Tieren oder Barfuß- und Lehrpfaden, wo ihr den Dingen auf den Grund gehen könnt.

Sport, Spaß & Spiel ist für alle schön, deswegen seht ihr in diesem Abschnitt die ganze Rasselbande beim Radeln, Toben oder Klettern. Ihr findet hier zudem Spielplätze und Freizeitparks, Minigolf und Wintersporttipps.

Karlotta, sie liebt ihre Freiheit und die Natur,

Handwerk, Technik & Geschichte ist das Hobby von *Herrn Mau:* Der Maulwurf mit der praktischen Latzhose nimmt mit euch alles unter die Lupe, was mit Technik zu tun hat, zum Beispiel Bahnen und Betriebe, die ihr von innen besichtigen könnt wie zum Beispiel Rapunzel. Auch von Geschichte kann er nie genug kriegen und führt euch daher auf Burgen und in Museen – vorausgesetzt, sie sind für Kinder interessant und haben tolle Mitmach-Programme. Sie zu besuchen, ist daher nicht nur an Regentagen eine gute Idee!

Herr Mau, Experte für Unterirdisches und Geschichte

Bühne, Leinwand & Aktionen ist was für die musisch Begabten unter euch, so wie *Mockes,* der Langlöffelhase. Ihr wisst nicht, was ein Langlöffelhase alles kann? Dann lasst euch überraschen und folgt ihm zu Kindertheatern und Kreativangeboten! Am Ende jeder Griffmarke findet ihr zudem einen **Festkalender,** in dem wiederkehrende Feste und Weihnachtsmärkte aufgeführt sind. So könnt ihr euren Urlaub langfristig gut planen!

und Mockes, der lustige Kunst- und Theaterliebhaber.

Orte, Info & Verkehr führt die Adressen aller Tourist-Informationen inklusive Anreise mit Auto und öffentlichen Verkehrsmitteln auf. Außerdem gibt es eine Kurzbeschreibung des jeweiligen Ortes. So wisst ihr, wo ihr weitere Informationen erhaltet, wie ihr hinkommt und warum der Ort interessant ist. Speziell im Allgäu gibt es zudem verschiedene **Sparangebote** und Gästekarten mit denen ihr bei Eintritten und Seilbahnfahrten sparen könnt. Sie werden hier zusammenfassend aufgeführt.

Ferienadressen locken euch zum Übernachten raus aufs Land oder rauf auf die Berge! Zusammengetragen habe ich ausschließlich familienfreundliche Unterkünfte, Bauernhöfe und für größere Gruppen Jugendherbergen sowie Campingplätze, auf denen es naturnah und gelassen zugeht.

Der farbige **Kartenatlas** sorgt für die nötige Orientierung. Symbole zeigen, wo es z.B. einen Spielplatz oder ein Museum zu besichtigen gibt. Die Karten sind von pmv eigens für dieses Buch gezeichnet worden. Zum Radeln oder Wandern nehmt ihr eine der in den Randspalten empfohlenen Karten mit.

Gezeichnet werden unsere tierischen Freunde exklusiv für diese Kinder-Freizeitreihe von Silke Schmidt. Malt uns ein Bild mit Sam oder Karlotta – wir freuen uns darüber!

Schreiben wir bei den Eintrittspreisen z.B. »Kinder 6 – 12 Jahre …« bedeutet das, dass Kinder unter 6 Jahre freien Eintritt haben.

*Schreibt uns: **pmv Peter Meyer Verlag**, Am Weidenberg 18, Saulheim. ✆ 06732/ 6000491. lesen@Peter-MeyerVerlag.de. Auch wenn ihr etwas Neues entdeckt habt, freuen wir uns über eine eMail oder Postkarte! Vielen Dank.*

Hinweis: Wegen der Corona-Pandemie 2020 müssen Sie vermehrt mit einem abweichendem Angebot oder geänderten Öffnungszeiten und Preisen rechnen, die durch wirtschaftliche Folgen oder Hygiene-Vorschriften notwendig geworden sind. Dennoch geben wir Ihnen in gewohnter pmv-Art diese Reiseinformationen, da sie wichtig für Ihre (Budget-)Planung sind. Bei Redaktionsschluss im Juli 2020 waren z.B. das Freibad Mindelheim, die Eissporthalle Oberstdorf und die Sturmannshöhle noch geschlossen sowie Weihnachtsmärkte und andere Veranstaltungen auf 2021 verschoben. Andere nutzten die Auszeit für Umbauten. Mit Hilfe der Web-Adressen und Telefonnummern können Sie sich vor Ihrem Ausflug aktuell kundig machen. Wir bitten um Ihr Verständnis sowie für Anbieter und die Autorin um Nachsicht. Danke!

MEMMINGEN & UNTERALLGÄU

www.PeterMeyerVerlag.de

© pmv, Kettl-Römer

© pmv, Kettl-Römer

© pmv, Kettl-Römer

© pmv, Kettl-Römer

Planschen, Boot fahren, Eis essen: Der Buxheimer Weiher reicht einen ganzen Sommer lang | Natur pur: Kanu fahren auf der Iller | Beliebt: Einkehr in der Katzbrui-Mühle | Lustig: Durchkriech-Baum am Walderlebnispfad Bannwald | Schicker Wohnsitz: Die Mindelburg | Superlecker: Sahniges im Allgäuer Windbeutelparadies

© pmv, Kettl-Römer   © pmv, Kettl-Römer

Im Unterallgäu dreht sich alles ums Kneippen. Das hat nichts mit der Kneipe zu tun, sondern mit Sebastian Kneipp, dem »Wasserdoktor«. Der hielt nicht viel von Alkohol, aber viel von (kaltem) Wasser, das aber vor allem äußerlich angewendet wird.

Nüchtern betrachtet ist das Unterallgäu erst seit 1972 ein eigener Landkreis, dessen nördlicher Teil geschichtlich und geografisch eigentlich nicht mehr zum Allgäu gehört. Deswegen haben wir uns hier auf den südlichen Teil beschränkt. Die Landschaft zwischen **Bad Wörishofen** und **Memmingen** ist ländlich geprägt und vergleichsweise flach. Das Unterallgäu versteht sich touristisch als **Kneippland** und Gesundheitsregion und ist tatsächlich ein ideales Urlaubsziel für alle, die Ruhe und Erholung abseits der großen Touristenströme suchen.

Kneippland Unterallgäu, Umgebungskarte 1:50.000, Landesamt für Digitalisierung, Breitband und Vermessung Bayern, 8,90 €, ISBN 978-3-8993 3598-9.

Meine Lieblings-Tipps fürs passende Alter:
Natur- und Sinneserlebnisse finden **Kindergartenkinder** auf dem Barfußweg im Kurpark Bad Wörishofen oder auf dem Walderlebnispfad Bannwald bei Ottobeuren. Für **Grundschulkinder** ist das Bauernhofmuseum Illerbeuren spannend, während die **über 10-Jährigen** die Technik der uralten Uhrwerke im Mindelheimer Turmuhrenmuseum und das Sternengucken in der Volkssternwarte Ottobeuren faszinierend finden werden. Der größte Stern am Freizeithimmel ist für kleine und große Kinder sicher der Skylinepark, für dessen Besuch ihr einen ganzen Tag einplanen solltet.

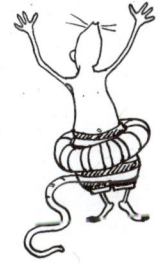

Freibäder & Thermenwelt

Freibad mit Park

Freibad am Sonnenbüchl, Sonnenbüchl 2, 86825 Bad Wörishofen. ✆ 08247/5124, www.bad-woerishofen.de. **Bahn/Bus:** Von Bad Wörishofen Bhf Kurlinie Richtung Dorschhausen bis Freibad. **Auto:** Von Hauptstraße rechts in Kathreinerstraße, die erst zur Viktoria und dann zur Mindelheimer Straße wird. Nach Ortsende 1. Straße rechts (Beschilderung folgen). **Zeiten:** Mai – Sep 8 – 20 Uhr, Mi ab 9.30 Uhr, bei schlechtem Wetter verkürzte Öffnungszeiten. **Preise:** 3,50 €; Kinder 7 – 16 Jahre 2 €, ab 17 Jahre 3,50 €; ab 17 Uhr Erw 2,50 €.

▶ Das Besondere an diesem Freibad ist, dass es nicht bloß eine einfache Liegewiese hat, sondern in einem richtigen Park liegt. Es ist reichlich Platz vorhanden, es gibt also kein Gedränge. Ihr braucht auch keinen Schirm mitzubringen, denn es gibt genügend Schattenplätze. Dazu ein 30-m-Nichtschwimmerbecken, ein 50-m-Schwimmbecken, ein Kinderplanschbecken und einen Spielplatz. Das Wasser ist auf kuschelige 24 Grad geheizt und am Kiosk gibt es richtig leckere Sachen.

In warmem Wasser planschen

Therme Bad Wörishofen & Sport- und Familienbad blueFUN, Thermenallee 1, 86825 Bad Wörishofen. ✆ 08247/399-300, www.therme-badwoerishofen.de. **Bahn/Bus:** Thermenlinie ab Bad Wörishofen Bhf (kostenlos mit Kurkarte, Bahnfahrkarte oder Thermeneintrittskarte). **Auto:** A96 Ausfahrt Bad Wörishofen, St. 2015, am 1. Kreisverkehr rechts in Rudolf-Diesel-Straße. **Zeiten:** Mo – Fr 11 – 20, So, Fei 9 – 20, Ferien 10 – 20 Uhr; blueFun & Therme Sa 9 – 18 sowie blueFun Sa 18.30 – 20 Uhr. **Preise:** Therme inkl. blueFun 2 Std 17 €, 4 Std 23 €, Tageskarte 32 €, So und Fei zzgl. 3 €; blueFun ab 16 Jahre 1,5 Std 8 €, 3 Std 12 €, So und Fei 10 bzw. 14 €, Übergang Therme zzgl. 8 €, So und Fei zzgl. 9 €; blueFun Kinder 4 – 15 Jahre 1,5 Std 4 €, 3 Std 7 €; Familiensamstag 3 Std für 3 Pers, davon min. 1 Kind 50 €, jedes weitere Kind 9 €, Übergang Vitalbad 5 €, Sauna 5 €; FamilienSpartarif Mo – Fr 3 Std ab 17 Uhr (3 Pers, min. 1 Kind) 20 €, jedes weitere Kind 3 €. **Infos:** Zutritt Therme erst (außer Sa) ab 16 Jahre.

▶ Sonst wollen in der **Therme** die Erwachsenen unter sich sein, aber am *FamilienSamstag* dürft ihr auch in die warmen Becken (34 – 37 Grad) steigen. Das Wasser ist enthält besonders viele Mineralien und ist deshalb sehr gesund (nur zum Baden, nicht zum Trinken!). Besonders schön ist das Außenbecken mit Strömungskanal. An warmen Tagen öffnet sich das Glasdach und die Therme wird zum Freibad unter Palmen.

Angegliedert an das Thermenparadies findet ihr zudem das Spaßbad **blueFUN.** Auch hier ist das Wasser wohlig warm: Das 25-m-Schwimmbecken ist auf 28 Grad temperiert. Die Kleinen planschen in den Bambini-Pools, machen Schwimmübungen im Spiel- und Lernbecken (32 Grad warm) oder probieren die Rutschen aus. Auf Röhren- und Speed-Rutsche geht es hoch her!

Es lohnt sich auch das Obergeschoss des Sport- und Familienbades blueFUN zu erkunden: Riesenspiele, ein Kicker und eine Empore mit bequemen Liegen warten auf euch.

Freibad Mindelheim

Tiergartenstraße 9, 87719 Mindelheim. ✆ 08261/ 21901, www.mindelheim.de/rathaus-buergerservice/einrichtungen/hallen-freibad. **Auto:** Vom Rathaus aus die Maximilianstraße aus der Altstadt hinaus, dann rechts in Bad Wörishofer Straße, an der Kreisklinik vorbei, dann rechts in Mühlweg; 2 Min zu Fuß. **Zeiten:** Mai – Sep 9 – 19 Uhr, Juni – Aug 8 – 19 Uhr, bei guter Witterung bis 20 Uhr. **Preise:** 3 €; Kindor 6 14 Jahre 1,50 €, 15 – 18 Jahre 2,50 €.

▶ Familienfreundliches, kleines Freibad mit einem 30 Grad warmem Kleinkinderbecken, einem Nichtschwimmerbecken mit Rutschen und einem breiten 50-m-Becken für Schwimmer (je 24 Grad warm) samt Sprungturmnische (1, 3, 5 m). Liegewiese, Bolzplatz, Beachvolleyballfeld, Tischtennis, Kiosk. Schräg gegenüber vom Freibad ist ein kleiner **Minigolfplatz.**

Hunger & Durst

Richtig cool ist die Poolbar: Hier könnt ihr im warmen Wasser sitzen und einen leckeren Fruchtsaft-Cocktail trinken.

Minigolf-Anlage Mindelheim, Tiergartenstraße 9a, Mindelheim. ✆ 08261/ 759050. Apr – Okt 10 – 20 Uhr. 2 € pro Spieler, Infos im gegenüberliegenden Restaurant Pizzobello-Krähennest.

Baden & Paddeln in der Natur

Viel Spaß am Buxheimer Weiher

Kinderwagen geeignet: ja. **Bahn/Bus:** Bus 984 von Memmingen Bhf bis Buxheim Abzweigung Weiher. **Auto:** Von Memmingen Zentrum aus über Buxheimer Straße und MN33 bis Buxheim, dann Beschilderung folgen. **Preise:** Liegewiese 2 €; Kinder 1 €; Tretboot für 2 Pers 12 €, 4 Pers 15 €, Ruderboot für max. 3 Pers 9 €, SUP 15 € pro Std.

▶ Der Buxheimer Weiher wurde im Auftrag der Kartäusermönche aus dem nahen Kloster als Fischteich angelegt. Heute ist er ein beliebtes Ausflugsziel für Familien. Kein Wunder: Ihr könnt das ganze Jahr über rund um den Weiher einen Spaziergang machen, im Sommer darin baden, die Liegewiese ist am Campingplatz. Im **Gasthaus Seegarten** könnt ihr Tret- und Ruderboote sowie Stand-up-Paddles ausleihen.

Hunger & Durst

Gasthaus Seegarten, Am Weiherhaus 11, Buxheim. ✆ 08331/72522. www.seegarten.de. Geöffnet 10 – 20 Uhr, Do Ruhetag. Schön am See gelegener Biergarten.

ρmv Öko-Tipp!
Paddeltour auf der Iller

Illerkanu, Familie Schwarz, Ferthofer Straße 10, 87758 Kardorf. Handy 0170/6282700. www.illerkanu.de.
Altersempfehlung: ab 5 Jahre. **Auto:** Von Memmingen A7 nach Süden bis Ausfahrt Dietmannsried, dann Beschilderung nach Altusried folgen bis Altusried Hängebrücke.
Preise: je nach Größe des Kanus und Selbstabholung bzw. Anfahrtsservice 40 – 80 €/Tag.

▶ Lust auf eine Paddeltour im Stil der Indianer? Dann ist die Tagestour von der Hängebrücke bei Altusried bis zum Stausee Kardorf bei Kronburg genau das Richtige für euch. Es gibt 2er-, 3er- und 4er-Kanus (sie sind oben offen und heißen Canadier). Jeder Paddler muss natürlich eine Rettungsweste tragen, aber gefährlich ist die Sache nicht, da die Iller in diesem Abschnitt sehr ruhig fließt. Ihr bekommt eine Einweisung und dann geht es los: 4 Stunden dauert das Paddeln, außerdem muss das Kanu um drei Stauwehre herumgetragen werden (das dauert insgesamt

Gegen Ende der Tour kommt ihr am Flusskraftwerk Legau vorbei. Dort ist ein schöner **Wasserspielbereich,** der zu einer Pause einlädt. Und natürlich klettert ihr auf den stählernen Aussichtsturm, der gleich daneben steht – der Ausblick lohnt sich!

etwa eine Stunde). Dazu kommen Brotzeit-, Bade-
und Spielpausen – ihr werdet also wirklich den ganzen Tag unterwegs sein. Dafür bekommt ihr den
Steilhang am Illerdurchbruch zu sehen, könnt Wasservögel und vielleicht sogar einen Biber beobachten
und so richtig in die Natur eintauchen.

Naturerlebnis- & Barfußpfade

pmv Öko-Tipp!
Naturlehrgarten Mindelheim

87719 Mindelheim. www.naturlehrgarten-mindelheim.de.
Lage: Der Naturlehrgarten ist nur zu Fuß oder mit dem
Rad erreichbar. **Kinderwagen geeignet: ja. Auto:** In
Mindelheim der Beschilderung zum Maristenkolleg fol-
gen, parken auf der Schwabenwiese am Kolleg. Von dort
zu Fuß in die Tiergartenstraße, am Freibad vorbei der Be-
schilderung zum Naturlehrgarten folgen, ca. 15 Min.
Zeiten: ganzjährig zugänglich. **Preise:** Eintritt frei.

▶ Dieser mit viel Liebe angelegte Garten möchte
Kindern und Erwachsenen zeigen, wie vielfältig und
schön die Natur bei uns im Allgäu ist. Und wie wichtig es für uns alle ist, dass wir unsere Gärten nicht zu
sehr »aufräumen« und mit Pflanzen aus fremdem
Ländern schmücken. Hier gibt es nicht nur Beete und
Blumen, sondern auch ein Insektenhotel, einen Tot-
holzhaufen, in dem ein Wiesel wohnt, einen Eidech-
senhang, einen Naschgarten, in dem ihr Beeren und
Zwetschgen pflücken dürft, ein Kompostklo (es
funktioniert wirklich!) und einen Spiel- und Aben-
teuerbereich mit Weidenhöhle, Kletterbalken und
Bach.

 In den Kinder-
gruppen des
BUND erlebt ihr Natur
mit viel Spaß. Auf Anfra-
ge werden für Kinder-
und Jugendgruppen
Führungen angeboten.
**BUND, Ortsgruppe
Mindelheim,** Bad Wöris-
hofer Straße 7, Min-
delheim. ✆ 08261/
3574. memmingen-
unterallgaeu.bund-natur-
schutz.de.

pmv Öko-Tipp!
Benninger Ried

Riedmuseum und Café, Riedkapelle 2, 87734 Bennin-
gen. www.benninger-ried.de. **Auto:** Von Memmingen nach
Süden stadtauswärts auf Benninger Straße, am Kreisver-

kehr rechts in Hauptstraße, von dort Beschilderung folgen. **Zeiten:** April – Okt Sa, So, Fei 14 – 18 Uhr oder nach Vereinbarung. **Preise:** 1 €; Kinder bis 11 Jahre frei, ab 12 Jahre 1 €. **Infos:** Es wird ein umfangreiches Veranstaltungs- und Führungsprogramm geboten, Infos auf der Webseite.

▶ Das Benninger Ried ist ein *Kalkquellmoorgebiet,* das einen Lebensraum für viele seltene Insekten- und Pflanzenarten bietet. Allein 87 gefährdete Tier- und Pflanzenarten werden hier geschützt! Buchstäblich einzigartig darunter ist die *Riednelke,* die ausschließlich hier wächst und ab Mai bis in den Herbst hinein blüht. Im *Kräutergarten* wächst gegen jedes Zipperlein ein Kraut.

Weg und Aussichtsplattform im Moor sind jederzeit zugänglich, das kleine **Riedmuseum mit Café** nur zu den genannten Zeiten.

Barfuß im Park

Barfußweg im Kurpark Bad Wörishofen, 86825 Bad Wörishofen. www.bad-woerishofen.de. **Länge:** 1,5 km.
Bahn/Bus: Bad Wörishofen Bhf Bus Dorschhausen oder Osterlauchdorf bis Kneippianum, dann 2 Min zu Fuß.
Auto: Hauptstraße über Alfred-Baumgarten-Straße bis zum Parkplatz Mindelheimer Straße/Dorschhauser Weg, dann direkt in den Kurpark bis zum ausgeschilderten Barfußpfad, folgen bis zum Ausgangspunkt an der Kneippanlage.

Auf dem Barfußpfad: Da werden eure Füße aber Augen machen …
© pmv, Kettl-Römer

▶ Barfuß gehen ist gesund. Vor allem aber macht es Spaß. Und im Kurpark Bad Wörishofen ist es nicht nur erlaubt, sondern sogar erwünscht: Auf 1550 Metern gibt es hier einen Barfuß-Rundweg mit 23 Stationen. Seid ihr schon einmal barfuß auf Fichtenzapfen gelaufen?

SEBASTIAN KNEIPP: DER WASSERDOKTOR

▶ Überall im Allgäu gibt es kleine Becken mit kaltem Wasser, durch die jeder barfuß hindurchwaten darf – und sogar soll. Sie sind eine Erfindung von Pfarrer **Sebastian Kneipp,** der ab 1855 in Wörishofen lebte und auch als Arzt arbeitete. Er konnte vielen Menschen helfen und wurde sehr berühmt. Weil er Behandlungen mit (kaltem) Wasser machte, nannte man ihn bald den *Wasserdoktor.*

Zur Kneipp-Methode gehören **fünf Elemente:** Wasser, Heilpflanzen, richtiges Essen, viel Bewegung und innere Ausgeglichenheit. Noch heute reisen viele Menschen nach Bad Wörishofen, um auf den Spuren des Wasserdoktors etwas für ihre Gesundheit zu tun.

Und die Wasserbecken? Sie sind fürs **Wassertreten** da: Ihr geht langsam hindurch wie ein Storch, der immer einen Fuß ganz aus dem Wasser hebt, bevor er ihn wieder aufsetzt. Danach trocknet ihr die Beine nicht ab, sondern streift das Wasser nur mit den Händen herunter und hüpft dann so lange draußen herum, bis ihr wieder ganz trocken seid. Das macht herrlich warme Füße!

Über Kies, Sand, Matsch, Steine, Holz und Rinde? Mit nackten Füßen über ein Seil balanciert? Probiert es aus!

Ihr solltet etwa eine Stunde Zeit mitbringen – und ein Handtuch, um euch nach dem anschließenden Fußguss abzutrocknen. Der Weg beginnt und endet an einem **Kneipp-Becken** zum Wassertreten. Zudem gibt es im Kurpark drei Kräutergärten, einen Rosen- und einen Duft- und Aromagarten. Geht ihr die Runde gegen den Uhrzeigersinn, kommt ihr am Ende an den Tennisanlagen mit Einkehrmöglichkeit vorbei.

In Bad Wörishofen gibt es insgesamt 22 Kneippanlagen, in denen ihr Wassertreten oder eure Arme im kalten Wasser baden könnt. Es steht immer ein Schild mit einer Anleitung dabei, wie man das richtig macht.

pmv Öko-Tipp!
Walderlebnispfad Bannwald

87724 Ottobeuren. www.ottobeuren.de. **Länge:** 10 Min zu Fuß vom Marktplatz über Basilika und Ottostraße, Rundweg, 2,8 km, Markierung Specht. **Kinderwagen geeignet:** ja. **Auto:** Vom Parkplatz am Kloster über die Ottostraße bis zum Wanderparkplatz am Bannwald.

Handtuch und evtl. frische Hose mitnehmen!

**Allgäuer Windbeutel-
paradies im Ratskeller,**
Marktplatz 16, Otto-
beuren. ✆ 08332/
7772. www.allgaeuer-
windbeutelparadies.de.
Mo Ruhetag. Modernes
Café mit riesiger Aus-
wahl an superleckeren
Windbeuteln.

▶ Das ist ein ganz besonders schöner Walderlebnispfad, an dem ihr an elf Stationen zum Beispiel Baum-
arten oder Tiere bestimmen oder »Holzmusik« machen könnt. Einmal könnt ihr durch einen Baum-
stamm kriechen und bekommt dafür Gesundheit an
Körper, Leib und Seele. Versprochen! Am meisten
Spaß macht es aber, barfuß durch das *Motzenbächle*
zu waten. Ihr müsst nur immer dem Schild mit dem
Specht folgen. Wenn ihr einen Kinderwagen dabei
habt, gibt es an einer Stelle eine kleine Umleitung.
Eine gute Stunde solltet ihr für den Walderlebnispfad
einplanen.

SPORT, SPASS & SPIEL

Radeln & Skaten

Kleine Radrunde im Unterallgäu

**Mindelheim Schwabenwiese – Köngetried – Katzbrui-
Mühle – Köngetried – Dirlewang – Mindelheim,** 87719
Mindelheim. www.mindelheim.de. **Länge:** ca. 28 km.
Altersempfehlung: für sportliche Kinder ab 7 Jahre. **Auto:**
In Mindelheim der Beschilderung zum Maristenkolleg fol-
gen, parken auf der Schwabenwiese am Kolleg.

▶ Ihr startet an der **Schwabenwiese** stadtauswärts
und radelt erst am ↗ *Freibad Mindelheim* und am
↗ *Naturlehrgarten* vorbei bis zum Waldrand. Dann
wendet ihr euch nach rechts in Richtung *Unggenried,*
wo ihr links Richtung *Stetten* abbiegt. Nach der Brücke über Bahn und Autobahn beginnt auf der linken
Seite ein Radweg. Hier erwartet euch eine längere
Steigung bis Stetten. Oben angekommen, fahrt ihr
links in den Wald hinein und folgt diesem Weg.
Hinter dem Wald weiter geradeaus und zwischen Fel-
dern hindurch, bis **Köngetried** in Sicht kommt. Dorthin fahrt ihr erst links hinunter und wieder ein Stück
hinauf, bis ihr rechts in die Dorfstraße abbiegt. Ab
hier ist der Weg nach **Katzbrui** ausgeschildert. Es
sind nur noch 10 Minuten bis ihr in den Mühlentobel
hinunterfahrt und eure wohlverdiente Pause einlegt.

Katzbrui-Mühle, Könge-
ried. ✆ 08269/575.
Täglich 11 – 22 Uhr,
durchgehend warme Kü-
che. Gute und preiswerte
regionale Küche, auch
Fisch aus dem Mühlen-
teich. Urige Stube, bei
schönem Wetter Biergar-
tenbetrieb.

Auf dem Rückweg radelt ihr nach **Köngetried** zurück, wo ihr rechts abbiegt in die Südliche Bergstraße/Grünegger Straße. Ab hier braucht ihr nur noch den grünen Radwegsymbolen zu folgen: nach links in Richtung *Allesrain* – hier kommt die einzige fiese lange Steigung auf dieser Tour – dann weiter Richtung Dirlewang. In **Dirlewang** führt der Weg etwas merkwürdig erst hin zur Hauptstraße, dann wieder zurück, schließlich an den Sportanlagen vorbei auf einen geteerten Radweg an der *Mindel* entlang. Diese Strecke ist ganz flach und radelt sich sehr schön. Vorbei an der DAV-Kletteranlage und dem Maristenkolleg geht es zurück zur **Schwabenwiese**.

Die Katzbrui-Mühle ist eine altdeutsche Getreidemühle aus dem 17. Jahrhundert, die fast unverändert erhalten ist – als einzige in ganz Bayern!

Stadtpark Neue Welt Memmingen

87700 Memmingen. www.memmingen.de. **Lage:** Vom Rathausplatz Memmingen zu Fuß dem Stadtbach entlang ca. 1 km nach Norden. **Kinderwagen geeignet:** ja. **Preise:** Eintritt frei.

▶ Im Jahr 2000 fand in Memmingen die **Landesgartenschau** statt, für die eine Brachfläche im Norden der Altstadt in einen Park umgewandelt wurde. Den Park gibt es heute noch, er ist zum beliebten Erholungsgebiet für die Memminger geworden. Kinder lieben den großzügigen **Wasserspielplatz** am *Stetter Weiher* mit seinen Kletter- und Pritschelmöglichkeiten (Handtuch mitbringen!), Teenager nutzen vorzugsweise den Skaterpark, die beiden Beachvolleyballfelder und die Wakeboardanlage. Die Eltern können solange am Kiosk mit **Biergarten** entspannen.

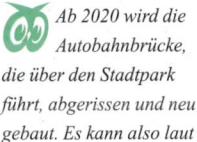

Wakeboarder finden alle Infos hier: www.wakecity-memmingen.de.

Ab 2020 wird die Autobahnbrücke, die über den Stadtpark führt, abgerissen und neu gebaut. Es kann also laut werden.

Erlebniswelten

Golfabenteuer für Klein und Groß bei Ottobeuren

Adventure-Golfpark Ottobeuren, Hawanger Straße 18, 87724 Ottobeuren. ✆ 08332/2989976, http://adventuregolf-ottobeuren.de. **Altersempfehlung:** Geeignet für

Hunger & Durst

Einen Kiosk im Adventure GolfPark versorgt die Spieler mit Eis, Burger oder Pommes.

Happy Birthday!

Geburtstagskinder bis zum 14. Geb +/- 5 Tage (Ausweis!), haben im Allgäu Skyline Park freien Eintritt. Geburtstagsgäste zahlen 23 € (ab 6 Pers).

geschickte Kinder ab ca. 8 Jahre. **Bahn/Bus:** Bus 955 von Memmingen oder Ottobeuren bis Ottobeuren-Schule; danach ca. 20 Min zu Fuß über Memminger Straße Richtung Hawangen/Campingplatz. **Zeiten:** im Sommer 10 – 19 Uhr, Sep – Nov 10 – 18 Uhr. **Preise:** 9 €; Kinder bis 14 Jahre 6 €; Familie (2 Erw, 2 Kinder) 25 €, Mo (Familientag) 10,50 €.

▶ Minigolf kennt jedes Kind und einen echten Golfplatz habt ihr vielleicht auch schon einmal gesehen: Da laufen aber fast nur Erwachsene über den kurz geschorenen Rasen. Der **Adventure Golf Park** ist eine im Juli 2020 neu eröffnete Anlage, die ein Mittelding von Minigolf und Golf ist: Ihr spielt auf grünen Kunstrasenbahnen, die größer sind als beim Minigolf, aber viel kleiner als auf dem Golfplatz. 18 Bahnen gibt es und ihr habt 8 Schläge pro Bahn, um weiter zu kommen. Spaß macht beim Abenteuer-Golf zum einen, dass ihr den Ball richtig fest schlagen dürft und sogar sollt. Zum anderen sind die Bahnen nach Allgäuer Themen gestaltet: Einmal müsst ihr den Ball durch eine Bergbahngondel hindurch schlagen! Wenn ihr nicht aufpasst, landet der Ball im Bach hinter der Gondel – dann müsst ihr ihn von einer kleinen Brücke aus wieder herausfischen, bevor ihr weiterspielen könnt. An Bahn 7 spielt ihr mitten durch das Portal der berühmten ⇗ Basilika in Ottobeuren.

Allgäu Skyline Park: Spaß für alle

Skyline-Park-Straße 1, 86871 Rammingen. ✆ 08245/96690, www.skylinepark.de. **Altersempfehlung:** ab 3 Jahre. **Bahn/Bus:** Von München Hbf RE oder ALX bis Buchloe oder Mindelheim, dann RB bis Rammingen Bhf, 800 m Fußweg. **Auto:** A96 Ausfahrt Bad Wörishofen, am Kreisverkehr 2. Ausfahrt. **Zeiten:** Ende März – Anfang Nov 9.30 Uhr – 17 Uhr, Juli – Aug 9.30 – 18 Uhr, an einzelnen Tagen bis 19 Uhr. **Preise:** Besucher ab 150 cm Körpergröße 33 €, alle Fahrgeschäfte und Attraktionen inklusive; Kinder unter 110 cm frei, bis 149 cm 26 €; Kombikarte (2 Besucher über und 2 unter 150 cm) 96 €, Fr pro Pers 24 € (nicht an Fei, Brückentagen und in den Ferien), ab 60 Jahre mit Ausweis 18 €, 2 Std vor Schließung 15 €. **Infos:** Hunde 2 € Eintritt, Leinenpflicht.

▶ Für Allgäuer Kinder und Schulklassen ist er eines der beliebtesten Ausflugsziele: Im Skyline Park gibt es wilde Achterbahnen aller Art, Autoscooter und ein 4D-Kino, aber genauso eine lustige Wasserrutsche, eine Wildwasserbahn, einen Wasserspielplatz und Plätze zum Wasserballonschießen (Badesachen und Handtuch mitbringen!) sowie ruhigere Angebote wie einen Streichelzoo, einen Slacklinepark, eine Kindereisenbahn und ein Riesenrad. Ganz Mutige trauen sich auf den Sky Dragster, eine Kombination aus Motorrad und Achterbahn, die speziell für den Skyline-Park entwickelt wurde.

miniMax Sport- und Kinderpark Mindelheim

Werner-von-Siemens-Straße 4, 87719 Mindelheim. ✆ 08261/3081, www.minimax-mindelheim.de. **Lage:** Von Mindelheim Bhf 5 Min zu Fuß. **Auto:** Vom Stadtzentrum auf Bad Wörishofer Straße nach Süden, dann links auf B16, von dort 5. Straße rechts. **Zeiten:** Mi – Fr 14 – 18.30 Uhr, Sa, So Fei und in den bayerischen Schulferien 10 – 18.30 Uhr, an Tagen über 25 Grad geschlossen. **Preise:** 5,50 €; Kinder 1 – 2 Jahre 6 €, 3 – 17 Jahre 9,50 €; Familie (2 Erw, 2 eigene Kinder ab 3 Jahre) 25 €, weiteres Kind 7,50 €; Happy Hour ab 17 Uhr 50 %.

▶ Hier könnt ihr euch auf 3000 Quadratmetern auch bei schlechtem Wetter so richtig austoben, auf Hüpfburgen und dem Trampolin, im Bällebad oder im Kletterpark, im Niedrigseilgarten und an der Softboulderwand. Die ganz Kleinen werden die Bobby-Car-Bahn lieben, die etwas Größeren die E-Kart-Bahn, die Großen die Soccer- und die Funshooter-Arena. Die Anlage ist gepflegt und sauber, es gibt auch eine Snack-Theke und einen kleinen Restaurantbereich. Achtung: Man darf keine eigenen Speisen und Getränke (außer Babynahrung) mitbringen!

Hunger & Durst

Löwis Restaurant, geöffnet wie Skyline Park. Das bayerische Restaurant sowie mehrere Biergärten und Imbiss-Stände versorgen euch im Skyline Park mit Pizza, Pasta und Salaten, Knödeln und Kuchen.

Happy Birthday!

Geburtstagskinder haben am Geburtstag freien Eintritt.

Burgen & Klöster

Besuch auf der Mindelburg

St. Georgenberg, 87719 Mindelheim. www.mindel-heim.de. **Auto:** Von der Stadtmitte auf der Maximilian-straße westlich, durch das Untere Tor, geradeaus auf MN37 aus der Stadt hinaus, dann auf der Anhöhe links abbiegen zur Mindelburg (Parkplatz). **Zeiten:** Burgfried April – Okt 9 – 16 Uhr. **Preise:** Eintritt frei.

▶ Das Wahrzeichen Mindelheims wurde vor 800 Jahren errichtet, heute ist die Mindelburg eine beein-druckende Anlage in sehr gutem Zustand. Ihr könnt die Innenräume nicht besichtigen, weil dort ein Verlag für Fachzeitschriften untergebracht ist, aber die Burganlage mit Mauern, Türmen und Brunnen an sich ist schon einen Besuch wert. Auf den **Bergfried** könnt ihr hinaufsteigen und euch wie ein Burgherr fühlen, der auf sein Land hinunterschaut. So wie es *Georg I. von Frundsberg* tat, der 1473 auf der Min-delburg geboren wurde und 1528 auch hier starb – in-zwischen als »Vater der Landsknechte« und berühm-tester Mindelheimer.

Rund um die Burganlage führt ein 2 km langer **Spa-zierweg** durch den Wald, ein Teil davon gehört zu ei-nem Walderlebnispfad mit Lehr- und Spielstationen.

Riesiges Kloster, prächtige Basilika

Benediktinerabtei Ottobeuren, Sebastian-Kneipp-Straße 1, 87724 Ottobeuren. ☎ 08332/7980, www.abtei-otto-beuren.de. **Lage:** zu Fuß 3 Min vom Marktplatz aus. **Zeiten:** Basilika April – Okt 9 – 17 Uhr, Nov – März 9 – 19 Uhr; Klostercafé 9 – 18 Uhr; Abteimuseum Palmsonn-tag – Allerheiligen 10 – 12 und 14 – 17 Uhr; Klosterladen Di – Sa 9 – 12.30 und 13.30 – 17.30 Uhr, Mo, So, Fei 13.30 – 17.30 Uhr. **Preise:** Abteimuseum 4 €; Kinder 6 – 18 Jahre 1 €; Abteimuseum Familie 7 €. **Infos:** Das Mu-seum wird 2020/21 umgestaltet und interaktiver.

▶ Das Kloster in Ottobeuren ist im prächtigsten Stil gebaut, den man sich denken kann: im Barock. Die

*Die Mindelheimer feiern alle 3 Jahre das **Frundsbergfest** mit großem Festzug, Altstadt-fest und Lagerleben (2021).*

Hunger & Durst

Burggaststätte Mindel-heim, ☎ 08261/1473. Mi – So 11 – 23, So ab 10 Uhr, 1. Mo im Monat geöffnet. Rustikale Stu-be, im Sommer Gastgar-ten. Kuchen und regiona-le Küche zu familien-freundlichen Preisen.

*Im frühen Chris-tentum hießen alle Kirchen **Basilika.** Später wurde dieser Name vom Papst als Auszeichnung nur noch an ganz beson-dere Kirchen verliehen.*

riesige Kirche, die Basilika, ist wegen ihrer Pracht und der beiden wertvollen Orgeln sehr berühmt. Wenn ihr hier einen Gottesdienst besucht, wisst ihr auch, warum: Die Musik füllt den ganzen Raum so, dass alles vibriert. Es gibt aber auch viel zu sehen. Das Deckengemälde in der Kuppel zeigt Maria und die Apostel zu Pfingsten (wenn ihr genau hinseht, entdeckt ihr die Flammenzungen über den Köpfen). Jedes Kunstwerk hat eine besondere Bedeutung. Die Statue des Engels mit dem kleinen Kind auf dem Arm ist zum Beispiel ein Bild für die Klugheit, gegenüber steht der Heilige Josef mit dem Jesuskind für die Gerechtigkeit. Wenn ihr Lust auf mehr

Berühmtes Barock: Basilika von Ottobeuren
© pmv, Kettl-Römer

habt, könnt ihr noch die Prunkräume im Kloster (Abteimuseum) besichtigen, danach habt ihr euch eine Stärkung im **Klostercafé** verdient. Im kleinen Klosterladen gibt es auch Bücher und CDs für Kinder. Übrigens ist das Kloster noch bewohnt, hier leben immer noch Benediktinermönche, die in der Kirche Gottesdienst feiern und das Café und den Laden betreiben. Das Motto des Ordens heißt nämlich *Ora et labora!*, das bedeutet: »Bete und arbeite«!

Kartause Buxheim

Heimatdienst Buxheim e.V., Ganghoferstr. 5, 87740 Buxheim. ✆ 08331/61804, www.kartause-buxheim.de. **Altersempfehlung:** ab 10 Jahre. **Bahn/Bus:** Bus 964 von Memmingen Bhf bis Buxheim Maienplatz. **Auto:** Autobahnkreuz Memmingen (A7/A96) Ausfahrt Memmingen Nord bis Kreisverkehr, 3. Ausfahrt Richtung Buxheim, Beschilderung folgen. **Rad:** Vom Illerradweg auf Etappe 2 (Kempten – Heimertingen) ein Abstecher von 1 km, beschildert. **Zeiten:** April – Nov 10 – 17 Uhr, offene Gästeführung jeden So 14 Uhr. **Preise:** 5 €, mit Führung 7 €;

Hunger & Durst

Klostercafé, ✆ 08332/ 925929. www.kloster-cafe-ottobeuren.de. Täglich 9 – 18 Uhr, Nov – Feb Mo – Fr erst ab 12 Uhr. Tee, Kaffee, Kuchen und Torten sowie Mittagsimbiss drinnen sowie unter den Arkaden.

*Eine **Kartause** ist ein Kloster des Kartäuserordens. Der Name leitet sich ab vom französischen Chartreuse, wo vor etwa 950 Jahren der hl. Bruno das erste Kartäuserkloster gegründet hat. In Deutschland gibt es nur noch ein Kloster, in dem Kartäusermönche leben, nämlich in der Kartause Marienau bei Bad Wurzach.*

Kinder 6 – 13 Jahre 1 €, 14 – 18 Jahre 3 €. **Infos:** Die Termine des Ferienprogramms ↗ Webseite.

▶ Hier seht ihr, wie die Mönche früher gelebt haben: Die Priestermönche hatten jeder eine eigene kleine Wohnung mit Garten, die sie nur zu den Gottesdiensten verließen. Die in zwei Kirchen aufgeteilte Klosterkirche ist sehr prächtig ausgestattet. Auf einem der Deckengemälde ist ein Kartäusermönch zu sehen, der so inbrünstig betet, dass er buchstäblich vom Boden abhebt! In der anderen Kirchenhälfte ist ein geschnitztes Chorgestühl zu bewundern, das sehr berühmt ist. Es hat eine wilde Geschichte – die lasst ihr euch am besten bei der Führung erzählen.

Während der bayerischen Schulferien bietet der Heimatdienst Buxheim regelmäßig eigene Führungen für Kinder mit Suchspielen nach Fotos an, z.B. nach der Maus Ignaz. Diese Maus, benannt nach dem Bildhauer *Ignaz Waibl,* haben die Restauratoren in einer geschnitzten Girlande des Chorgestühls verewigt, weil Maus Ignaz während der Restaurierungsarbeiten mehrmals nachts die elektrischen Kabel angebissen und dadurch Kurzschlüsse verursacht hatte.

Freilichtmuseum & Sternwarte

Schwäbisches Bauernhofmuseum Illerbeuren

Museumstraße 8, 87758 Kronburg-Illerbeuren. ✆ 08394/1455, www.bauernhofmuseum.de. **Kinderwagen geeignet:** ja. **Bahn/ Bus:** Von Memmingen ZOB Bus Richtung Memmingen-Legau bis Illerbeuren-Schule, Beschilderung folgen. **Auto:** Vom Memmingen Zentrum über MM20 (Allgäuer bzw. Memminger Straße) nach Süden bis Illerbeuren, dann links in Museumstraße. **Rad:** Illerradweg, beschilderter Abstecher von Etappe 2 (Kempten – Heimertigen). **Zeiten:** März und Mitte Di – So Okt – Nov 10 – 16 Uhr, April – Mitte Okt 9 – 18 Uhr, Mo geschlossen. **Preise:** 6 €; Kinder 6 – 17 Jahre 1 €; Fami-

Am 1. So im Aug findet im Bauernhof Museum ein großes Kinderfest mit vielen Spiel- und Bastelstationen statt.

lienkarte 12 €. **Infos:** jeden 1. So im Monat öffentliche Führung.

▶ In diesem riesigen Freilichtmuseum könnt ihr einen ganzen Tag verbringen, ohne euch zu langweilen! Hier gibt es viele alte Bauernhäuser mit originaler Ausstattung zu erforschen, daneben Kornhaus, Backhaus,

eine Waage, eine alte Werkstatt, einen Landmaschinengroßhandel, Feuerwehrhaus und Kapelle! Nicht zu vergessen die alten Obstbaumsorten und Tierrassen, die Bauerngärten und die Töpferei. In den bayerischen Schulferien gibt es tolle Mitmachangebote für Kinder ab 6 Jahre wie Basteln, Filzen, Papierschöpfen, Backen oder Seife machen (jeweils ab 12 Uhr, ohne Voranmeldung, Kosten je nach Material 3 – 6 €, Programm auf der Webseite). Für Schulklassen und Gruppen werden auf Anfrage verschiedene Mitmachprogramme (z.B. Brotbacken, Apfeltag, Naturbeobachtung) angeboten.

Hunger & Durst

Museumsgasthaus Gromerhof, Museumstraße 4, Kronburg-Illerbeuren. ☎ 08394/594. www.gromerhof.de. Di – So, warme Küche bis 21 Uhr. Gute regionale Küche in uriger Stube und schönem Biergarten, gleich neben dem Museum.

Himmelsgucker

Allgäuer Volkssternwarte Ottobeuren, Wolferts 40, 87724 Ottobeuren-Wolferts. ✆ 08332/9366058, www.avso.de. **Altersempfehlung:** ab 8 Jahre. **Auto:** Sebastian-Kneipp-Straße/MN18 Richtung Böhen/Wolfertschwenden, durch ein Waldstück auf eine Anhöhe, dann rechts Wegweiser Sternwarte. Parken am eingezäunten Kiesparkplatz, dann 200 m Fußweg. **Zeiten:** jeden Fr ab 19.30 Uhr. **Preise:** 5 €; Kinder bis 10 Jahre 3 €. **Infos:** Wenn ihr wissen wollt, wo sich die Internationale Raumstation **ISS** mit den Astronauten an Bord gerade befindet, schaut rein bei www.lizard-tail.com/isana/tracking.

Draußen auf der Plattform kann es empfindlich kalt werden – denkt also daran, lange Hosen anzuziehen und warme Jacken mitzunehmen!

▶ Wenn euch die Sterne und das Weltall faszinieren, seid ihr hier genau richtig: Jeden Freitagabend gibt es einen Vortrag (45 Min) über ein astronomisches Thema, zum Beispiel über den Mars, die **ISS** oder über unser Sonnensystem. Anschließend wird bei klarem Wetter das Kuppeldach geöffnet und ihr könnt durch das 60-cm-Teleskop blicken. Plötzlich sind unsere Nachbarplaneten ganz nah und weit entfernte Sterne sind klar zu sehen. Ihr könnt zum Beispiel die vier größten Monde des Jupiter erkennen oder die vielen kleinen Sterne im Schwertgehänge des Sternbilds Orion. Das ist so spannend, dass ihr eure Müdigkeit bestimmt vergesst!

Museen für Kinder

Ein Krankenhaus aus dem Mittelalter

Antoniter-Museum im Antonierhaus, Martin-Luther-Platz 1, 87700 Memmingen. ✆ 08331/850-245, www.memmingen.de. **Lage:** vom Marktplatz 3 Min zu Fuß über Zangmeisterstraße, dann links in Martin-Luther-Platz. **Altersempfehlung:** ab 8 Jahre. **Zeiten:** Di – So 11 – 17 Uhr. **Preise:** Eintritt frei.

▶ In diesem kleinen Museum erlebt ihr, wie ein mittelalterliches Krankenhaus aussah und wie man dort gearbeitet und geheilt hat. Früher hatten viele Menschen eine schlimme Krankheit, die man *Antonius-feuer* nannte. Man wusste damals nicht, dass die auch *Mutterkornbrand* genannte Vergiftung, die zu Lähmungen, Durchblutungsstörungen und Halluzinationen führt, durch einen Pilz ausgelöst wurde, der auf Getreide wächst. Aber der Mönchsorden der Antoniter entwickelte eine Kräutermedizin, die tatsächlich ein wenig gegen diese Krankheit half. Wie, das zeigt ein Kurzfilm, den ihr im Museum ansehen könnt. Zum Glück gibt es diese Krankheit heute nicht mehr! Das Museum ist Teil eines Klosters, das zwischen 1456 und 1500 als Krankenhaus und Ordensniederlassung errichtet wurde. Ihr seht daher nicht nur den Krankensaal und eine Kapelle (Beten sollte auch helfen!), sondern auch die Wohnkammern der Brüder und Hilfskräfte.

Hier ist immer Weihnachtszeit

Schwäbisches Krippenmuseum, Hermelestraße 4, 87719 Mindelheim. ✆ 08261/90976-0, www.mindelheim.de/museen/mindelheimer-museen. **Bahn/Bus:** Durch die zentrale Maximilianstraße nach Westen, zum (Alt-)Stadttor hinaus und dann gleich rechts. **Zeiten:** Di – So 10 – 12 und 14 – 17 Uhr sowie nach Vereinbarung. **Preise:** 2,50 €; Kinder 6 – 16 Jahre 2 €; Familienkarte 5 €. **Infos:** Für Schulklassen und Kindergruppen werden spezielle Kinderführungen und Workshops angeboten (Anfrage beim Kulturamt oder der Touristinfo).

▶ Im ehemaligen Colleg (das ist eine Schule) der Jesuiten befinden sich heute gleich vier kleine Museen. Das für Kinder interessanteste ist sicher das Krippenmuseum, das im Herbst 2018 nach fünfjähriger Umbauzeit wieder eröffnet wurde. Egal zu welcher Jahreszeit ihr kommt, dieses Museum passt immer, auch außerhalb der Weihnachtszeit. Aus geheimnisvoll dunklen Räumen schaut ihr in helle Vitrinen mit vielen kleinen Figuren und Jesuskindern, dazu ganze Krippen aus vielen verschiedenen Materialien. Es gibt eigene Vitrinen ohne Glas mit Krippenfiguren,

Strigel-Museum im Antonierhaus, Martin-Luther-Platz 1, Di – So 11 – 17 Uhr, Eintritt frei. Die Strigels waren um 1500 herum eine Familie von Malern und Bildhauern. Ihre spätgotischen Werke findet ihr heute noch in vielen Allgäuer Kirchen.

In der Innenstadt findet ihr noch eine ganz besondere Krippe, die auch das ganze Jahr über zu sehen ist. Sie liegt etwas versteckt in der Altstadt-Passage in der Mitte der Maximilianstraße. Wenn ihr eine kleine Münze einwerft, wird sie beleuchtet und eine Spieluhr fängt an zu spielen.

die ihr herausnehmen dürft, um damit zu spielen. Dazu gibt es immer wieder Knöpfe, auf die ihr drücken könnt, um Informationen zu den Figuren, und Krippen zu hören, oder um Filme zu starten und andere Beleuchtungen einzuschalten. Neben ganz kleinen Krippen gibt es welche mit so vielen Figuren, dass ihr sie kaum zählen könnt. Auch das älteste bekannte Christkind der Welt ist zu sehen, das vor rund 700 Jahren geschnitzt wurde. Es sitzt im Schneidersitz und lutscht am Finger, wie es kleine Kinder zu allen Zeiten schon getan haben. Ganz zum Schluss wartet noch ein toller Zeichentrickfilm auf Groß und Klein, der die Geschichte der Geburt Jesu erzählt. Wenn ihr danach noch Lust habt, könnt ihr im Colleg zu denselben Öffnungszeiten noch das **Südschwäbische Vorgeschichtsmuseum** besuchen. Darin findet ihr zum Beispiel eine römische Reisekutsche, in die ihr euch sogar hineinsetzen könnt. Dazu gibt es Schwerter, den Dolch eines römischen Offiziers, ein Katapult, einen großen Goldschatz, der im Boden gefunden wurde und Schmuck, wie ihn Kelten und Alamannen getragen haben. Auch das Modell eines römischen Kastells ist zu sehen.

Hier tickt alles wild durcheinander …

Schwäbisches Turmuhrenmuseum, Wolfgang Vogt, Hungerbachgasse 9, 87719 Mindelheim. ✆ 08261/8339, www.mindelheimer-museen.de. **Lage:** in der ehemaligen Silvesterkirche. Vor dem Rathaus zu Fuß in die Lautenstraße, dann links in die Hungerbachgasse, 3 Min.
Altersempfehlung: ab 8 Jahre. **Zeiten:** jeden Mi und letzten So im Monat 14 – 17 Uhr, nur mit Führung. **Preise:** 2,50 €; Kinder 6 – 16 Jahre 2 €; 1 Erw mit 1 Kind 2,50 €.

Früher hatten die Leute keine Uhren zu Hause, sondern sie verließen sich allein auf die Kirchturmuhren. Deswegen schlagen die auch so laut – man musste sie ja überall hören können.

▶ Das **Turmuhrenmuseum** sieht von außen gar nicht wie eines aus, denn es ist in einer ehemaligen Kirche untergebracht. Drinnen erwartet euch eine einmalige Sammlung von alten Kirchturmuhren, Wand- und Taschenuhren. Die ältesten sind fast 500 Jahre alt, von Hand geschmiedet – und sie funktionieren immer noch! Das ist nicht nur für Technik-freunde interes-sant. Zu vielen Uh-ren gibt es nämlich eine spannende Geschichte. Zum Beispiel hat der Uhrmachermeister *Andreas Barnstei-ner* eine seiner Uh-ren selbst aus dem Kirchturm gewor-fen, nachdem dort

Ganz schön kom-pliziert: Uhr-werk einer Turm-uhr
© pmv, Kettl-Römer

der Blitz eingeschlagen hatte und alles brannte. Zum Glück haben der Mann und die Uhr das überlebt.

Theater, Kino, Kunst

BÜHNE, LEINWAND & AKTIONEN

Landestheater Schwaben in Memmingen

Theaterplatz 2, 87700 Memmingen. ℰ 08331/9459-16, www.landestheater-schwaben.de. **Altersempfehlung:** ab 3 Jahre. **Bahn/Bus:** ↗ Memmingen Bhf, 5 Min Fußweg über Bahnhof-, Lindentorstraße, dann rechts Gerberplatz, von dort zum Theaterplatz. **Zeiten:** Theaterkasse Mo – Fr 11 – 18, Sa 10 – 14 Uhr, Abendkasse 1 Std vor Vorstel-lungsbeginn, Online-Reservierungen sind möglich.

▶ Das ist ein richtig schönes Theater mit bunt ge-mischtem Programm für Erwachsene, Kinder und Ju-gendliche. Jede Saison gibt es ein spezielles Kinder-stück, zum Beispiel ein Märchen oder Musical. Für Teenager werden Jugendstücke gespielt, die auch ernste Themen behandeln, wie etwa Flucht und Krieg. Es werden auf Führungen und Theaterwork-shops für Kinder angeboten. Für Gruppen gibt es Vor- und Nachbereitungstreffen zu den Jugendstü-

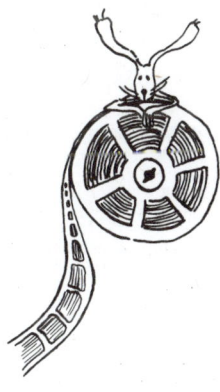

cken. Am besten, ihr informiert euch im Internet über das aktuelle Programm.

Kinderfreundliches Kino mit Indoor-Spielplatz

Cineplex Memmingen, Fraunhofer Straße 21, 87700 Memmingen. ✆ 01805/118831, www.cineplex.de/memmingen. **Auto:** Vom Marktplatz stadtauswärts über Donaustraße/B300, dann links in Fraunhofer Straße. **Preise:** 9 €; Kinder bis 11 Jahre 6 €, 12 – 17 Jahre 7,50 €; Family-Filmhits 5 € pro Person.

▶ Großes Kino mit 10 Sälen, modernster Technik und mehreren besonders familienfreundlichen Angeboten: Jeden Sonntag gibt es um 13 Uhr **Family-Filmhits,** werbefrei und mit angepasster Lautstärke. Immer am letzten Sonntag der bayerischen Schulferien findet das **Klein-Kinder-Kino** statt: ein Extra-Angebot für ganz kleine Gäste mit einem ausgewählten Filmprogramm, angepasster Lautstärke, ohne Fremdwerbung und in 2D.

Hier tanzen die Puppen

Memminger Marionettentheater e.V., Schweizerberg 8, 87700 Memmingen. ✆ 08331/9818233, memminger-marionettentheater.de. **Altersempfehlung:** ab 3 Jahre. **Bahn/Bus:** Vom Bf Memmingen zu Fuß durch die Maximilianstraße und den Weinmarkt, dann am Schweizerberg/Martin-Luther-Platz rechts (Gehzeit ca. 10 Min). **Zeiten:** Nov – Mai So 15 Uhr. **Preise:** 8,70 €; Kinder 3 – 17 Jahre 6,50 €; Familie (2 Erw, 2 Kinder) 27,40 €.

▶ Märchen und verschiedene Kasperl-Abenteuer stehen auf dem Spielplan dieses kleinen Laien-Theaters. Laien heißt, dass hier keine hauptberuflichen Theaterspieler die Fäden ziehen, sondern sieben spielbegeisterte Menschen, die sich das Puppenspiel selbst beigebracht haben und es als Hobby betreiben. Sie machen das so gut, dass die Vorstellungen immer schnell ausverkauft sind, ihr solltet also frühzeitig Karten reservieren.

In diesem Kino gibt es auch einen **Indoor-Spielplatz** mit Kletterröhre, Riesenrutsche und Bällebad. Für Kinder mit Kinokarte ist der Besuch kostenlos, sonst kostet er 3,50 € (6 – 11 Jahre).

Hunger & Durst

Barfüßer Hausbrauerei, Schweizerberg 17, Memmingen. ✆ 08331/9278103. www.barfuesser-brauhaus.de. Mo – Do, So und Fei 11 – 24, Fr bis 1, Sa 10 – 1 Uhr. Während ihr auf euren Brauerfladen wartet, könnt ihr die Braukessel bestaunen. Großer Biergarten, Kindergerichte.

Kinder-Kunstwerkstatt

Museum für zeitgenössische Kunst Diether Kunerth,
Marktplatz 14a, 87724 Ottobeuren. ℅ 08332/
796989-0, www.mzk-diku.de. **Lage:** direkt am Marktplatz.
Altersempfehlung: ab 4 Jahre. **Zeiten:** Museum April –
Mitte Nov Di – Fr 11 – 16, Sa, So 12 – 17 Uhr, Dez –
März Do, Fr 11 – 16 und Sa, So 12 – 17 Uhr. **Preise:** Museum 6 €, Kombiticket Basilika 7 €; Kinder 6 – 17 Jahre
3 €; Kinder-Kunstwerkstatt 5 €, für Geschwisterkinder
3 €; Gruppen ab 10 Pers 5 bzw. 2 € pro Pers; Studenten,
Azubis, FSJ, Schwerbehinderte 3 €, Senioren 5 €, Familie
12 €.

 *Seht auf der Webseite nach, an welchen Dienstagen welches Programm für welche Altersgruppe angeboten wird. Für Schulklassen, Jugendgruppen und Kindergeburtstage werden auf Anfrage verschiedene Workshops angeboten.*

▶ *Dieter Kunerth* ist ein Künstler (1940 in Freiwaldau geboren), der schon sehr lange in Ottobeuren lebt und als Maler arbeitet. Hier kennt man ihn daher. Seit 2014 hat er ein eigenes, sehr modernes Museum, in dem auch Werke anderer zeitgenössischer Künstler gezeigt werden.

Die Ausstellung ist vermutlich eher für eure Eltern interessant. Aber für Kinder gibt es hier am Dienstagnachmittag von 15:30 bis 17 Uhr die **Kinder-Kunstwerkstatt!** Dort könnt ihr unter Anleitung von Museumspädagogen malen, töpfern, drucken oder tolle Sachen aus Draht, Pappe und anderen Werkstoffen bauen. Ihr braucht dazu keine Vorkenntnisse, nur Spaß am Ausprobieren.

Weihnachtsmärkte Memmingen & Unterallgäu

November/Dezember:	Anfang Nov, Ottobeuren: **Martinimarkt,** Krammarkt.
Advent:	Sa vor 1. Advent – 22. Dez, Memmingen: **Christkindlesmarkt.**
2. Advent:	Sa, So, Ottobeuren: **Weihnachtsmarkt.**
2., 3., 4. Advent:	Sa, So, Bad Wörishofen: **Weihnachtsmarkt.**
2. und 3. Advent:	Sa, So, Mindelheim: **Weihnachtsmarkt**.
1. Advent – 2. Feb:	Mindelheim: **Lebensgroße Krippe** in der Jesuitenkirche.
3. Advent:	Sa, So, Legau: **Familien-Erlebnis-Weihnachtsmarkt.**

FESTKALENDER MEMMINGEN & UNTERALLGÄU

Januar/Februar: Fasching Do: großer **Faschingsumzug** in Mindelheim am *gumpigen Donnerstag.*

Fasching, Di: **Faschingssturm** aufs Rathaus in Bad Wörishofen.

Sa: **Nachtumzug** der Memminger *Stadtbachhexen* (in ungeraden Jahren).

April: Letzter So: **Frühjahrsmarkt,** Krammarkt in Ottobeuren.

1. So nach Ostern: **Frühjahrsmarkt** in Mindelheim mit Rummel.

Mai: Sa vor Muttertag: Einkaufs- und Familientag **Memmingen blüht**.

Sa, So: **Allgäuer Gartentage** in Buxheim.

Juni an einem Sa: **Memminger Stadtfest.**

Juli: letzter Do vor den bayerischen Schulferien: **Kinderfest** und am Sa darauf **Fischertag** in Memmingen.

alle 4 Jahre, ab So nach dem Fischertag: **Wallensteinsommer** in Memmingen (nächstes: 2024).

alle 3 Jahre: **Historisches Frundsbergfest** in Mindelheim (nächstes: 2021).

August: Anfang Aug: **Jacobimarkt,** Krammarkt in Ottobeuren.

Museumsnacht, 20 – 24 Uhr im Bauernhofmuseum Illerbeuren. Fackelspektakel und Show für Familien; in ungeraden Jahren.

1. So: **Kinderfest,** Bauernhofmuseum Illerbeuren mit vielen Spielen und Aktionen, Kindertheater und Märchenerzählerinnen.

September: 1. So und Mo nach Schulbeginn in Bayern: **Herbstmarkt** in Mindelheim mit Rummel.

1. Wochenende nach Schulbeginn: **Mittelalter-Spektakel** anno 1525 in Bad Grönenbach in ungeraden Jahren.

Oktober: ab 1. oder 2. Wochenende: **Memminger Jahrmarkt** mit Rummel (1 Woche), davon **Krämermarkt** Di – Do, Jahrmarktssonntag verkaufsoffen.

KEMPTEN & UMGEBUNG

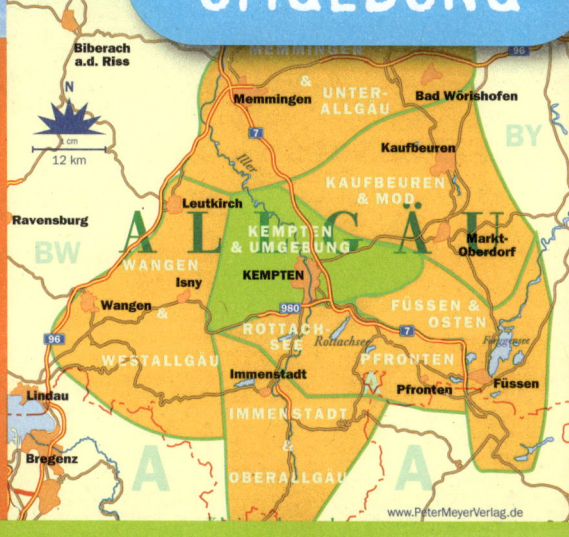

Blaue Weite: Altusrieder Freibad | **Einladend:** Der Spielplatz am Freizeitpark Buchenberg | **Stolz:** Naturforscher am Geotop Dengelstein | **Niedlich:** Kaninchen im Streichelzoo an der Minigolfanlage Bachtelweiher | **Abenteuerlich:** Der Ritterspielplatz auf der Burghalde | **Geheimnisvoll:** Die unterirdische Erasmuskapelle

Wenn ihr aus Berlin oder München ins Allgäu reist, werden eure Eltern sicher schmunzeln, wenn Kempten als Metropole bezeichnet wird. Denn mit diesem Begriff ist normalerweise eine Großstadt gemeint, die auch wirtschaftlich und politisch ein wichtiges Zentrum ist. Trotzdem wird Kempten nicht umsonst als Metropole des Allgäus bezeichnet.

Mit rund 70.000 Einwohnern ist Kempten zwar keine Millionenstadt, doch die größte in der Region. Als Versorgungszentrum bietet sie viele Einkaufs-, Einkehr- und Sportmöglichkeiten sowie ein vielfältiges Kulturprogramm. Dank der guten Anbindung an Bahn und Autobahn lässt sich von Kempten aus praktisch jedes Allgäuer Ziel per Tagesausflug erkunden. Im Kemptener Umland gibt es zahlreiche Freizeit- und Sportmöglichkeiten – meistens sogar mit Bergblick. Ein wichtiger **Tipp für alle Kulturinteressierten:** In allen städtischen Museen in Kempten ist der Eintritt am 1. So im Monat kostenlos!

Falk Stadtplan Standardfaltung Kempten, 1:15.000, 5,99 €, ISBN 978-3-8279-2407-0.

Meine Lieblings-Tipps fürs passende Alter:

Kinder **ab 3 Jahre** lieben den Sand- und Wasserspielplatz am Bachtelweiher und das Lina Laune Land in Waltenhofen. Kinder **ab 8 Jahre** können die tollen Klettermöglichkeiten im Engelhaldepark oder im DAV-Alpinzentrum swoboda alpin nutzen und haben sicher viel Spaß an der Kinderführung im Archäologischen Park. Für Kinder **ab 11 Jahre** ist die unterirdische Erasmuskapelle richtig spannend. Ein Höhepunkt für die ganze Familie ist eine Theateraufführung auf der Altusrieder Freilichtbühne – ich rate: Sichert euch schon jetzt eine Karte!

Wenn ihr an einem Tag in Kempten richtig viel unternehmen wollt, lohnt sich das Paket *Erlebe Kempten,* das ihr auf die **Allgäu-Walser-Card** aufbuchen lassen könnt. Für 9,50 € je Erw und 5,50 € je Kind könnt ihr damit kostenlos parken, im Stadtgebiet Bus fahren, eine Stadtführung mitmachen, 4 Museen besuchen, 2 Stunden ins CamboMare gehen und Indoor klettern.

IM & AM WASSER

Der Plansch-bereich für Kleinkinder ist nett, aber leider nicht sehr warm – für die Kleinsten sollte unbedingt ein Bademantel eingepackt werden!

Frei- & Spaßbäder

Badespaß für Aktive im CamboMare

CamboMare Erlebnisbad, Aybühlweg 58, 87439 Kempten (Allgäu). ℂ 0831/58121-0, kem. **Bahn/Bus:** Von Kempten ZUM Bus 7 bis CamboMare. **Auto:** Lindauer Straße Richtung Lindau, hinterm Autohaus Allgäu (linke Straßenseite) rechts in den Aybühlweg. **Zeiten:** Mo – Fr 10 – 22 Uhr, Sa, So, Fei 9 – 21 Uhr. **Preise:** 2 Std 8 €, Tag 10,50 €; Kinder 5 – 15 Jahre 2 Std 4,50 €, Tag 6,50 €; Jugendliche 16 – 17 Jahre sowie Schüler und Studenten mit Ausweis 2 Std 6,50 €, Tag 9 €, Familienkarte (Eltern mit allen eigenen Kindern bis 16 Jahre) 2 Std 18 €, Tag 26 €, Happy Hour 2 Std vor Badeschluss 5 € (nicht in den bayerischen Ferien und an Feiertagen).

▶ Wenn ihr am liebsten gleichzeitig schwimmt, spielt und rutscht, seid ihr hier goldrichtig. In der Schwimmlagune ist das Wasser 32 Grad warm, dort könnt ihr in die künstliche Grotte tauchen, euch im Wasserpilz treiben lassen oder hinaus ins **Außenbecken** schwimmen. Am 25-m-Becken sind ein 1-m- und ein 3-m-Sprungbrett – traut ihr euch? Lustig sind die Reifenrutsche und die dunkle Rutsche mit Lichteffekten, da geht es richtig ab! Auch in der Saunawelt mit elf verschiedenen Saunen, Salzstadel und großem Saunagarten sind Familien willkommen.

Großzügiges Freibad mit viel Platz zum Spielen

CamboMare Freibad in Kempten, Aybühlweg 58, 87439 Kempten (Allgäu). ℂ 0831/58121-0, www.cambo-mare.de. **Bahn/Bus:** Bus 7 von Kempten ZUM bis CamboMare. **Auto:** Lindauer Straße Richtung Lindau, hinterm Autohaus Allgäu (linke Straßenseite) rechts in den Aybühlweg. **Zeiten:** Mitte – Ende Mai 9 – 20.30 und Juni – Aug 8 – 20.30 Uhr (Frühschwimmen ab 7 Uhr), bis Mitte Sep 9 – 19 Uhr (Frühschwimmen ab 8 Uhr). **Preise:** 4 €; Kinder 5 – 15 Jahre 2 €; Jugendliche 16 – 17 Jahre (Ausweis!) 3 €, Familienkarte (Eltern mit eigenen Kindern bis

16 Jahre) 10 €, Abendtarif ab 16 Uhr Erw 3 €, Kinder 1,50 €, Jugendliche 2 €, Familie 6,50 €.

▶ Das Freibad CamboMare liegt direkt neben dem Hallenbad und ist eine großzügige Anlage mit altem Baumbestand und familiengerechtem Angebot: Für die Kleinsten gibt es ein Kleinkinderbecken, einen Wasserspielplatz, ein Spielschiff und einen Sandkasten. Größere Kinder lieben den Strömungskanal, die Rutsche und den Wasserpilz und nutzen gern die Tischtennisplatte und das Beachvolleyballfeld. Schwimmer freuen sich über das 50-m-Sportbecken.

Warmwasserfreibad Altusried

Im Tal 4, 87452 Altusried, ℭ 08373/1357, www.altusried.de. **Lage:** 12 Min zu Fuß von der Gästeinformation. **Auto:** Vom Zentrum Altusried über Andreas-Hofer-Straße nach Süden (Im Tal), Beschilderung folgen. **Zeiten:** Juni – Aug 6.30 – 20 Uhr, Sa, So, Fei 9 – 20 Uhr, Mai und Sep 9 – 19 Uhr. **Preise:** 3,50 €; Kinder 6 – 17 Jahre 1,50 €; Familie 7,50 €, Morgen- (6.30 – 8 Uhr) und Abendkarte (ab 17 Uhr) für Erw 2 €.

▶ Das Familienbad am Ortsrand überzeugt mit angenehm warmem Wasser (22 – 24 Grad) im 50-m-Becken für Schwimmer sowie im Nichtschwimmer- und Sprungbecken (1 und 3 m). Zudem gibt es eine Rutsche und ein überdachtes Kleinkinderbecken, einen Beachvolleyballplatz, einen kleinen Spielplatz, genügend Platz zum Fußballspielen und einen gut sortierten Kiosk. Schön ist auch der Wärmeraum zum Umziehen.

Spritztour: Im Sprungbecken des Altusrieder Freibads
© priv. Ketti-Römer

Wandern durch Wald und über Höhen

Kleine Wanderung durch den Kemptener Wald zum Geotop Dengelstein mit Einkehr

Durach Waldgasthaus Zum Tobias – Betzenried – Dengelstein – Zum Tobias, 87471 Durach. www.waldgasthaus-tobias.de. **Länge:** einfach zu gehender Rundweg, 4,8 km. **Kinderwagen geeignet:** ja. **Auto:** Von Kempten Zentrum über die B309 bis Durach, dann links abbiegen in die Vorwaldstraße, unter der Autobahn hindurch bis in den Kemptener Wald. Parkplatz direkt vor dem Waldgasthaus.

▶ Ausgangspunkt ist der Parkplatz am **Waldgasthaus Zum Tobias.** Von dort geht ihr ein Stück zurück und folgt dem Wegweiser nach *Betzenried* in den Wald hinein. Der Weg führt dann an den Waldrand, durch Wiesen hindurch und an einer (sehr kleinen) Bugruine vorbei in den Weiler **Betzenried.** Dort biegt ihr rechts ab und folgt nun den Wegweisern zum **Dengelstein.** Bei diesem Stein handelt es sich um einen immerhin 1250 Tonnen schweren **Nagelfluhblock,** der während der letzten Eiszeit vom *Illergletscher* hierher verschoben wurde. Ihr könnt ihn umrunden und erkunden.

Dann geht ihr **zurück** auf den Weg und weiter in Richtung Westen, bis die erste Abzweigung nach rechts kommt. In die biegt ihr ein und folgt dem Weg durch den Wald und dann entlang der Durach. Ihr überquert die Durach über die **überdachte Holzbrücke,** dann führt der Weg hinaus aus dem Wald und nun kommt schon bald wieder der **Tobias** in den Blick. Bestimmt bleibt noch Zeit für eine gemütliche Einkehr zum Kaffee oder Abendessen.

Mehr über das zusammengepresste Geröll **Nagelfluh** lest ihr bei der ↗ »Erlebnisausstellung im AlpSeeHaus« in der Griffmarke Immenstadt – Oberstdorf.

Hunger & Durst

Zum Tobias, Rothen 129 1/2, Durach. ✆ 0831/63355. www.waldgasthaus-tobias.de. Sa – Mi ab 11 Uhr. Beliebtes Waldgasthaus mit guter regionaler Küche, selbst gemachten Kuchen, Biergarten und Spielplatz.

Ein Weg wie ein großer Wald-Spielplatz

Wasserweg Durach, 87471 Durach. www.durach-allgaeu.de. **Länge:** vom Bachtelweg aus hin und zurück ca. 5 km. **Kinderwagen geeignet:** ja. **Bahn/Bus:** Von Kempten ZUM Bus 20 bis Durach Oberhofer/Heimkehrer Straße, von dort zu Fuß in Bachtelweg. **Auto:** Von Kempten Zentrum über B309 bis Durach, parken im Zentrum, an der Schule oder dem Sportplatz. Von dort zu Fuß in den Bachtelweg, an dessen Ende der Wasserweg beginnt. Bitte unbedingt im Zentrum parken, im Bachtelweg selbst darf nicht geparkt werden.

Verfangen: Im Riesenspinnennetz auf dem Wasserweg am Durachtobel
© pmv, Kettl-Römer

▶ Der Weg durch den **Durachtobel** wurde zu einem echten Kindervergnügen ausgebaut: Er führt im Wald von einer Spielmöglichkeit zur nächsten, von der Hängebrücke über die *Durach* über Kletternetze, eine lange Rutsche, eine große Schöpfkelle und zu vielem mehr. Die flache Durach selbst lädt mit ihrem moorbraunen Wasser zum Waten, Planschen und Dämmebauen ein.

Wenn ihr genau hinschaut, findet ihr auch das Hinweisschild, das über kleine Pfade hinauf zur **Ruine Neuenburg** führt. Sie wurde 1642 verlassen und aufgegeben. Wer ein Haus bauen wollte, holte sich einfach von dort die Steine, sodass heute nicht mehr viel übrig ist von der Burg, die von drei Seiten durch die Durach geschützt war.

Am Ende des Weges erwartet euch die **Waldschenke** mit leckerem Kuchen und einem weiteren Spielplatz. Auf dem Rückweg bleibt dann sicher noch Zeit, eure Lieblingsspielstationen ein zweites Mal ausgiebig zu testen.…

Die Höhenburg entstand nach 1300 als neuer Sitz eines Zweiges der Herren von Sulzberg, deswegen heißt sie Neuenburg.

Hunger & Durst

Waldschenke, Waldschenke 1, Durach. ✆ 0831/65251. www.waldschenke-durach.de. Mi – So 11 – 22 Uhr. Ausflugslokal mit gutem Kuchen, netter Terrasse und kleinem Spielplatz.

Hunger & Durst

Wenger-Egg-Alpe, Unterhalb des Schwarzen Grat, ✆ 07569/1304. April – Anfang Nov Sa, So von der TSG Leutkirch bewirtschaftet. Die Käsebrotzeiten hier sind riesig und vorzüglich.

🦉 *Die Adelegg liegt auf der Rhein-Donau-Wasserscheide: Die Eschach fließt am Nordosthang über Aitrach und Iller in die Donau, während die Argen, die südwestlich in den Bodensee mündet, schließlich in den Rhein fließt.*

Über die Landesgrenze zum Schwarzen Grat in der Adelegg

Eschachthal – Schwarzer Grat – Aussichtsturm – Wenger-Egg-Alpe – Eschachthal, 87474 Buchenberg. www.buchenberg.de. **Länge:** ca. 7 km. **Auto:** Von Kempten aus über Buchenberg und Eschach über OA20 ins Eschachthal, von Isny aus über Beuren und Kreuzthal über K8045, parken gegenüber ehemaligem Gasthaus Batschen (Wanderparkplatz), Im Eschachthal 77.

▶ Vom **Parkplatz Eschachthal** aus führt ein Weg in den Wald. Nach einigen Metern zweigt ein Weg nach rechts ab, an dem ein Wegweiser zum *Schwarzen Grat* zeigt. Ihm folgt ihr aufwärts. Nach einer Serpentine schlängelt sich der Weg weiter durch den Wald, bis die Südseite der **Adelegg** erreicht ist. Das ist ein bewaldeter Höhenzug vor den Alpen, dessen höchster Punkt der *Schwarze Grat* (1118 m) ist. Es gibt hier viele Wanderwege und weitgehend unberührte Natur. Ihr folgt dem Wegweiser nach rechts; ab hier ist der Weg nicht mehr kinderwagengeeignet, denn nun geht es eine Viertelstunde über Wurzeln steil hinauf. Ohne es zu merken, habt ihr inzwischen die Landesgrenze von Bayern überschritten, denn der **Schwarze Grat** ist der höchste Gipfel in Baden-Württemberg. Oben steht ein hölzerner **Aussichtsturm,** auf den ihr hinaufsteigen könnt.

Von der Plattform aus habt ihr an klaren Tagen einen Blick bis in die Schweiz hinein. Neben dem Aussichtsturm ist ein schöner **Abenteuerspiel- und Picknickplatz,** an dem ihr eine Pause einlegen könnt.

Anschließend klettert ihr den Wald-und-Wurzel-Weg wieder hinunter, bis ihr auf den Weg stoßt, auf

Zwei gegen einen – und schon hebt Papa ab!
© pmv, Ketti-Römer

dem ihr gekommen seid. Hier geht ihr weiter und folgt dem Wegweiser zur **Wenger-Egg-Alpe.** Hinter der Alpe führt ein schmaler Weg links hinunter ins Tal des kleinen *Rotenbachs,* der zum Waten und Pritscheln einlädt. Wenn ihr dem Bachlauf folgt, kommt ihr zurück zum **Parkplatz.**

Spiel- & Erlebniswelten

Landschaftspark Engelhalde

87437 Kempten (Allgäu). www.kempten.de. **Kinderwagen geeignet:** ja. **Bahn/Bus:** Von Kempten ZUM Bus 1 bis Lenzfrieder Straße/Kieswerk. **Auto:** Über B19 nach Osten über die Illerbrücke, dann rechts auf B309, links in Lenzfrieder Straße, dann rechts zum Parkplatz.

▶ Früher war hier eine Kiesgrube, heute ist es ein schöner Park mit Weiher, Feuchtbiotop, Abenteuerspielplatz mit Seilbahn, Café/Kiosk und einem 18 m hohen Kletterturm mit Boulderbereich. Viele Kemptener kommen an sonnigen Tagen auch zum Picknicken und Sonnenbaden in den Park.

Minigolf, Spielplatz & Biergaten

Bachtelweiher Garten, Am Bachtelweiher 8, 87437 Kempten (Allgäu). © 0831/93061180, www.bachtelweiher-garten.de. **Kinderwagen geeignet:** ja. **Bahn/Bus:** Von Kempten ZUM Bus 21 bis Elisabeth-Selbert-Straße. **Auto:** Von Kempten Zentrum auf dem Schumacherring nach Osten, dann in Bachtelmühlstraße abbiegen und Beschilderung folgen. **Zeiten:** Mi – Sa ab 11, So, Fei ab 10 – 22 Uhr. **Preise:** Minigolf 2,50 €; Kinder 2 €.

▶ Kemptener Familien lieben dieses Ganzjahres-Ausflugsziel. Hier können Mama und Papa gemütlich im Biergarten oder drinnen im Lokal **Bachtelweiher Garten** sitzen, während die Kinder sich auf dem **Sand-Abenteuerspielplatz** mit Baumhaus und Kriechtunnel, dem **Wasserspielplatz** und dem großen **Trampolin** austoben. Den **kleinen Zoo** mit den

Der Kletterturm ist tagsüber geöffnet (ab 6 Jahre), Tickets am Kiosk im Park oder im swoboda alpin.

Hunger & Durst

Engelhalde Café & Bistro, Lohmühltobel 1, Kempten. © 0831/ 5121472. engelhalde-cafe.de. Di – So 10 – 20 Uhr. Bier- und Wintergarten, hausgemachte Kuchen und Torten sowie Brotzeit und Bodenständiges aus der Küche.

Hunger & Durst

Durchgehend warme Küche ab 12 Uhr und Kindergerichte im Bachtelweiher Garten.

Gleich gegenüber liegt eine schöne Badestelle mit Steg und Kleinkinderbereich am **Bachtelweiher** – an heißen Tagen könnt ihr euch nach dem Spielen dort abkühlen (freier Zugang).

Hasen, Hühnern, Schafen und Ponys besucht ihr dann gemeinsam, und wer beim **Minigolf** mitmacht, könnt ihr ja noch ausmachen. Den Spielplatz und die Minigolfanlage könnt ihr natürlich auch ohne Bestellung im Lokal nutzen (man darf aber kein eigenes Picknick mitbringen).

Minigolfanlage im Steinbruch

Dominikus Eisele, Uhlandstraße 13a, 87437 Kempten (Allgäu)-St. Mang. ℅ 0831/5239550, Handy 0160/95414842. www.minigolf-steinbruch-kempten.com. **Bahn/Bus:** Kempten ZUM Mo – Fr Bus 21 bzw. So, Fei 201 bis Im Oberösch, dann 5 Min über Haneberg- und Uhlandstraße. **Auto:** Auf B19 nach Osten, hinter der Illerbrücke rechts auf B309 Richtung St. Mang, dann links in Hanebergstraße, 3. links in Uhlandstraße, P auf der linken Seite. **Zeiten:** März, April, Sep, Okt 13 – 19 Uhr, Mai – Aug Mo – Fr 13 – 21 Uhr, Sa, So, Fei 10 – 21 Uhr; bei unsicherer Witterung vorher anrufen. **Preise:** 4 €; Kinder bis 14 Jahre 2,50 €, bis 18 Jahre 3 €; Ballverlust 2 €.

▶ Die 18-Loch-Minigolf-Anlage trägt ihren Namen nicht ohne Grund: Sie wurde in einem ehemaligen Steinbruch eingerichtet. Früher war der vor den Toren der Stadt Kempten, heute liegt er wie ein Garten inmitten eines Wohngebiets. Die Kalksteinwände mit ihren gut erkennbaren Schichtungen ziehen manchmal Geologen an, die sich für den Gesteinsaufbau interessieren. Euch aber wird die gut gepflegte und abwechslungsreiche Minigolfanlage bestimmt mehr Vergnügen bereiten als die Kalksteinwände. Einen Kiosk mit Terrasse für Eis, Kaffee, Kuchen und Currywurst (sie ist in der Umgebung berühmt!) gibt es übrigens auch.

Wusstet ihr, dass Minigolf ein richtiger Sport ist, bei dem auch Meisterschaften ausgetragen werden? In der Minigolfanlage im Steinbruch haben sogar schon Deutsche Meisterschaften stattgefunden.

pmv Öko-Tipp!
Freizeitpark Buchenberg

87474 Buchenberg. www.buchenberg.de/sport_freizeit/freizeitpark.htm. **Kinderwagen geeignet:** ja. **Bahn/Bus:** Von Kempten ZUM Bus 80 bis Buchenberg Schule, dann

12 Min zu Fuß über Eschacher Straße. **Auto:** ↗ Buchenberg, im Zentrum rechts in die Eschacher Straße einbiegen, dann links vor der Freizeitanlage parken.

▶ In dieser Freizeitanlage könnt ihr leicht einen ganzen Urlaubstag sehr angenehm verbringen: Im Sommer könnt ihr im kleinen **Moorbad** (mit abgetrenntem Kleinkinderbereich) planschen, direkt daneben ist ein großzügiger **Spielplatz.** Außerdem gibt es Tischtennisplatten, einen Bolzplatz und einen Beachvolleyballplatz auf dem Gelände – und das alles kostet keinen Eintritt.

Hinter dem Weiher beginnt ein 1 km langer **Moorrundweg,** der euch durch die typischen Moorwiesen führt. Neben dem Spielplatz liegt ein großzügiger **Minigolfplatz** mit 18 Bahnen. Dazu gehört auch ein Kiosk, an dem es Eis und kleine Gerichte gibt, wenn ihr zwischendurch Hunger bekommt.

 **Kiosk am Minigolfplatz,** Am Freizeitpark 4, Buchenberg. ✆ 08378/1218. www.buchenberg.de. Mai – Sep 10 – 19 Uhr. Minigolf Erw 2,50 €, Kinder bis 14 Jahre 1,50 €.

Klettern & Bouldern

swoboda alpin: Die größte Kletterhalle des Allgäus

DAV Alpinzentrum swoboda alpin, Sektion Allgäu-Kempten des Deutschen Alpenvereins e.V., Michael Turobin-Ort, Aybühlweg 69, 87439 Kempten (Allgäu). ✆ 0831/5700970, www.dav-kempten.de/swoboda-alpin.
Altersempfehlung: ab 6 Jahre.
Bahn/Bus: Von Kempten ZUM Bus 7 bis CamboMare. **Auto:** Lindauer Straße Richtung Lindau, hinter Autohaus Allgäu (linke Straßenseite) rechts in den Aybühlweg (gegenüber CamboMare).
Zeiten: Mo – Fr 11 – 22.30,

Spiderkids:
An der Boulderwand
könnt ihr üben
© swoboda alpin

Sa 9 – 22.30, So, Fei 9 – 21 Uhr. **Preise:** Sektionsmitglied 10 €, DAV-Mitglied 12 €, Nichtmitglied 14 €; Kinder 6 – 13 Jahre Sektionsmitglied 5,50 €, DAV-Mitglied 7 €, Nichtmitglied 7,50 €, Jugendliche 14 – 17 Jahre 7, 8,50 bzw. 9,50 €; Schüler, Studenten, Auszubildende, BufDis, Rentner, Behinderte (ab 50 %) mit Nachweis Sektionsmitglied 10 €, DAV-Mitglied 12 €, Nichtmitglied 14 €; Familie (2 Erw, alle Kinder bis 25 Jahre, sofern diese noch in der Ausbildung sind) Sektionsmitglied 24 €, DAV 28 €, Nichtmitglied 32 €; 10er-Karte Erw 90, 108 bzw. 126 €, 10er-Karte Kinder 49,50, 63 bzw. 67,50 € sowie weitere Ermäßigungen.

▶ Klettern macht richtig Spaß, aber es ist gefährlich, wenn ihr es gleich in den Bergen anfangen wollt. Üben und dabei genauso viel Spaß haben, könnt ihr in dieser Kletterhalle besonders gut: Sie ist nicht nur die größte im Allgäu, sondern auch besonders familienfreundlich. Sie bietet einen **Boulderbereich** mit über 1000 qm Fläche und gut 400 verschiedenen Bouldern in allen Schwierigkeitsstufen. Diese Disziplin des Kletterns ist ideal für Einsteiger oder kletternde Familien – denn man kann auch ohne Vorkenntnisse sofort loslegen oder zusammen mit Mama und Papa an den Bewegungsaufgaben tüfteln – immer geschützt durch weiche Fallschutzmatten.

Ab 8 Jahre könnt ihr es dann mit dem 2100 qm großen **Seilkletterbereich** indoor oder outdoor versuchen. Für Einsteiger und Kinder gibt es einen eigenen Schulungsbereich mit leichten und kindgerechten Routen. Im Gegensatz zum Bouldern sind für das Seilklettern jedoch Vorkenntnisse oder ein Kurs Grundvoraussetzung – Sicherheit geht vor! Neben den Klettermöglichkeiten für Klein und Groß gibt es im swoboda alpin auch noch zahlreiche weitere Kletter- und Spielmöglichkeiten indoor und outdoor. Besonders beliebt ist das Tunnelsystem mit Bällebad hinter der Boulderwand.

Beide Techniken kräftigen Arme, Beine und den Oberkörper und schulen Koordination und Konzentration – also nichts wie ran an die Wand! Die Ausrüstung könnt ihr übrigens jederzeit vor Ort ausleihen.

Indoorspielplatz

Lina Laune Land

Plabennecstraße 30, 87448 Waltenhofen. ✆ 08303/9207-21, www.linalauneland.de. **Bahn/Bus:** Von Kempten ZUM Bus 5 bis Waltenhofen Sportpark. **Auto:** Von Kempten Zentrum über Immenstädter Straße/B19 nach Süden, bei Hegge (Lidl) links, dann Ahornstraße und rechts in Plabennecstraße. **Zeiten:** Mo – Fr 14 – 19 Uhr, Sa, So, Fei und bayerische Schulferien 10 – 19 Uhr. **Preise:** 4,90 €; Kinder 1 – 2 Jahre 4,90 €, 3 – 12 Jahre 8,50 €; Kombiticket (4 Pers, davon mind. 1 Erw) 25 €; Happy Hour 17.30 – 19 Uhr Erw und Kleinkinder 3 €, Kinder 3 – 12 Jahre 5,10 €.

▶ Hier habt ihr auf 4000 qm auf zwei Ebenen Platz für alles, was drinnen Spaß macht: ein Bällebad, ein Klettergerüst mit vielen Rutschen und Hindernissen, eine Hüpfburgen-Landschaft, ein Riesen-Vulkan mit Rutsche und eine Kartbahn. Die Anlage ist sehr sauber und gepflegt, Speisen und Getränke sind gut und die Preise familienfreundlich (man darf selbst keine Verpflegung mitbringen). Der Essbereich ist so aufgeteilt, dass eure Eltern auch mal in Ruhe einen Kaffee trinken können und euch trotzdem im Blick haben.

Wenn ihr Glück habt, kommt noch die 2 m große Lina-Laune-Kuh zu Besuch und nimmt sich Zeit für Umarmungen und Fotos.

Wintersport

Skigebiet Schwärzenlifte/Eschach

Eschacher Liftbetriebe GmbH, Sonja Schön, Eschach 114, 87474 Buchenberg. ✆ 08378/1222, 352. www.schwaerzenlifte.de. **Auto:** Von Kempten Zentrum über Lindauer Straße/St2376 nach Westen, dann links abbiegen in Wegscheidel, in Eschachried rechts auf

Hunger & Durst

Gletscheralp Eschach, Eschach 114, Buchenberg. ☎ 08378/352. www.gletscheralp.de. Skisaion 9 – 17, Sommer Do – So ab 11 Uhr. Gemütliche Hütte mit schöner Sonnenterrasse und kleiner Karte.

OA20. **Zeiten:** je nach Schneeverhältnissen und Wetter 9 – 17 Uhr, Info unter ☎ 08278/1222. **Preise:** 1 Std 7 €, 3 Std 14 €, Tageskarte 20 €; Kinder bis 3 Jahre 1 Std 3 €, 3 Std 4 €, Tageskarte 6 €, 4 – 15 Jahre 1 Std 6 €, 3 Std 12 €, Tag 14 €; Tageskarte für Familien (2 Eltern oder Großeltern mit Ausweis und 1 Kind) 46 €, gestaffelte Preise je nach Anzahl Erw und Kinder; weitere Ermäßigungen je nach Zeitdauer, wenn nur die Übungslifte benutzt werden.

▶ Hier bei Eschach liegt ein kleines Skigebiet, das auf Familien und Anfänger eingerichtet ist und in dem die Kinder der Region das Skifahren lernen (Skischule und Skiverleih vor Ort). 4 Schlepplifte, 4 Seillifte, 4 Zauberteppiche, 1 Kombiteppich Ski und Rodel, Snowpark für Snowboarder.

HANDWERK, TECHNIK & GESCHICHTE

 Jeden 3. So im Monat gibt es im APC Mai – Sep um 11 Uhr eine Führung mit Kinderprogramm.

Museen draußen & drinnen

Wo die Römer im Allgäu lebten

APC Archäologischer Park Cambodunum, Cambodunumweg 3, 87437 Kempten (Allgäu). ☎ 0831/79731, www.kempten-tourismus.de. **Kinderwagen geeignet:** ja. **Bahn/Bus:** Von Kempten ZUM Bus 1 bis Brodkorbweg, von dort Beschilderung folgen. **Auto:** Von Kempten Zentrum über Illerbrücke, danach links in Kaufbeurer Straße, rechts in Brodkorbweg, wieder rechts in Merktstraße, dann Parken in Thermenstraße. **Zeiten:** März – Nov Di – So, Fei 10 – 17 Uhr. **Preise:** 4 €; Kinder 10 – 16 Jahre 2 €; Familie 8 €, Schüler, Studenten, Schwerbehinderte 2 €. **Infos:** Jeden 1. So im Monat Eintritt frei. Kostenlose Führung jeden So 11 Uhr.

▶ Hattet ihr schon das *Imperium Romanum* in der Schule? Dann wisst ihr, dass zu einer römischen Stadt immer Tempel, Bäder und ein *Forum* (Marktplatz) gehörten – und genau diese Überreste der Stadt *Cambodunum* könnt ihr hier ansehen. Besonders gut erhalten sind die kleinen Thermen mit ihrer Fußbodenheizung, den verschiedenen Becken für warmes und kaltes Wasser und den Gemeinschaftstoiletten – da wurden tatsächlich gemeinsam »Geschäfte gemacht«!

Der Audioguide erklärt all das, was ihr nicht sehen, aber euch beim Hören gut vorstellen könnt. In der *Taberna* könnt ihr echtes römisches Essen probieren. Der süße *Vinum Conditum* (Würzwein) bleibt aber Mama und Papa vorbehalten.

Burgen, Ritter und Edelfräulein

Hinweis: Das **Allgäuer Burgenmuseum** ist derzeit wegen Bauarbeiten geschlossen, ein Termin für die Wiedereröffnung stand im Juli 2020 noch nicht fest, www.allgaeuer-burgenmuseum.de.

Im Wohnzimmer der Kemptener

Kempten-Museum im Zumsteinhaus, Residenzplatz 31, 87435 Kempten. ✆ 0831/2525-1790, www.kemptenmuseum.de. **Lage:** Im Zentrum der Stadt; barrierefrei. **Kinderwagen geeignet:** ja. **Zeiten:** Di – So 10 – 18 Uhr. **Preise:** Eintritt ist frei.

▶ Früher war das **Zumsteinhaus** – es wurde im Jahr 1802 gebaut – ein Wohn- und Geschäftshaus für die Kaufmannsfamilie *Zumstein*. Heute ist es außen eines der schönsten Häuser der Stadt und innen so etwas wie das Wohnzimmer der Kemptener Bürger und ihrer Gäste. Deswegen dürft ihr so oft und so lange kommen, wie ihr wollt, ohne etwas zu bezahlen. Ihr findet darin viel Interessantes zur Stadtgeschichte und vor allem viel zum Ausprobieren und Mitmachen: Filme und Podcasts zum Beispiel. Oder ihr spielt eure eigene Melodie mit den Glocken der beiden größten Kemptener Kirchen. Ihr müsst euch in einem begehbaren Stadtplan zurechtfinden oder könnt mittelalterliche Gewänder anprobieren. Wenn ihr richtig aktiv sein wollt, könnt ihr für 1 Euro ein Mitmachheft kaufen, in dem ihr Quizfragen findet, ein Kempten-Memory und Ideen zum Malen.

Hunger & Durst
Taberna, Kempten. ✆ 0831/79731. Im APC und geöffnet wie dieser. Laden und Imbiss, u.a. Crustulum, römischer Honiglebkuchen. Vor der Taberna liegt ein toller **Römerspielplatz.**

Hunger & Durst
Ein Museum zu erkunden macht hungrig. Zum Glück gibt es im Kempten-Museum auch Kuchen und Getränke, die ihr im schicken Salon der Familie Zumstein genießen könnt.

Geschichte(n) aus der Unterwelt

Schauraum Erasmuskapelle, St.-Mang-Platz, 87435 Kempten (Allgäu). ✆ 0831/9602202, www.kempten-tourismus.de. **Lage:** vom Rathausplatz 3 Min zu Fuß. **Altersempfehlung:** ab 8 Jahre. **Zeiten:** außer Mi 11 – 17 Uhr (letzter Einlass), jeweils zur vollen Stunde, nur mit Führung. **Preise:** 4 €; Kinder 10 – 16 Jahre 2 €; Schüler, Studenten, Gruppen 2 €, Familie 8 €. **Infos:** Ihr könnt Karten für den gewünschten Tag und eine bestimmte Uhrzeit auf der Webseite der Erasmuskapelle reservieren (10 Min vor Beginn abholen).

▶ Ein bisschen gruselig ist es ja schon, aber auch spannend: Ihr steigt 23 Stufen hinunter und findet euch in einem unterirdischen Raum wieder. Ganz früher wurde er als Friedhofskapelle genutzt, weil hier jahrhundertelang ein Friedhof war. Dann wurden dort die Knochen von Toten gelagert, später machte man aus der Kapelle eine Trinkstube. Schon ein bisschen komisch, oder? Irgendwann wurde der ober-

Erlebnis-Buchhandlung didactus, Gerberstraße 49, Kempten. ✆ 0831/69716130. didactus-kempten.de. Mo – Do 9.30 – 18, Fr bis 18.30, Sa bis 16 Uhr. Auf Familien und Erzieher ausgerichtet, Krimiraum für große und kleine Krimi- und Rätselfreunde, 12 m lange Murmelbahn.

DIE STADT MIT DEN DREI ZENTREN

▶ Kempten ist die älteste schriftlich erwähnte Stadt Deutschlands und war unter dem Namen **Cambodunum** Zentrum der römischen Provinz *Raetien*. Das Zentrum der ehemaligen Römerstadt lag am Iller-Hochufer, wo heute der ✎ *Archäologische Park* ist. Nach dem Zusammenbruch des römischen Reiches wurde Cambodunum aufgegeben und später eine Befestigung auf der Burghalde gebaut. Unterhalb der Burg entstanden im frühen Mittelalter an der Iller zwei neue Städte:

Eine von selbstbewussten Handwerkern und Händlern bewohnte **Freie Reichsstadt,** die später protestantisch wurde, und eine von einem Fürstabt regierte **katholische Stiftsstadt.** Das eine Stadtzentrum entstand daher rund um die (evangelische) *St.-Mang-Kirche,* das andere um die fürstäbtliche Residenz und die *Basilika St. Lorenz.* Zwischen Bürgern und Abt gab es oft Streit um Privilegien und Besitz. Man führte buchstäblich Krieg gegen die Nachbarn und wünschte ihm die Pest an den Hals! Erst nach der Auflösung der reichsfreien bzw. fürstäbtlichen Privilegien und der Gründung des Königreichs Bayern wurden Reichs- und Stiftsstadt 1818 zu einer Stadt vereinigt.

irdische Teil abgerissen und der Rest geriet in Vergessenheit, bis man ihn 2008 bei Bauarbeiten wieder entdeckte. Heute zeigt eine Multivisionsschau die Geschichte der Kapelle und der Stadt. Die Knochen liegen noch nebenan – ihr könnt sie durch das Guckloch an der hinteren Wand sehen.

Vom Bergsteigen in den Alpen

Alpin-Museum, Landwehrstraße 4, 87439 Kempten (Allgäu). ℂ 0831/2525-740, www.kempten.de. **Lage:** vom Rathausplatz zu Fuß 9 Min über Gerberstraße bis Residenzplatz, dann Beschilderung folgen. **Altersempfehlung:** ab 10 Jahre. **Zeiten:** Di – So 10 – 16 Uhr. **Preise:** 4 €; Kinder 10 – 16 Jahre 2 €; Familie 8 €, Schüler, Studenten und Schwerbehinderte 2 €. Jeden 1. So im Monat Eintritt frei. **Infos:** Öffentliche Führung (ohne Zusatzkosten) jeden Sa um 14 Uhr.

▶ Hier lernt ihr alles über die Geschichte des Bergsteigens, über berühmte Bergsteiger und die Tiere in den Alpen. Toll ist eine 3D-Karte der kompletten Alpen mit (fast) allen Hütten, für die ihr per Knopfdruck jeweils ein Lämpchen aufleuchten lassen könnt. Spannend, aber auch traurig, ist die Ausstellung zur Geschichte des Bergsteigers *Bonaventura Schaidnagel,* der 1939 beim Bergsteigen verschwand und dessen Geheimnis der Gletscher erst 2004 wieder (teilweise) preisgegeben hat. – Im Erdgeschoss gibt es wechselnde Sonderausstellungen.

Von Ötzi, das 5250 Jahre alte Skelett, das 1991 in Österreich auf 3210 m gefunden wurde, habt ihr vielleicht schon gehört. Dass Ötzi und Bonaventura jetzt zum Vorschein kommen, liegt am Klimawandel: Er lässt die Gletscher dramatisch abschmelzen und legt Felsen und Funde frei.

Musik, Theater & Feste für Kinder

Große Schachtel mit Musik drin

bigBOX Allgäu, Kotterner Straße 64, 87435 Kempten (Allgäu). www.bigboxallgaeu.de. **Bahn/Bus:** Von Kempten ZUM zu Fuß in ca. 10 Min (Lingg-, Bahnhof-, Kotterner Straße) oder mit Bus 30 bis Kotterner Straße. **Auto:** Vom Zentrum aus Beschilderung zur bigBOX Allgäu folgen, Parkhaus ist direkt gegenüber im Forum Allgäu.

BÜHNE, LEINWAND & AKTIONEN

▶ Ob Luke Mockridge, DJ Ötzi, Erkan und Stefan, Familien-Musicals oder philharmonische Kinderkonzerte: In der bigBOX Allgäu gibt es jede Menge Musik und Comedy für jeden Geschmack und natürlich auch für Kinder. Karten bekommt ihr über die üblichen Vorverkaufsstellen oder in der ticketBOX, die sich direkt an der bigBOX befindet.

Märchensommer Allgäu

Theater Kempten gGmbH, Rathausplatz 29, 87435 Kempten. ℗ 0831/960788-0, www.maerchensommer-allgaeu.de. **Altersempfehlung:** 4 – 12 Jahre. **Bahn/Bus:** Busbahnhof ZUM zu Fuß in ca. 15 Min über Beethovenstraße, Freudenberg, Burgstraße, dann die Treppe zur Burghalde hinauf. **Preise:** 17 €; Kinder ab 4 Jahren 11 €; Familienticket (2 Erw, 2 Kinder) 49 €. **Infos:** Tickets ℗ 0831/206-5555. Wetter ℗ 0831/960788-11.

▶ Auf der Burghalde, gleich neben dem Allgäuer Burgenmuseum, befindet sich auch eine Freilichtbühne. Seit dem Sommer 2018 wird diese wieder genutzt: Im Märchensommer Allgäu zeigt das Team des

Was für ein Theater: Der Märchensommer für Klein und Groß
© pmv, Ketti-Römer

TheaterInKempten an vier Wochenenden im Juli und August frische, moderne Märchenstücke mit viel Musik für Kinder ab 4 Jahre (2021: Aladin und die Wunderlampe). Neben erwachsenen Profi-Schauspielern spielen auch Kinder aus dem Allgäu mit. Das ist ein richtig tolles Theatererlebnis, das ihr nicht verpassen solltet! Wenn das Wetter nicht mitspielt, müsst ihr trotzdem nicht auf euer Erlebnis verzichten. Dann ziehen Schauspieler und Besucher nämlich einfach ins Stadttheater um.

Junges T:K Theater in Kempten

Theaterstraße 4, 87435 Kempten (Allgäu). ℂ 0831/9607880, www.theaterinkempten.de. **Lage:** Vom Rathausplatz 5 Min zu Fuß über Heinrichgasse (Theaterstraße = Bühneneingang, der Haupteingang ist an der Illerstraße). **Zeiten:** Spielzeit Okt – April. **Preise:** 10 €; Kinder bis 18 Jahre 7,50 €.

▶ Das Stadttheater in Kempten ist ein richtig altes Theater mit roten Plüschsesseln und Balkon. Als *Junges T:K* ist es aber vom Programm und den Stücken her alles andere als alt: In jeder Spielzeit gibt es mehrere Stücke für Kinder und Jugendliche. Manche sind sogar schon für Kinder ab 2 oder 3 Jahre geeignet, andere nur für Größere ab 8 oder 12 Jahre. Sie werden meist an Sonntagnachmittagen in einem kleineren Theaterraum im 1. Stock *(THEaterOben)* gespielt, in dem ihr ganz nah an den Schauspielern dran seid.

Theaterkästle Altusried

Schulstraße 5, 87452 Altusried. ℂ 08373/92200, 7218 (Abendkasse). www.altusried.de. **Lage:** 7 Min zu Fuß von Hauptstraße nach Süden (Andreas-Hofer-Straße), dann rechts in Schulstraße. **Bahn/Bus:** ↗ Info & Verkehr Altusried. **Zeiten:** Kartenbüro (Hauptstraße 18) Mo – Fr 9 – 12 und 16 – 18 Uhr, Tages-/Abendkasse jeweils 1 Std vor Vorstellungsbeginn. **Preise:** 10,90 – 13,40 €; Kinder 7,90 – 10,90 €.

Den jeweiligen Spielplan für die Kinderstücke findet ihr unter theaterinkempten.de/tk-fuer-kinder.

Der Kartenvorverkauf findet ausschließlich im Kartenbüro Altusried statt, Restkarten gibt es an der Abendkasse.

▶ Von Oktober bis April, wenn die ↗ Freilichtbühne Altusried nicht bespielt werden kann, ist Spielzeit im Theaterkästle. In jeder Saison steht neben 6 oder 7 Erwachsenen-Stücken auch ein Kinder- bzw. Familienstück (meist ein Märchen) auf dem Spielplan. Wäre das nicht etwas für euch?

Einzigartiges Theaterspektakel
Allgäuer Freilichtbühne Altusried

87452 Altusried. ✆ 08373/92200, 9217864 (Abendkasse). www.allgaeuer-freilichtbuehne.de. **Lage:** 12 Min zu Fuß von der Gästeinformation. **Bahn/Bus:** ↗ Info & Verkehr Altusried. **Auto:** Vom Zentrum über Andreas-Hofer-Straße nach Süden (Im Tal), Beschilderung folgen. **Rad:** Liegt nach 15 km auf Etappe 2 des Illerradwegs (Kempten – Heimertingen). **Zeiten:** Kartenbüro (Hauptstraße 18) Mo – Fr 9 – 12 und 16 – 18 Uhr, Tages-/Abendkasse jeweils 1 Std vor Vorstellungsbeginn. **Preise:** ab 17 €; Kinder bis 14 Jahre ab 10 €, 15 – 17 Jahre ab 14,50 €. **Infos:** Auf dem Gelände gibt es regionale Verköstigungen, Selbstversorgung ist nicht erlaubt.

**Freiluftspektakel:
Aber die Zuschauer sitzen
im Trockenen**
© pmv, Kettl-Römer

▶ Seit über 130 Jahren spielt in Altusried im Sommer das ganze Dorf Theater. Die Freilichtbühne in einem alten Steinbruch ist aber auch eine wunderbarer Ort für große Spektakel: Hier stehen schon einmal 400 Altusrieder mitsamt Schafen, Pferden, Eseln und sonstigem Getier auf der Bühne! Alle zwei Jahre wird ein neues Stück eingeübt. Wenn ihr die Gelegenheit habt, eine der großen Freilichtaufführungen zu besuchen, solltet ihr das unbedingt tun! Übrigens ruhig auch bei Regen: Die Zuschauer sitzen nämlich unter einem Dach, nur die Schauspieler werden nass. Neben den großen Eigenproduktionen gibt es ständig Märchenstücke, Musicals und Gastspiele von auswärtigen Theatergruppen und Konzerte.

Die großen Stücke drehen sich in Altusried immer um Freiheitskämpfer (z.B. Wilhelm Tell, Andreas Hofer, Robin Hood). 2021 wird Ronja Räubertochter gegeben!

Festwoche Allgäu

87435 Kempten (Allgäu). www.festwoche.com.
Bahn/Bus: Eingang zur Festwoche neben Kempten ZUM.
Auto: Park & Ride Parkplätze während der Allgäuer Festwoche am Eisstadion, Hochschule Kempten und an der Artilleriekaserne. Pendelbusse 9.50 – 19 Uhr im 20-Min-Takt, danach im 1-Std-Takt. **Zeiten:** Woche um 15. Aug, Messe 10 – 18 Uhr, Bühnenprogramm bis 23 Uhr, Festzeltbetrieb bis 0.30 Uhr. **Preise:** Tageskarte 8,50 €, bei Anreise mit dem Bus Kombi-Ticket für 11,50 € (im Bus zu erwerben); Kinder bis 12 Jahre in Begleitung Erw frei, 13 – 17 Jahre 7 €; Familienkarte (2 Erw, 2 Kinder bis 17 Jahre) 17 €, bei Anreise mit dem Bus Kombikarte Familie für 23 €.

▶ Jedes Jahr im August, und zwar in der Woche über **Mariä Himmelfahrt** (15. Aug), herrscht in Kempten Ausnahmezustand: Teile der Innenstadt sind durch Mauern abgetrennt, Stadtpark und Königsplatz sind bebaut und auffällig viele Menschen in Dirndl und Lederhose strömen in die Stadt. Es ist Allgäuer Festwoche, eine sehr bunte Mischung aus Wirtschaftsausstellung, abendlicher Festzeltparty, Kultur- und Sportfestival. Während die Eltern tagsüber über die Messe bummeln, sind die Kinder im Kreativ-Pro-

Dienstag ist Familientag auf der Festwoche: Auf der Stadtparkbühne gibt es ein Kinderpogramm mit Zauberei, Musik und mehr.

gramm (in Gruppen für 3- bis 6-Jährige und 7- bis 12-Jährige) aktiv. Ihr könnt aber auch in die lebendigen Werkstätten schauen, den Imkern beim Honigschleudern zusehen oder euch an der Milchbar mit einem leckeren Milchshake stärken.

FESTKALENDER KEMPTEN & UMGEBUNG

Februar:	1. Wochenende der Fastenzeit, **Funkenfeuer** in vielen Gemeinden.
Mai:	Christi Himmelfahrt, **Himmelfahrtsmarkt** in Kempten mit Rummel.
Juni – August:	Freilichtbühne, **Altusrieder Freilichtspiele.**
Juli:	**Altstadtfest Kempten** mit Kindertag.
August:	erste Woche, **Freilichtkino** auf der Burghalde in Kempten, davor und danach Märchensommer Allgäu. in der Woche von Mariä Himmelfahrt, **Allgäuer Festwoche** in Kempten.
September:	Sa nach Schulanfang, **Sport- und Familientag** in Kempten. letzter oder vorletzter Sa, **Künstler- und Krämermarkt** in Buchenberg. letzter Sa, **Viehscheid** in Haldenwang.
Oktober:	1. So, **Alternativer Markt,** Altusried. Allerheiligenwoche: **Kathreinemarkt** in Kempten, mit Rummel.
November:	1. Advent Sa – 22. Dez, **Weihnachtsmarkt** Kempten. 1. Advent Sa, So, **Weihnachtsmarkt** Dietmannsried. 1. Advent Sa, So, **Weihnachtsmarkt** Buchenberg.
Dezember:	5. Dez **Klausentreiben** in Börwang.

KAUFBEUREN & MARKTOBERDORF

Biberach a.d. Riss

MEMMINGEN

Memmingen

& UNTER-ALLGÄU

Bad Wörishofen

Kaufbeuren

KAUFBEUREN & MOD

Leutkirch

Ravensburg

ALLGÄU

BW

KEMPTEN & UMGEBUNG

Markt-Oberdorf

BY

WANGEN

KEMPTEN

Isny

&

Wangen

980

FÜSSEN & OSTEN

ROTTACH-SEE

Rottachsee

7

Forggensee

WESTALLGÄU

PFRONTEN

Immenstadt

Lindau

Pfronten

Füssen

A

Bregenz

IMMENSTADT

&

OBERALLGÄU

A

www.PeterMeyerVerlag.de

© pmv, Kettl-Römer

© pmv, Kettl-Römer

© pmv, Kettl-Römer

© pmv, Kettl-Römer

Der Oggenrieder Weiher: Ob Lotti noch hier wohnt? | Schön ist's, am Elbsee übers Moor zu gehen … | Tiernahe Erfahrung: Charlotte auf Lama-Wanderung | Großes Skivergnügen: An der kleinen Ronsberger Skipiste | Für Technikfans: Im Fendt Forum dürft ihr die neuesten Traktormodelle erkunden | Auf den Spuren der Römer: Spaziergang auf dem Auerberg

© pmv, Kettl-Römer   © pmv, Kettl-Römer

Kaufbeuren, das »Tor ins Allgäu«, ist mit rund 44.000 Einwohnern hinter Kempten die zweitgrößte Stadt des Allgäus. Seine historische Altstadt liegt in einem Moränental an der Wertach, die auch an Marktoberdorf vorbeifließt. Doch dessen Stadtgebiet liegt bereits zwischen 700 und 900 m hoch in einer hügeligen Landschaft voller Wälder, Wiesen und Weiher.

Meine Lieblings-Tipps fürs passende Alter:

Kinder **ab 3 Jahre** können am Wald-Wissens-Spielplatz bei Obergünzburg spielerische Naturerfahrungen machen. **Grundschulkinder** haben im Geschichtenladen im Kaufbeurer Kaisergäßchen und bei den Kinderführungen mit dem Nachtwächter viel zu lachen und zu staunen. Für die **über 10-Jährigen** ist der »Klette am Ette« ein interessantes Angebot, während das Isergebirgs-Museum die Geschichte des alten und neuen Gablonz lebendig werden lässt. Für die ganze Familie ist das historische Tänzelfest Ende Juli ein unvergessliches Spektakel und ein Höhepunkt des Jahres.

Ostallgäu – Kaufbeuren, Wanderkarte mit Kurzführer und Radwegen. 1:50.000. 9,95 €, ISBN 978-3-8502-6501-0

Erlebnis- & Naturbäder

Zentrales Badevergnügen

Freibad im Jordan Badepark Kaufbeuren, Berliner Platz 4, 87600 Kaufbeuren. ✆ 08341/437-743, www.baeder.kaufbeuren.de. **Bahn/Bus:** Ab Kaufbeuren Bhf 4 Min beschilderter Fußweg direkt durch den Jordanpark. **Auto.** Vom Bhf Füssener Straße, nach dem Jordanpark rechts in die Johannes-Haag-Straße, parken vor dem Bad.
Zeiten: Mai – Sep 9 – 20 Uhr. **Preise:** 3,80 €; Kinder 6 – 17 Jahre 2,30 €; Familienkarte (2 Erw, max. 4 Kinder unter 18 Jahre) 9 €.

▶ Mitten in Kaufbeuren liegt dieses großzügige und gepflegte Freibad im Stil der 1970er Jahre. Auf den großen Liegewiesen findet jeder ein passendes Plätzchen, sei es in der Sonne oder im Schatten großer

Neben dem Freibad (selber Eingang) ist auch ein Hallenbad, von dem aus man die Rutsche und das Warmbecken mitbenutzen kann. Ansonsten ist es ein ganz normales Hallenbad.

Bäume. Für die Kleinsten gibt es ein überdachtes Spielbecken, die Großen können im 50-m-Becken ihre Bahnen ziehen. Alle übrigen können im Nichtschwimmerbecken Ball spielen, vom 1-, 3- und 5-m-Turm springen, die Wellenrutsche hinuntersausen oder es sich im Warmwasserbecken bequem machen. Platz zum Fußballspielen bleibt neben dem Beachvolleyballfeld. Wer Hunger bekommt, kann sich am Kiosk Pizza, Pommes und Eis besorgen.

Kinder-Lieblings-Freibad

Erlebnisbad Neugablonz, Gewerbestraße 85, 87600 Kaufbeuren-Neugablonz. ✆ 08341/437-560, www.baeder.kaufbeuren.de. **Bahn/Bus:** Bus 11 ab Kaufbeuren Bhf bis Josefsthaler Straße, dann 2 Min zu Fuß. **Auto:** Neugablonzer Straße bis Neugablonz, dann am Kreisel links in Sudetenstraße bis kurz vor Ortsende, kostenlose Parkplätze vor dem Bad. **Zeiten:** Mai 10 – 20 Uhr, Juni – Aug 9 – 20 Uhr, Sep 10 – 19 Uhr, bei schlechtem Wetter schließt das Bad um 12 Uhr. **Preise:** 3,80 €; Kinder 6 – 17 Jahre 2,30 €; Familienkarte (2 Erw, max. 4 Kinder unter 18 Jahre) 9 €.

▶ Dieses Freibad ist ganz auf Kinder ausgerichtet: mit Riesenrutsche, Strömungskanal, Wellenbad, Wasserkanonen und Matschmulde, überdachtem Babybecken und großem Spielplatz. Nicht zu vergessen die Felder für Beachvolley-, Basket- und Fußball und die Tischtennisplatten. Für Schwimmer gibt es ein 50-m-Becken, zur Entspannung ein Wellnessbecken mit Whirlpoolplätzen und für Mutige ein Sprungbecken (1, 3, 5 m). Die große Liegewiese ist ein Park mit altem Baumbestand, um die Becken herum wachsen sogar Palmen. Einen Kiosk gibt es auch.

Hunger & Durst
Schlossmühle Liebenthann, Obergünzburg-Liebenthann. ✆ 08372/980263. www.schlossmuehle-liebenthann.de. April – Okt Mi – Sa 11.30 – 18, So, Fei 10 – 19 Uhr. Hübsches Ausflugslokal in einer idyllischen alten Mühle.

Baden am »Ette«

Stadtbad am Ettwieser Weiher, Ettwiesen 8, 87616 Marktoberdorf. www.touristik-marktoberdorf.de. **Auto:** Von Marktoberdorf Bhf nach Süden; Bahnhofstraße, rechts in die Meichelbeckstraße, Seeger Straße, dann

am Ortsausgang rechts in die Ettwieser Straße bis zum Parkplatz am Stadtbad. **Rad:** Vom Zentrum MOD wie mit dem Auto.

▶ Der Ettwieser Weiher, der von den Einheimischen liebevoll »Ette« genannt wird, ist ein kleiner Moorsee mit weichem, braunem Wasser und einer gut gepflegten Badeanlage samt Kiosk (Eis, Getränke, Pommes), Toiletten, Umkleidekabinen und Spielplatz. Da der See recht flach ist, wird er im Sommer schnell warm. Es gibt einen mit Holz abgegrenzten Kleinkinder- und Nichtschwimmerbereich neben dem Spielplatz. Die Größeren schwimmen hinaus zur hölzernen Plattform, auf der man spielen und sich sonnen kann. Das Baden und Parken ist kostenlos.

Im hinteren Bereich des Sees wachsen Seerosen und Schilf, dorthin ziehen sich bei regem Badebetrieb auch die Wasservögel zurück. Die solltet ihr nicht stören!

Mooriges Badevergnügen

Seebad am Elbsee, 87648 Aitrang. ✆ 08343/389 (Ansage), **Auto:** Von Marktoberdorf über Schwabenstraße bis Altdorf, dann links auf OAL5 Richtung Ruderatshofen, danach bei Aitrang links in Am Elbsee, Parkplatz vor dem Restaurant Elbsee. **Zeiten:** bei gutem Wetter bis 20 Uhr, ggf. vorab telefonische Bandansage abhören. **Preise:** 3 €; Kinder 2 €.

▶ Der Elbsee liegt abseits der Straße im gleichnamigen Naturschutzgebiet. Das Seebad bietet auf einer schönen Liegewiese mit altem Baumbestand einen Kiosk, Umkleiden und Duschen sowie einen abgetrennten Nichtschwimmerbereich. Das Elbseewasser ist ganz moorig braun, sehr weich und im Sommer schnell warm. Ihr könnt auch ein **Ruderboot** leihen

 Verleih von Ruderbooten (30 Min 6 €, 1 Std 8 €) in der Elbsee-Gaststätte.

und damit weiter auf den See hinausrudern und nach Hechten, Aalen und Karpfen Ausschau halten. Am ↗ **Restaurant Elbsee** beginnt übrigens der empfehlenswerte ↗ *Moorerlebnisweg Elbsee.*

<owl> *Ein Geotop bietet einen Einblick in die Erdgeschichte.*

Wandern & Naturbesonderheiten

Die Teufelsküche Obergünzburg – eins der schönsten Geotope Bayerns

Teufelsküche Obergünzburg, 87634 Obergünzburg.
Auto: Von Kaufbeuren auf ST2055 bis Obergünzburg, dann rechts auf St2012 in Richtung Ronsberg bis zum Parkplatz mit dem großen Mühlrad; von dort der Beschilderung folgen. **Rad:** Günztalradweg: Vom Bhf Günzach links hinunter auf St2012, nach der Kirche links in Krankenhausstraße/Forstweg, dann rechts über den Parkplatz und am Waldrand entlang bis zur Mühle.

▶ **Teufelsküche** – das klingt ja gruselig. Und tatsächlich: Wenn der Teufel persönlich in einem riesigen Kessel gerührt hätte und dabei das ganze Gebräu plötzlich explodiert wäre, dann würde es wahrscheinlich genauso aussehen wie hier: Im Wald liegen große *Nagelfluh-Felsbrocken* wild durcheinander herum und eine steile Hangkante sieht aus wie der Rand eines zerborstenen Kessels. In Wirklichkeit ist die Teufelsküche zwischen Obergünzburg und Ronsberg am Ende der letzten Eiszeit vor über 10.000 Jahren durch Felsstürze und Hangabbrüche entstanden. Wer sich für Erdgeschichte interessiert, kann sich auf Schautafeln über die Entstehung des **Geotops** informieren.

Schaut fast ein bisschen traurig: Der Obergünzburger Teufel
© pmv, Ketti-Römer

Für euch aber ist die Teufelsküche vor allem ein höchst interessanter Ort zum Erforschen, Entdecken, Staunen und Spielen.

Entdeckerwege & Barfußpfade

Auf den Spuren der alten Römer

Römer-Rundweg am Auerberg, 86975 Stötten. www.stoetten.de. **Länge:** von Stötten-Zentrum einfache Wegstrecke ca. 4 km, einfach zu gehen mit mäßigen Steigungen, ca. 1 Std, Beschilderung »Auerberg Römerweg« folgen. **Kinderwagen geeignet:** ja. **Altersempfehlung:** ab 5 Jahre. **Auto:** Von Marktoberdorf über B16 bis Stötten am Auerberg.

▶ Der Auerberg liegt ganz allein vor den Alpen und ist von Weitem zu sehen. Schon die alten Römer (und wahrscheinlich vor ihnen die Kelten) haben erkannt, dass er sich mit seinen 1055 m Höhe gut als Aussichtsposten eignet. Heute könnt ihr auf einem kurzen **Römer-Rundweg** den Spuren der früher dort ansässigen Legionäre und Handwerker aus dem *Imperium Romanum* folgen und dabei die Gegend entdecken. Außerdem solltet ihr unbedingt die kleine **Wallfahrtskirche St. Georg** ansehen – vom Altarraum aus geht es nämlich in den Turm und über eine steile Holztreppe hinauf auf eine Aussichtsplattform, von der ihr weit in die Berge und ins Umland sehen könnt. Ganz wie die römischen Wachtposten, die von hier aus nach Signalfeuern Ausschau hielten …

pmv Öko-Tipp!
Moorerlebnisweg Elbsee

87648 Aitrang. www.moorwelten-allgaeu.de. **Länge:** Rundweg, 7,2 km, markiert mit braun-grünem Logo der Allgäuer Mooralllianz, leicht, reine Gehzeit ca. 2 Std. **Kinderwagen geeignet:** ja. **Auto:** Von Marktoberdorf, Ruderatshofener-Straße bis zum Kreisverkehr, dann links auf OAL5 Richtung Ruderatshofen, danach bei Aitrang

Hunger & Durst
Panorama-Gasthof Auerberg, Auerberg 2, Bernbeuren. ✆ 08860/235. www.auerberghotel.de. Geöffnet 10 – 21 Uhr. Beliebtes Ausflugslokal in toller Lage, regionale Küche, gutes Preis-Leistungs-Verhältnis, auch 9 Zimmer und 2 Suiten.

Zum Festtag des heiligen Georgs am 23. April bzw. am So danach, findet am Auerberg ein Georgiritt statt. Das ist eine prächtige Wallfahrt zu Pferd.

Hunger & Durst

Restaurant Elbsee, Am Elbsee 1, Aitrang. ℂ 08343/330. www.restaurant-elbsee.de. Täglich ab 10 Uhr, Nov – Feb Mo geschlossen. Pluspunkte: wunderschöne Lage, familiengerechte Preise, kleiner Spielplatz.

Moore sind wichtig, weil hier seltene Pflanzen und Tiere leben. Außerdem sind sie gut für das Klima. Deswegen will die Allgäuer Moorallianz sie schützen und viele Menschen über sie informieren.

Wer mag, kann beim LBV-Vogelquiz mitmachen. Die Quizbögen gibt es am Beginn des Lehrpfads (Stift mitbringen!).

links in die Elbsee-Straße, dann rechts der Beschilderung zum Wanderparkplatz folgen.

▶ Das ist ein sehr hübscher Rundweg, auf dem es einiges zu entdecken gibt. Ihr startet am Wanderparkplatz an der Zufahrtsstraße zum Elbsee. Nach wenigen Schritten erreicht ihr den **Info-Pavillon,** der euch Auskunft gibt über das Leben der Familie Biber im Elbsee, der im Schilf verborgenen Rohrammer oder der schönen Blume *Iris sibirica*. Von dort führt euch ein Fußweg nach Süden. Am Abzweig zur Seealpe könnt ihr euch im Weitsprung messen oder eine Pause auf dem **Mooralliance-Spielplatz** bei der Seealpe einlegen, bevor ihr euch wieder auf den markierten **Moorerlebnisweg** macht. Dann kommt der schönste Teil: Ihr geht über einen **Holzsteg** durch den Schilfgürtel des Elbsees – wenn ihr ganz leise seid, seht ihr vielleicht sogar den Biber, der hier wohnt. Der Weg führt euch nah ans Wasser und schlägt schließlich einen weiten Bogen um das ⌁ **Freibad** und den *Campingplatz am Elbsee,* bis ihr wieder am Ausgangspunkt ankommt. Zwischendrin findet ihr immer wieder Schautafeln und kleine Stationen, die euch die Moorwelt näher bringen.

pmv Öko-Tipp!
Alle Vöglein sind schon da

Vogellehrpfad Friesenried, 87654 Friesenried. ostallgaeu.lbv.de. **Länge:** leichter Rundweg 4,5 km, reine Gehzeit 1 Std. **Kinderwagen geeignet:** ja. **Auto:** Ab Kaufbeuren Kemptener Straße/St2055 bis Friesenried, Parkplatz Aschthal im Königsberger Forst, ausgeschildert.

▶ Oft könnt ihr Vögel im Wald nur hören, aber nicht sehen. Das ist hier anders: Auf 25 Stationen mit Informationen zu 50 heimischen Vogelarten könnt ihr alle Vögel in ihrer typischen Umgebung ganz genau ansehen. Sie sitzen nämlich als handgetöpferte und bemalte Modelle in Schaukästen. Zusätzlich gibt es Stationen wie ein großes Vogelnest mit Brutkästen und Platz für ein Picknick, ein Vogel-Bandolino, ein

riesiges Hör-
rohr, eine In-
sektenlehm-
wand und ei-
ne Spechthöhle.
Wenn ihr im Sommer
kommt und sehr leise
seid, könnt ihr einige
der vorgestellten Vö-
gel auch in echt sehen
und hören. Die woh-
nen nämlich wirklich
in diesem Wald!

Lehrgesellschaft:
Schaukästen zeigen, wo
unsere Vögel leben
© pmv, Kettl-Römer

Entdeckerfreuden auf dem Naturerlebnispfad Görisried

87657 Görisried. www.goerisried.de. **Länge:** leichter
Rundweg, ca. 1,7 km. **Kinderwagen geeignet:** ja.
Bahn/Bus: Von Marktoberdorf Bahnhof Bus 51 bis Görisried Ort. **Auto:** Parken an der Mehrzweckhalle (Waldbach-
straße 15).

▶ In einem Waldstück am moorig-braunen Wasser
des Mühlbachs findet ihr eine richtige Entdecker-
landschaft: Kleine Pfade schlängeln sich durch den
Wald und führen zu Stationen, an denen es etwas zu
sehen, zu fühlen oder auszuprobieren gibt. Zum Beispiel ein Baum-Xylophon, Fühlkästen, eine Murmelbahn, ein Kletternetz oder ein Wasserrad in Aktion.
Zum Picknicken gibt es einen eigenen Platz und
sogar einen Zwergentisch mit Stühlchen extra für
Kinder. Im Sommer lässt sich im angrenzenden
Waldbach auch wunderbar waten, planschen und
matschen – ihr solltet also bei schönem Wetter eure
Badesachen und ein Handtuch mitnehmen.

Auf dem Moos-Erlebnis-Pfad

MEP – Der Moos-Erlebnis-Pfad bei Stötten, 87675 Stötten am Auerberg. www.stoetten.de. **Länge:** Rundweg
3,5 km, kinderleicht zu gehen. **Kinderwagen geeignet:** ja.

Am Beginn des
Pfades liegt das
Görisrieder Freibad, ein
Naturwasserbecken mit
Liegewiese und Spiel-
platz. Der Eintritt ist
noch dazu frei.

Hunger & Durst

Gasthof zum Hirsch,
Kirchplatz 6, Görisried.
✆ 08302/249.
www.hirsch-goeris-
ried.de. Do – So 7 – 23
Uhr, Mo, Di 17 – 23 Uhr,
Mi geschl. Köstliche All-
gäuer Kräuterküche in ei-
ner gemütlichen Dorfwirt-
schaft.

Hunger & Durst

Landgasthof Sonne,
Dorfstraße 7, Stötten.
✆ 08349/211.
www.landgasthofsonne.de. Mi – So ab 9.30 Uhr. Gute regionale Küche in gemütlicher Stube, netter Biergarten.

Bahn/Bus: Von Marktoberdorf Bhf Bus 59 bis Stötten Schule. **Auto:** Von Marktoberdorf auf B16 Richtung Schongau, Ausfahrt Stötten, dann Beschilderung zum Gasthof Sonne folgen (parken am Kirchplatz). Von dort beginnt der MEP Richtung Westen durch Roßmoos.

▶ Dieser Lehrpfad macht richtig Spaß: Ihr spaziert durch Wald und Moor (im Allgäu sagt man auch »Moos« dazu), und zwar immer den Schildern mit dem Maskottchen *Meppi* nach. Meppi führt euch zu insgesamt 13 Stationen, an denen es etwas zu sehen, zu lernen und vor allem zu spielen gibt: Ihr könnt balancieren, schaukeln, klettern, ein Insektenhotel bestaunen oder die Spuren des Torfabbaus entdecken. Meine Kinder mochten immer die große Hängematte am liebsten, in der man so richtig abhängen kann …

Lamas spucken wirklich – aber nur auf andere Lamas, wenn die ihnen zu nahe kommen. Menschen treffen sie höchstens zufällig.

Wandern mit Lamas

Pichincha Llamas Lamazucht, Walter Egen und Ursula Brinkmann, Alte Steige 34, 87600 Kaufbeuren.
✆ 08341/73318, www.pichincha-llamas.de. **Altersempfehlung:** ab 6 Jahre. **Preise:** 40 € für 1 Std Schnuppertour pro Familie/Gruppe.

▶ Spazierengehen ist ja meist keine Lieblingsbeschäftigung für Kinder. Geht es euch auch so? Dann probiert doch einmal einen Spaziergang mit einem Lama aus. Lamas stammen eigentlich aus Südamerika, fühlen sich im Allgäu aber auch sehr wohl. Sie sind klein, kuschelig und außerdem neugierig und kontaktfreudig. Sie lassen sich leicht führen, auch von Kindern ab etwa sechs Jahren. Auf dem Pinchincha Lamahof bei Kaufbeuren könnt ihr eine Stunde Schnupperwandern, entweder als Familie oder Gruppe (auch zum Kindergeburtstag). Am besten macht ihr ein paar Tage vorher telefonisch einen Termin aus.

Nicht groß, aber auch nicht gerade zierlich: Flauschiges Lama
© pmv, Kettl-Römer

Radeln, spielen, klettern

Radtour auf der alten Bahntrasse von Marktoberdorf nach Sameister

Marktoberdorf – Sameister oder Schmutterweiher – Marktoberdorf, 87616 Marktoberdorf. **Länge:** hin und zurück 34 km, markiert mit Weißer Dampflok auf braunem Grund. **Altersempfehlung:** ab 8 Jahre. **Auto:** Von MOD Zentrum B16 Richtung Schongau, über den Kreisverkehr mit dem Rührlöffel, dann rechts auf den Wanderparkplatz am Waldrand.

▶ Seit 1899 gab es eine eigene Bahnstrecke von Marktoberdorf nach Lechbruck. Sie wurde 1973 stillgelegt und ist heute als Radweg ausgebaut, der sich besonders gut für Familien zum Radeln und Skaten eignet, weil es auf ihm nur wenig Steigung gibt. Da die Strecke Teil der größeren *Dampflokrunde* ist, folgt ihr ab dem Startpunkt immer den Schildern mit der Weißen Dampflok in Richtung Lechbruck.

Der Weg führt zunächst durch den Wald, dann parallel zur B16 durch Wiesen. Oft habt ihr die Berge im Blick. Ab **Steinbach** führt er weiter von der Straße weg, an Moorwiesen vorbei und wieder durch Wald und durch Wiesen, bis ihr an eine Kreuzung kommt, an der ein Schild nach links zum **Gasthof Adler** in Sameister und eines nach rechts zum ↗ *Schmutterweiher* weist. Bei Badewetter wendet ihr euch nach rechts (am Kiosk am Schmutterweiher könnt ihr auch etwas essen), an nicht so warmen Tagen nach links in Richtung Sameister, wo ihr eure wohlverdiente Pause genießen könnt. Auf dem Rückweg geht es die meiste Zeit leicht bergab und nur kurz vor **Marktoberdorf** wieder leicht bergauf, sodass ihr ganz gemütlich zum Parkplatz zurückrollen könnt.

⚲mⱴ Öko-Tipp!
Spielplatz im Wald mit Wasser

Wald-Wissen-Spielplatz bei Eschers, 87496 Untrasried-Eschers. www.eschers.de/wald-wissen-spielplatz. **Länge:**

Hunger & Durst

Gasthof Adler, Sameister 5, Roßhaupten-Sameister. ✆ 08367/392. www.adler-sameister.de. Mi – So ab 11 Uhr. Traditionsreiches Ausflugslokal mit regionaler Küche, sehr gutem Kuchen und kleinem Gastgarten.

hin und zurück 3 km.
Kinderwagen geeignet:
ja. **Auto:** Von ↗ Ober-
günzburg Hauptstraße
in die Krankenhausstra-
ße einbiegen, dann kurz
rechts in den Forstweg
und anschließend links
in die Hartmannsberger
Straße, dieser folgen
bis Wegweiser Freizeit-
und Tagungshaus

Zieht am besten etwas an, das schmutzig werden darf. Ein Handtuch und Wechselklamotten können auch nicht schaden, nasse Piraten frieren nämlich leicht …

Eschers. Man parkt dort auf einer Wiese, von dort weist ein Schild rechts hinunter in den Wald.

▶ Hier wird der Wald zum Spielplatz. Auf eurem Weg durch den Wald könnt ihr viel ausprobieren und ganz nebenher etwas lernen: Traut ihr euch, in den Fühlkasten zu greifen? Seht euch mal den Schaukasten mit der Schichtung des Waldbodens an. Findet ihr die Tiere, die zwischen den Bäumen warten? Daneben könnt ihr balancieren, klettern, Holz-Musik machen und die 30 m lange Seilbahn runtersausen. Toll spielen könnt ihr am Bach. Hier werden kleine Naturforscher schnell zu große Seefahrern und Piraten. Dämme und Häfen bauen und durchs Wasser hüpfen könnt ihr natürlich auch.

Wie die Klette am »Ette«

Waldseilgarten am Ettwieser Weiher, 87616 Marktoberdorf. Handy 0160 92585593. www.klette-am-ette.de.
Altersempfehlung: ab 6 Jahre. **Auto:** Von Marktoberdorf Bhf nach Süden; Bahnhofstraße, rechts in die Meichelbeckstraße, Seeger Straße, dann am Ortsausgang rechts in die Ettwieser Straße bis zum Parkplatz am Stadtbad,

von dort ca. 150 m zu Fuß. **Zeiten:** Mo – Fr 14 – 19, Sa, So, Fei 10 – 19 Uhr, bayerische Schulferien ab 10 Uhr. **Preise:** 20 €; Kinder 6 – 15 Jahre 15 €; Gruppen ab 8 Pers 14 € pro Pers, Feierabendticket 2 Std vor Schließung je 3 € billiger. **Infos:** Gruppen ab 8 Pers sind nach Anmeldung auch außerhalb der Öffnungszeiten willkommen.

▶ Der kleine, sehr liebevoll gemachte Waldseilgarten bietet 11 Parcours in verschiedenen Schwierigkeitsstufen. Kinder ab 6 Jahre bzw. 1,20 m Größe dürfen in Begleitung eines Erwachsenen oder größeren Geschwisters klettern, ab 10 Jahre dann auch allein. Am Kiosk gibt es Eis, Kuchen und Snacks. Dahinter beginnt gleich die Liegewiese des **Ettwieser Weihers** – an schönen Tagen könnt ihr nach dem Klettern gleich noch baden.

Spaß im Winter

Kleine Piste, großer Spaß

Skilift Ronsberg, Werner Bürgel, 87671 Ronsberg. www.sc1919ronsberg.de/skilift-ronsberg. **Auto:** Von Kaufbeuren auf ST2055 bis Obergünzburg, dann rechts in Ronsberger Straße; die Piste liegt gleich am Ortseingang Ronsberg rechts. **Zeiten:** Mo – Fr 14.30 – 17, Sa, So, Fei 10 – 17 Uhr, Do, Fr auch 19 – 21 Uhr (mit Flutlicht), Kinderlift Sa, So, Fei und Ferien 10.30 – 16.30 Uhr. **Preise:** Einzelfahrt 1,20 €, 10er-Karte 10 €, Tageskarte 12 €, Tageskarte Kinderlift 3 €; Kinder bis 16 Jahre 1 €, 10er-Karte 8 €, Tageskarte Tageskarte 10 €, Tageskarte Kinderlift 3 €; außerdem Vor-/Nachmittags- und Saisonkarten, Schülerermäßigungen.

▶ In der Marktgemeinde Ronsberg gibt es einen sehr aktiven Sportverein, der im Winter mit viel ehrenamtlicher Arbeit einen Skilift betreibt und die kleine Piste pflegt. Hier können Kinder und Anfänger für wenig Geld einfach mal für ein oder zwei Stunden zum Skifahren (lernen) gehen. Für die Geübteren

Happy Birthday!
Kinder haben am Tag ihres Geburtstags freien Eintritt.

Zu den Pistenverhältnissen und Öffnungszeiten gibt es eine Bandansage unter ✆ 08306/975120.

gibt es sogar eine Fun-Strecke durch den Wald. Anfänger-Kinder können am Kinderlift im flachen Bereich üben. Zum Aufwärmen werden heiße Getränke verkauft.

HANDWERK, TECHNIK & GESCHICHTE

☀ Jeden 1. Sa im Monat wird April – Okt die Stadtführung »Feuer und Flamme« angeboten, in der Kaufbeuren unter dem Blickwinkel der Feuerwehrgeschichte gezeigt wird. Start 10.30 Uhr an der Tourist-Info, 7 € inkl. Museum (ohne Anmeldung).

Museen & Stadtführungen für Kinder

Tatütata, die Feuerwehr ist da

Feuerwehrmuseum Kaufbeuren-Ostallgäu, Am Bleichanger 50, 87600 Kaufbeuren. Handy 0173 8660010. fwm-kf-oal.de. **Bahn/Bus:** Zu Fuß vom Rathaus aus ca. 15 Min über Neugablonzer Straße und Alte Weberei zum Bleichanger. **Auto:** Parkplätze sind am Museum vorhanden. **Zeiten:** April – Okt am 1. Sa 10 – 14 Uhr, 2. und 4. Mi 18 – 20 Uhr, 3. So im Monat 13 – 17 Uhr, ↗ Webseite. **Preise:** 4 €; Kinder 7 – 17 Jahre 2,50 €; Familie 10 €.

▶ Früher gab es bei der Feuerwehr gar kein Tatütata. Die ersten Wasserspritzen wurden nämlich von Pferden oder von den Feuerwehrmännern selbst zum Brandort gezogen. Erst nach der Erfindung des Automobils wurden nach und nach immer bessere Feuerwehrautos entwickelt. Eine große Sammlung an alten Feuerwehrfahrzeugen findet ihr in Kaufbeuren im Feuerwehrmuseum. Dazu noch jede Menge andere Ausstellungsstücke zur Geschichte der Feuerwehr. Im Obergeschoss des Museum wurde sogar ein ganzer mittelalterlicher Straßenzug nachgebaut, sodass ihr euch vorstellen könnt, wie damals gelöscht wurde.

Wunderwelt aus Glas

Isergebirgs Museum Neugablonz, Bürgerplatz 1, 87600 Kaufbeuren-Neugablonz. ✆ 08341/965018, www.isergebirgs-museum.de. **Altersempfehlung:** ab 8 Jahre. **Bahn/Bus:** Ab Kaufbeuren Bhf Bus 11, 12, 13 bis Neuer Markt, dann rechts. **Auto:** Von KF Zentrum Neugablonzer Straße bis Neugablonz, am Kreisverkehr bei McDonald's

3. Ausfahrt in Sudetenstraße, dann rechts in Gablonzer Ring bis Parkplatz. **Zeiten:** Di – So 14 – 17 Uhr. **Preise:** 4 €; Kinder bis 14 Jahre frei, 14 – 18 Jahre 2,50 €.

▶ Das Isergebirgsmuseum sieht von außen hässlich aus, ist aber innen ein sehr liebevoll und anschaulich gestaltetes Museum. Es zeigt, wie die Gegend um *Gablonz an der Neiße* (das gehört heute zu Tschechien) sich seit dem 17. Jahrhundert zu einer Region der Glasmacher und Stoffhersteller entwickelt hat. Und es schildert den Neuanfang der Sudetendeutschen in Kaufbeuren, im Stadtteil Neugablonz. Ihr könnt euch alte Filme dazu ansehen und an mehreren Stellen zuhören, was Leute, die damals dabei waren, von ihren Erlebnissen erzählen. Das ist sehr spannend. Habt ihr schon mal von *Otfried Preußler* gehört, der die Geschichten vom Räuber Hotzenplotz und der Kleinen Hexe geschrieben hat? Auch er stammte aus der Gegend um Gablonz und erzählt euch etwas aus seiner Kindheit. Und natürlich gibt es viele schöne glitzernde Schmuckstücke zu sehen; noch heute ist Neugablonz ein Zentrum der Herstellung von Modeschmuck und Glaswaren.

Viele Menschen mussten nach dem Zweiten Weltkrieg aus der Gegend um Gablonz an der Neiße im nördlichen Tschechien wegziehen, weil sie Deutsche waren. Sie brachten ihr Wissen über die Glas- und Schmuckherstellung mit.

Alte und neue Traktoren

Fendt Forum Marktoberdorf, Micheletalweg 14, 87616 Marktoberdorf. ✆ 08342/77999, www.fendt.com. **Altersempfehlung:** Ab 5 Jahre. **Bahn/Bus:** Von ↗ Marktoberdorf Bhf 12 Min Fußweg. **Auto:** Von Marktoberdorf Bhf (Bahnhofstraße) links in Johann-Georg-Fendt-Straße, rechts in Micheletalweg. **Zeiten:** Mo – Fr 8.30 – 17 Uhr. Achtung: Bitte immer vorab über abweichende Schließtage informieren. **Preise:** Eintritt frei.

▶ Wolltet ihr immer schon einmal einen echten Traktor fahren? Der Traktorenhersteller *Fendt* wurde 1930 in Marktoberdorf gegründet und hat noch heute seinen Hauptsitz samt Produktion dort. Im Hauptgebäude wurde ein kleines Museum eingerichtet, das alte Dieselrösser und andere historische Traktormodelle zeigt. In einer großen Ausstellungshalle könnt

Mitte Juli – Anfang Sep finden die ebenfalls kostenlosen **Fendt Holiday Weeks** im Forum statt, mit Kino, Spielen und Kinder-Fahrtraining im Tretschlepperparcours. Infos dazu gibt es jeweils auf der Webseite.

ihr dann die neuesten Modelle anschauen und sogar hineinklettern und euch wie ein Traktorfahrer fühlen.

Therme aus römischer Zeit

Römerbad Kohlhunden, Geoffrey Cheeseman, 87616 Marktoberdorf-Kohlhunden. ℂ 08342/41588, 4008-15 (Touristikbüro MOD). www.roemerbad-marktoberdorf.de. **Auto:** Von Marktoberdorf Bahnhofsstraße rechts in die Meichelbeckstraße (später Seeger Straße), durch den Weiler Kohlhunden hindurch, am Ortsende links. **Zeiten:** Die Besichtigung ist jederzeit möglich. **Preise:** Eintritt frei, Spenden erlaubt. **Infos:** Führungen April – Sep So 10 – 12 Uhr, im Winter oder für Gruppen auf Anfrage.

▶ Vor 1800 Jahren lag hier ein großer römischer Gutshof, eine *villa rustica*, wie man auf Lateinisch sagte. Nur zufällig entdeckte man sie fast 2000 Jahre später – ausgerechnet beim Bau der Staatsstraße 2008. Der Gutshof bestand aus einem Haupthaus und 8 Nebengebäuden, er hatte einen Brunnen und ein eigenes Badehaus – die Römer liebten das Baden! Sie spielten sogar Mühle beim Baden; ein antikes Mühlespiel hat man noch gefunden. Heute ist das Badehaus der Villa mit seiner typischen Heiztechnik unter einem verglasten Schutzbau zu sehen. Mit einer Führung ist das kleine **Museum** sehr interessant. Es wird von einem Verein betreut, der einen Römerturm gebaut hat und im Lauf des Jahres immer wieder Veranstaltungen (Kräutertag, Weinfest, römische Nacht) durchführt.

Mit dem Nachtwächter unterwegs

Tourismus- und Stadtmarketing e.V., Kinderführungen in Kaufbeuren, Kaiser-Max-Straße 3a, 87600 Kaufbeuren. ℂ 08341/437-190, www.kaufbeuren-tourismus.de/fuehrungen. **Altersempfehlung:** ab 8 Jahre. **Zeiten:** Mai – Sep. **Preise:** Nachtwächterführung 6,50 € pro Pers; Kinderstadtführung 3,50, -nachtwächterführung 4,50 €. **Infos:** Termine für offene Führungen auf der Webseite, Gruppentermine auf Anfrage möglich.

Gleich nach der Unterführung unter der St2008 liegt links der **Kuhstallweiher,** der im Sommer ein beliebter Badesee ist. Nehmt also an heißen Tagen am besten eure Badesachen zum Ausflug zum Römerbad mit!

▶ In Kaufbeuren mit seiner schönen Altstadt gibt es viel zu entdecken. Für Kinder gibt es Stadtführungen ohne Erwachsene. Neben der Führung durch den Fünfknopfturm, das Wahrzeichen der Altstadt, und der Kinderstadtführung am Abend gibt es eine Kinderführung mit dem Nachtwächter. Die ist besonders spannend! Der Nachtwächter erzählt viele Geschichten aus Kaufbeurens Stadtleben, wie es früher war, und erklärt nebenbei so manches Sprichwort.

Wisst ihr zum Beispiel was es bedeutet, auf den Hund zu kommen oder die Sau rauszulassen? Fragt den Nachtwächter.

Theater, Kino & Feste für Kinder

Nichts als Theater – und alles für Kinder!

Kulturwerkstatt Kaufbeuren, Ganghoferstraße 6, 87600 Kaufbeuren. ✆ 08341/437-287, www.kulturwerkstatt.eu. **Lage:** Von der Kaiser-Max-Straße aus 5 Min Fußweg über den Ringweg in die Ganghofestraße. **Altersempfehlung:** ab 3, 6 oder 8 Jahre (Altersangabe steht im Programm). **Preise:** 10 – 16 € je nach Art der Vorstellung; Kinder 4 – 17 Jahre 6 – 11 €; Känguruticket (1 Erw, 1 Kind) jeweils zum Preis einer Kinderkarte.

▶ In der **Schauburg** (so heißt das Theater) wird Kindern allerhand geboten, denn die Kulturwerkstatt bringt jedes Jahr mehrere neue Kinderstücke auf die Bühne. Im Sommer wird sogar Freilichttheater gespielt.

Und wer sagt, dass Geschichte langweilig ist? Im **Geschichtenladen** im Kaisergäßchen, der ebenfalls von der Kulturwerkstatt betrieben wird, ist sie es garantiert nicht: Frau Maierhof und Herr Wiedemann erzählen und spielen in diesem Ein-Zimmer-Theater Geschichten aus der Stadtgeschichte von Kaufbeuren. Dabei helfen ihnen Handpuppen und manchmal auch eine Lampe oder ein Putzlappen. Das ist sehr anschaulich und lustig für Kinder und für Erwachsene mit Sinn für Humor.

BÜHNE, LEINWAND & AKTIONEN

Hunger & Durst

Café essbar, Kaiser-Max-Straße 26, Kaufbeuren. ✆ 08341/12223. www.cafe-essbar.de. Täglich 9 – 20 Uhr. Schönes Café (gutes Frühstück, leckeres Eis!) in einem 600 Jahre alten Haus.

Märchen auf kleiner Bühne

Puppentheater Kaufbeuren, Puppenspielverein Kaufbeuren e.V., Waltraud Funke, Wagenseilstraße 14a, 87600 Kaufbeuren. ℡ 08341/2555, www.puppenspielverein.de. **Altersempfehlung:** ab 3 Jahre. **Bahn/Bus:** Bus 5 ab Kaufbeuren Bhf bis Jakob-Brucker-Straße, dann rechts in Wagenseilstraße. **Auto:** Von der Spittelmühlkreuzung ca. 1 km auf der Neugablonzer Straße Richtung Neugablonz, dann rechts in die Wagenseilstraße. **Zeiten:** Kindervorstellungen So 16 Uhr, Sondervorstellungen während des ↗ Tänzelfestes. **Preise:** 4 €; Kinder 3 €.

Abends werden immer wieder auch Stücke für Erwachsene gespielt.

▶ Im Theater von *Waltraud Funke* werden bekannte Märchen mit Hand- oder Stabpuppen in liebevoll gestalteten Bühnenbildern gespielt. Das ist schönes, traditionelles Puppentheater, wie es schon Mama und Papa geliebt haben, als sie selbst noch Kinder waren.

Hier stehen Kinder seit Jahrhunderten im Mittelpunkt

Tänzelfest Kaufbeuren, Tänzelfestverein e.V. Kaufbeuren, Spitaltor 5, 87600 Kaufbeuren. ℡ 08341/2828, www.taenzelfest.de. **Lage:** Vom Bhf aus sind alle Veran-

BESUCH VON KAISER MAXIMILIAN

▶ Die Kaiser-Max-Straße im Zentrum Kaufbeurens hat ihren Namen von **Kaiser Maximilian I.,** der die Stadt zwischen 1494 und 1518 mehrmals besuchte. Das war damals eine große Ehre für die Bürger, die darauf sehr stolz waren. Leider war es aber auch sehr teuer, den Kaiser und seine vielen Begleiter standesgemäß zu verköstigen. Weil ein Kaiser natürlich nicht in irgendeiner Stube schlafen konnte, baute die Stadt extra ein prächtiges »Kaiserhaus« für ihn. Das könnt ihr heute noch bewundern, aber in neuer Funktion: 1604 wurde es zur *Dreifaltigkeitskirche* umgebaut.

Übrigens: Kaiser Maximilian I. zieht immer wieder mit großem Prunk in seine »vielliebe Stadt« ein und macht den Kaufbeurern damit eine Freude, nämlich jedes Jahr im Juli beim großen Festzug zum ↗ **Tänzelfest.**

Stolze Bürgerstöch-
ter: Mädchen beim großen
Umzug am Tänzelfest
© pmv, Ketti-Römer

staltungsorte zu Fuß binnen weniger Minuten zu erreichen. **Bahn/Bus:** ↗ Info & Verkehr Kaufbeuren. **Auto:** Es gibt mehrere Parkhäuser am Rande der Altstadt; am 1. Wochenende und dem Tänzelfestmontag wird wegen der Umzüge die Altstadt für den Verkehr gesperrt. **Zeiten:** Ende Juli, 12 Tage bis zum letzten Mo vor den bayerischen Schulferien (2019: 11. – 22. Juli). **Preise:** Die Organisatoren bitten darum, ein Festabzeichen zu kaufen; Erw 7,50 €, Bestellmöglichkeit ↗ Webseite; Kinder bis 15 Jahre frei. **Infos:** Am besten ohne Kinderwagen (Tragekraxen sind besser geeignet) und Hund teilnehmen, es geht mitunter sehr eng zu.

▶ Das Tänzelfest gilt als ältestes Kinderfest Bayerns und steht unter dem Motto »Kinder spielen die Geschichte ihrer Stadt«. Ein Erlebnis ist der große Festzug, bei dem fast 1700 Kinder in alten Kostümen, dazu 35 Wagen und 170 Pferde die Stadtgeschichte Kaufbeurens vom 9. bis ins 19. Jahrhundert darstellen. Aber auch sonst ist viel geboten: Einzug Kaiser Maximilian I., Fahnenschwingen der Kinder, Häfelesmarkt – Markt wie im Mittelalter – historisches

Lagerleben, Tänze, Theater und ein Vergnügungspark am Tänzelfestplatz. Der Besuch lohnt sich mit größeren Kindern besonders abends am ersten Festwochenende, wenn das Lagerleben sich in der Altstadt ausbreitet und auf dem Rathausplatz Vorführungen bis hin zur nächtlichen Feuershow stattfinden.

FESTKALENDER KAUFBEUREN

Februar:	Faschingssonntag, **Marktoberdorfer Gaudiwum,** größter Umzug in der Region.
	Faschingssonntag, **Faschingsumzug** an zwei Sonntagen in Ronsberg, im jährlichen Wechsel mit Engetried.
	Rosenmontag, **Nachtumzug** in Obergünzburg.
April:	So nach dem 23., großer **Georgiritt** am Auerberg.
Mai:	Mitte/Ende Mai, **Urbanimarkt,** Marktoberdorf mit Rummel.
	alle 4 Jahre Ende Mai, **Mittelaltermarkt Unterthingau** (nächster: 2021).
Juli:	12 Tage Ende Juli, **Tänzelfest** Kaufbeuren mit Einzug Kaiser Maximilian I., historischem Lagerleben, Festzelt und Rummel.
August:	letztes Wochenende, **Freischießen Obergünzburg,** mit kleinem Rummelplatz.
September:	Ende Sep, **Festival der Vielfalt** in Kaufbeuren.
	Mitte Sep, **Günztal-Marktfest** in Obergünzburg in ungeraden Jahren.
Oktober:	1. So, **Viehscheid** in Apfeltrang.
November:	Anfang Nov, **Martinimarkt** in Kaufbeuren mit Kinderkarussell.
Dezember:	1. oder 2. Advent, Sa, So, **Weihnachtsmarkt** in Obergünzburg.
	2. – 3. Advent, **Weihnachtsmarkt** in Marktoberdorf.
	1. – 4. Advent, Kaufbeuren **Weihnachtsmarkt.**
	4. Advent Sa, So, **Weihnachtsmarkt** Irsee.

FÜSSEN & DIE SEEN IM OSTEN

Am Illasbergsee: Im Sommer baden, im Winter die Füße baumeln lassen | **Märchenhaft:** Schloss Neuschwanstein im Abendlicht | **Der Wilde:** Der Lech tost durch die Schlucht | **Ausprobieren erlaubt:** Was passiert, wenn ihr das Wasser staut? | **Hübsch:** Die Pferdchen vom Ponyhof Fischer | **Stau am Einflugloch:** In der Erlebnisimkerei Seeg lernt ihr die Bienen kennen

Füssen und sein Schlosspark, wie das Ostallgäu sich nennt, stehen touristisch ganz im Zeichen des Märchenkönigs Ludwig II. von Bayern. Allein sein Traumschloss Neuschwanstein zieht jährlich rund 1,5 Mio Besucher aus der ganzen Welt an!

Trotz allem Trubel gibt es im Seenland vor Füssen auch ruhigere Winkel und familienfreundliche Angebote. So könnt ihr eine Rundfahrt mit dem Schiff auf dem Forggensee unternehmen (der einzige See im Allgäu, auf dem das möglich ist) oder ihr umrundet ihn per Fahrrad. Zwischen Seen und Alpen prägt der wilde Lech die Landschaft und bietet schöne Wandermöglichkeiten.

Füssen, Außerfern, Wander-, Rad-, Skitouren- und Langlaufkarte. Kompass, 1:50.000, 9,95 €, 978-3-85491-006-0

Meine Lieblings-Tipps fürs passende Alter:
Für **Kindergartenkinder** ist das Walderlebniszentrum Ziegelwies mit dem Baumkronenweg buchstäblich ein Höhepunkt. Die **7- bis 10-Jährigen** werden den Besuch der Erlebnisimkerei in Seeg sehr interessant finden und Spaß beim Spielgolf in Roßhaupten haben. Für sie und die **Größeren** lohnt sich besonders der Besuch in der Burgenwelt Ehrenberg mit ihren Burgruinen, Museen und der Highline179 in schwindelerregender Höhe. Und nicht zu vergessen: Die Königsschlösser Neuschwanstein und Hohenschwangau sind für die ganze Familie sehenswerte Ausflugsziele.

Schwimm- & Strandbäder

Juhui in der Alpentherme

Alpentherme Ehrenberg, Thermenstraße 10, A-6600 Reutte/Tirol. ✆ 0043(0) 5672/72222, www.alpentherme-ehrenberg.at. **Bahn/Bus:** Von Füssen Bhf Bus 4258 bis Reutte Alpentherme. **Auto:** Von Füssen nach Südwesten über B17, vor Pinswang links auf B179 Richtung Reutte, Beschilderung folgen. **Zeiten:** 10 – 21 Uhr. **Preise:** 2 Std 11 €, 4 Std 13 €, Tag 15 €; Kinder 4 – 15

**IM & AM
WASSER**

Jahre 2 Std 6,50 €, 4 Std 8,50 €, Tag 10,50 €; Familie kompakt (1 Erw, alle eigenen Kinder) 2 Std 16,50 €, 4 Std 20,50 €, Tag 24,50 €; Familie Standard (2 Erw, eigene Kinder) 2 Std 27 €, 4 Std 33 €, Tag 39 €; Feierabendtarif ab 18.30 Uhr So – Do Erw 7 €, Kind 4 €. **Infos:** Während der Tiroler Schulzeiten am Dienstag und Donnerstag ab 17.30 Uhr kein Strömungskanal!

▶ Das ist ein richtig schönes Bad für Familien, das den Abstecher ins benachbarte Österreich lohnt: Im angenehm warmen Wasser könnt ihr euch im Strömungskanal und auf der 120 m langen Reifenrutsche vergnügen. Die Kleineren haben Spaß im Reich des kleinen Wasserdrachen Juhui mit Ministeilrutsche, Drachenrutsche und Spritzfiguren. Die Großen können im 25-m-Becken schwimmen und auf den Sprudelliegen entspannen.

Im Sommer könnt ihr euch draußen in der **Beacharea** mit Beachvolleyball und -soccerplatz oder an der Tischtennisplatte austoben. Einen Spielplatz und ein Kleinkinderbecken gibt es draußen auch. Das ganze Jahr über lockt außerdem das warme Außenbecken mit dem leicht salzhaltigen, hautfreundlichen Wasser. Hier vergeht die Zeit wie im Flug!

Forggensee – Badeplatz am Illasbergsee

See 1, 87642 Halblech. www.halblech.de. **Auto:** Von Füssen über B17 Richtung Halblech, in Buching links in Forggenseestraße, dann in Berghof links in Illasbergstraße bis zum Parkplatz am Weiler See. **Zeiten:** Kiosk April – Okt bei gutem Wetter geöffnet. **Preise:** Eintritt frei.

▶ Am Forggensee gibt es mehrere Badestellen. Einer der schönsten ist die am **Illasbergsee,** der eine Art Nebenarm des Forggensees am Ostufer ist. Dort sind eine große Liegewiese und ein Badesteg. Am Kiosk gibt es Getränke, Eis und kleine Gerichte sowie Toiletten.

Rundum schön: Der Alpsee bei Hohenschwangau

87645 Hohenschwangau. www.schwangau.de/aktivitaeten/seen-und-badespass.

▶ Der Alpsee ist wunderschön anzusehen (ich bin sicher, dass darin Wassergeister oder Feen wohnen!). Ihr könnt zum Beispiel einmal rund um den See **spazieren.** Das dauert etwa eine Stunde und macht Spaß, weil der Weg teilweise über Stege und Stufen, teilweise auch bis hinunter ans Wasser führt. Vom hinteren Drittel des Sees aus könnt ihr die beiden Schlösser ↗ Hohenschwangau und ↗ Neuschwanstein gleichzeitig sehen.

An heißen Tagen lädt das kleine **Freibad am Alpsee** zum Besuch ein. Dort ist es nie sehr voll, denn man gelangt nur zu Fuß oder mit dem Fahrrad dorthin. Hier hat schon ↗ König Ludwig II. gern gebadet. Aber bestimmt auch nur an heißen Tagen, denn das Wasser ist ziemlich kalt!

Das Alpseebad ist bei gutem Wetter von 10 – 19 Uhr geöffnet; Erw 3 €, Kinder 6 – 14 Jahre 1,50 €.

Baden im Moor: Der Schmuttersee

87672 Roßhaupten. www.rosshaupten.de. **Auto:** Von Füssen aus B16 nach Norden an Roßhaupten vorbei, dann rechts in St2059, bei Sameister wieder rechts, weiter bis Parkplatz; Parkgebühr pro Auto 2 €, Fahrräder kostenlos.

▶ Der Schmutterweiher ist auch bei schönem Wetter nicht so überlaufen wie die großen Seen. An diesem großen Moorweiher könnt ihr daher einen richtig gemütlichen Badetag verbringen. Es gibt eine große, gepflegte Liegewiese, teilweise mit Schatten, einen

Baden mit Bergblick – ist das nicht schön?
© pmv, Kettl-Römer

Kiosk mit Eis, Getränken und kleinen Gerichten (bei Badewetter ab 10 Uhr geöffnet) und den ganzen Tag einen Bergblick wie aus dem Allgäu-Bilderbuch.

Per Boot & Schiff

Mit dem Schiff über den Forggensee

Forggenseeschiffahrt, Weidachstraße 74, 87629 Füssen. ℘ 08362/9385-0 (Buchungshotline), www.forggensee-schiffahrt.de. **Bahn/Bus:** Von Füssen Bhf Bus 56 bis Füssen Bootshafen. **Auto:** Von Füssen auf B16 nach Norden, kurz nach dem Kreisverkehr am Ortsausgang rechts zum Bootshafen abbiegen. **Zeiten:** Juni – Okt Abfahrt Füssen Bootshafen. Große Rundfahrt 2 Std 10, 12.30 und 15 Uhr, kleine Rundfahrt 1 Std 10.30, 11.50, 13.20, 14.40 und 16 Uhr. **Preise:** kleine Rundfahrt 9 €, große Rundfahrt 13 €; Kinder 4 – 14 Jahre 4,50 bzw. 6,50 €; Familienkarte nur für große Rundfahrt (2 Eltern oder Großeltern, min. 2 eigene Kinder) 33 €.

▶ Der **Forggensee** ist zwar ein künstlich aufgestautes Gewässer (↗ *Stauseen und Ökostrom),* aber trotzdem einer der schönsten Seen Bayerns. Allein der Blick auf die Berge und die beiden Königsschlösser Neuschwanstein und Hohenschwangau vom Wasser aus lohnt die Fahrt. Bei der großen Rundfahrt fahrt ihr die ganze Seelänge von 12 km bis zur Staustufe und dem Kraftwerk bei Roßhaupten – und auf der anderen Seeseite alles wieder zurück.

Kanu Kini, Weidachstraße 71, Füssen. ℘ 08362/9396969. www.kanu-kini.de. Am Bootshafen; geführte Halbtagskanutouren, auch für Familien.

NATUR & UMWELT

Wandern auf der Alp

Über den Senkelekopf und die Alpe Beichelstein

Wiesleuten – Senkelekopf – Alpe Beichelstein – Parkplatz Brandstatt – Wiesleuten, 87637 Seeg. www.seeg.de. **Länge:** Rundwanderung ca. 7,5 km, einfach zu gehen mit wenigen Steigungen, aber nicht kinder-

wagengeeignet, da eini-
ge Weidezaun-Gatter zu
überqueren sind.
Bahn/Bus: Von Füssen
RB bis Seeg Bhf, dann
über Bahnhofstraße,
Wiesleutener Straße
und Senkeleweg bis
zum Ausgangspunkt ca.
30 Min Fußweg. **Auto:**
Von Füssen aus über
OAL2 und St2008 Rich-
tung Nordwesten bis
Seeg, dann über Sen-
keleweg bis Wiesleuten 3; parken am Straßenrand. **Infos:** Anleinpflicht für Hunde auf der Alpe.

Eine gro-
ße Apfelschorle
und ein Panorama bitte:
So schmeckt's!
© pmv, Kettl-Römer

▶ Von **Wiesleuten** aus seht ihr den Höhenzug mit dem Namen *Senkele* zwischen euch
und den Bergen liegen. Ihr geht links über den
Feldweg bis zum Waldrand und folgt dann den Wegweisern bis zum *Senkelekopf.* Es geht nicht sehr steil
bergauf, sondern eher gemütlich. An der *Alpe Senkele,* auf der im Sommer die Kühe grasen, geht ihr links
über den Weidezaun-Übergang hinauf, bis ihr das
Gipfelkreuz erreicht. Es ist ein sehr kleiner Gipfel,
aber immerhin!
Nun geht ihr denselben Weg hinunter, lasst die Alpe
links liegen und folgt dem Wegweiser zur *Alpe Beichelstein.* Hier führt der Weg nicht mehr durch den
Wald, sondern den Höhenzug entlang durch sonnige
Wiesen. Dabei habt ihr einen freien Blick auf die Ammergauer Alpen. Nach etwa 1,5 Stunden Gehzeit erreicht ihr die **Alpe Beichelstein,** wo ihr auf der Sonnenterrasse ausgiebig pausieren könnt. Von dort aus
seht ihr den Hopfensee, Schloss Neuschwanstein,
Schloss Hohenschwangau und das Hohe Schloss zu
Füssen. Wie auf einer Postkarte.
Anschließend geht ihr wieder hinauf zum Hauptweg
und folgt ihm weiter in dieselbe Richtung, bis ihr am

Hunger & Durst
Alpe Beichelstein,
Beichelstein 1, Seeg.
✆ 08364/397.
www.alpe-beichel-
stein.info. Mo – So ab
11 Uhr. Gutes Essen zu
günstigen Preisen, die
tolle Aussicht ist gratis.

Fuße des Senkele am **Parkplatz Brandstatt** ankommt. Von dort aus wendet ihr euch nach rechts und folgt der Straße. Nach etwa einer Stunde ab der Alpe seid ihr dann wieder am Ausgangspunkt.

Auf zur Buchenberg-Alm

Auf dem Buchenberg 1, 87642 Halblech-Buching. ✆ 08368/940763, www.buchenbergalm.de. **Länge:** Rundwanderung ca. 3,5 km, Gehzeit 2 Std. Bei Regen und Nässe sind die Wurzelwege am Kulturen- und am Bachweg äußerst rutschig. Dann für Auf- und Abstieg die Forststraße ab Tourist-Information Buching wählen. **Altersempfehlung:** ab 5 Jahre. **Bahn/Bus:** Ab Füssen Bhf Bus 72 bis Buching Ortsmitte, dann 5 Min zu Fuß. **Auto:** Von Füssen auf B17 nach Osten, am Bannwaldsee vorbei bis Buching. **Zeiten:** 9 – 18 Uhr. **Preise:** Familienkarte Berg- & Talfahrt 2 Erw und 1 Kind 25 €, 2 Erw mit 2 – 4 Kindern 29 €; Jugendliche 16 – 18 Jahre und ab 60 Jahre 6,70 bzw. 10,10 €.

▶ Eine Wanderung zur Buchenberg-Alm führt von etwa 800 m auf 1140 m Höhe und dauert gut eine Stunde. Dazu startet ihr rechts der Talstation der **Buchenbergbahn** und steigt auf dem beschilderten **Kulturenweg** über Almwiesen und Wurzelwege auf. Oben erwarten euch eine Einkehrmöglichkeit und ein toller Ausblick: An klaren Tagen und wenn ihr ganz genau zählt, könnt ihr von hier aus 13 Seen sehen! Gleich neben dem Ziegengehege liegt ein kleiner Abenteuerspielplatz. Die wolligen Ziegen sind das ganze Jahr über da.

Der **Abstieg** beginnt neben der Bergstation, wo auch ein Startplatz der Gleitschirmflieger liegt. Jetzt geht es etwa 2,5 km auf dem **Bachweg** entlang einem Bach und durch den Ort zurück zur Talstation.

Im **Winter** könnt ihr am Buchenberg Ski fahren. Von der Bergstation führt eine über 4 km lange Familienabfahrt ins Tal. Daneben könnt ihr an zwei Schlepp-liften üben und die 2,5 km lange Rodelbahn ausprobieren. Die ist abends sogar beleuchtet.

 **Buchenberg-bahn,** Füssener Straße 19, Halblech-Buching. ✆ 08360/98360. www.buchenbergbahn.de. Fährt im Winter 10 – 16.30 Uhr. Sessellift.

Naturabenteuer am Lech

pmv Öko-Tipp!
Der letzte Wilde

Naturausstellung, Klause 1, A-6600 Reutte/Tirol-Ehrenberg. ✆ 0043(0)5672/62007, www.ehrenberg.at. **Lage:** Die Naturausstellung liegt in der Klause neben dem Ticket Center. **Bahn/Bus:** Von Füssen Bhf mit Bus 100 bis Reutte Bhf, dann weiter mit Bus 150 bis Abzweigung Ehrenberger Klause. **Auto:** Von Füssen nach Südwesten über B17, vor Pinswang links auf B179 bis Reutte, dann Beschilderung zur Burgenwelt folgen. **Rad:** Via-Claudia-Augusta-Radweg folgen. **Zeiten:** Dez – April 10 – 17 Uhr, Mai – Nov 10 – 18 Uhr. **Preise:** 5,50 €; Kinder 5 – 15 Jahre 3 €; Familienkarte (2 Erw und Kinder) 12,80 €.

▶ Dem *Lech* seid ihr bei Füssen ja schon begegnet, und bestimmt habt ihr bemerkt, wie außergewöhnlich die Farbe dieses Flusses ist. In der ↗ *Burgenwelt Ehrenberg* ist dem Lech eine kleine Ausstellung gewidmet, in der ihr an 9 Mitmachstationen mehr über den **Letzten Wilden** erfahren könnt. Da gibt es sprechende Steine, die euch erzählen, wie sie entstanden sind. Ihr könnt winzige Tiere entdecken, einen Film ansehen und sogar selbst ein kleines Stauwehr aus Lechsteinen bauen. Was meint ihr, was mit dem Wasserstand und der Fließgeschwindigkeit passiert,

 Naturpark Tiroler Lech, Klimm 2, Elmen. ✆ +43 664/ 4168466. www.naturpark-tiroler-lech.at. Ihr könnt den Naturpark bei einer geführten Wanderung oder beim Geocaching näher erkunden.

Mit Getöse: Hier rauscht der Letzte Wilde, der Lech, ins Tal
© pmv, Kettl-Römer

Den Namen ***Der letzte Wilde*** trägt der Fluss zu Recht, denn zwischen der Lechquelle und dem Lechfall in Füssen liegt die letzte Wildflusslandschaft der Nordalpen.

wenn sich plötzlich Steine im Flussbett stauen? Probiert es aus!

pmv Öko-Tipp!

Spielend durch die Lechauen und über die Baumwipfel

Walderlebniszentrum Ziegelwies mit Baumkronenpfad, Tiroler Str. 10, 87629 Füssen-Ziegelwies. ☎ 08341/ 9002-2150, www.walderlebniszentrum.eu, www.baumkronenweg.eu. **Kinderwagen geeignet:** ja. **Bahn/Bus:** Von Füssen Bhf Bus 74 Richtung Reutte bis Ziegelwies. **Auto:** Von Füssen Zentrum über B16 bis über den Lech, danach rechts auf B17 bis zum Walderlebniszentrum (kurz vor der österreichischen Grenze). **Zeiten:** Ausstellung und Baumkronenweg Mai – Okt 10 – 17 Uhr, April und Nov 10 – 16 Uhr (bei entsprechender Witterung), Baumkronenweg Dez – März geschlossen. **Preise:** Parken, Erlebnispfade und Ausstellung sind frei, Baumkronenweg 5 €; Kinder bis 16 Jahre frei.

Besonders auf dem Auwaldpfad braucht ihr feste Schuhe und Kleidung, die nass und schmutzig werden darf; am besten nehmt ihr etwas zum Wechseln mit.

▶ Hier könnt ihr die Natur mit allen Sinnen erforschen und ganz nebenher viel über den Wald und seine ökologische Bedeutung lernen. Dabei habt ihr die Wahl, ob ihr den *Bergwaldpfad*, den *Auwaldpfad* am Lech entlang oder beide gehen wollt. Sie machen beide Spaß, denn ihr könnt dort rutschen, schaukeln, klettern, balancieren und alles Mögliche ausprobieren: ein Riesenklangspiel, ein Stauwehr, eine Matschstrecke und sogar das Übersetzen mit einem Floß.

In den **Ausstellungsräumen** an der Straße könnt ihr mehr über den Bergwald, die Waldarbeit und die Imkerei erfahren. Wenn ihr mal von oben auf den Wald

Über den Wipfeln: Der Baumkronenpfad macht richtig Spaß
© pmv, Kettl-Römer

sehen wollt, solltet ihr noch den **Baumkronenweg** begehen. Er ist 480 m lang und 21 m hoch – von hier aus wirken die Bäume plötzlich ganz klein und der Lech leuchtet türkis vor den Bergen.

Kleine & große Tiere

pmv Öko-Tipp!
Bienen bei der Arbeit zusehen
Erlebnisimkerei Seeg, Hauptstraße 66, 87637 Seeg. www.seeg.de. **Bahn/Bus:** Von Füssen Bhf RB bis Seeg Bhf, 10 Min zu Fuß über Bahnhofstraße in Hauptstraße. **Auto:** Von Füssen aus über OAL2 und St2008 Richtung Nordwesten. **Zeiten:** Mitte April – Mitte Okt Do und So 14 – 17 Uhr. **Preise:** 2 €, mit Führung 5,40 €; Kinder 6 – 12 Jahre 1 €, mit Führung 3,40 €.

▶ Seeg nennt sich selbst *das Honigdorf.* Das ist kein Wunder, denn in der Umgebung gibt es 55 aktive Imker und jede Menge Bienenvölker! Einige davon wohnen in der Erlebnisimkerei, wo ihr sie besuchen und gleichzeitig viel über ihr Leben lernen könnt. Besonders spannend ist das mit einer Führung, bei der euch ein erfahrener Imker zeigt, wie die Bienen ihre Waben anlegen und wie man Honig und Wachs von ihnen bekommt. Ihr könnt auch in einen Bienenstock hineinschauen und mit etwas Glück sogar die Bienenkönigin entdecken. Nach der Führung gibt es eine kleine Leckerei, natürlich mit Honig. Danach möchtet ihr bestimmt auch noch den großen **Honigspielplatz** erkunden, der nur wenige Gehminuten entfernt im kleinen Kurpark liegt. Hier könnt ihr ausgiebig klettern, rutschen, schaukeln und herumschwirren wie die Bienen.

 Offene Führungen werden Do 15 Uhr angeboten, Dauer ca. 2 Std, Anmeldung bis Mi 12 Uhr in der Tourist-Info erbeten, ℂ 08364/983033. Für Gruppen sind auf Anfrage individuelle Führungen möglich.

Ponyreiten am Forggensee
Ponyhof Fischer, Sieglinde Merath, Seestraße 37, 87645 Schwangau-Brunnen. ℂ 08362/8281, www.pony-hof-fischer.de. **Bahn/Bus:** Von Füssen Bhf mit Bus 78

Auf dem Ponyhof gibt es auch Zimmer und eine FeWo zu mieten – nur für den Fall, dass ihr aus dem Urlaub gleich Reiterferien machen wollt.

SPORT, SPASS & SPIEL

Achtung! Die ermäßigten Tickets müsst ihr unten in der Klause der ↗ Burgenwelt Ehrenberg lösen; am Beginn der highline179 steht zwar ein Ticketautomat, aber dort gibt es nur die 8-€-Tickets.

Harz mit Kindern von Kirsten Wagner im pmv, ISBN 978-3-89859-469-1.

---

bis Schwangau Brunnen. **Auto:** Von Füssen auf B16 über den Lech, dann weiter auf B17, links abbiegen in Seestraße. **Preise:** Ponyführen kleine Runde 8 €, große Runde 12 €, mit Führer vom Hof jeweils plus 3 €; Reitstunde 45 Min 20 €, Ausritt im Gelände (ca. 1 Std) 20 €.

▶ Kleine Pferdefans können hier eine geführte Runde auf einem Pony drehen. Dabei kann euch entweder ein Elternteil führen oder ein Angestellter des Ponyhofs. Wenn ihr richtig reiten lernen wollt, könnt ihr auch Reitstunden nehmen. Und wenn ihr schon ganz gut reiten könnt, könnt ihr euch für einen Ausritt im Gelände anmelden. Natürlich nur mit Reitkappe (die gibt es auch zum Ausleihen).

Hängebrückenerlebnis & Seeradtour

Schwankender Steg in luftiger Höhe

highline179, Klause 1, A-6600 Reutte/Tirol. ✆ 0043-(0)5672/62007, www.highline179.tirol. **Lage:** Ruine Ehrenberg ↗ Burgen. **Bahn/Bus:** Von Füssen Bhf mit Bus 100 bis Reutte Bhf, dann weiter mit Bus 150 bis Abzweigung Ehrenberger Klause. **Auto:** Von Füssen nach Südwesten über B17, vor Pinswang links auf B179 bis Reutte, dann Beschilderung zur Burgenwelt folgen. **Zeiten:** 8 – 22 Uhr. **Preise:** ab 15 Jahre 8 €; Kinder 4 – 14 Jahre 5 €; Familienkarte (2 Erw und Kinder) 24 €. **Infos:** zur Burg ↗ Ruine Ehrenberg. Auf der nur 1,20 m breiten Brücke können keine Kinderwagen und -tragen oder große Rucksäcke mitgenommen werden.

▶ Das Ausflugsziel mit dem komischen Namen ist in Wirklichkeit eine schmale **Hängebrücke** aus Metall – sie ist 114 m hoch und 406 m lang und damit eine der längsten Hängebrücken der Welt! (Die längste war sie bis 2017: Dann nämlich wurde im Harzer Rappbodetal die *Titan-RT* mit sagenhaften 458,5 Metern Gesamtlänge über das Bode-Staubecken eröffnet.)

Die Highline179 schwankt ganz schön. Und es dauert mindestens zehn Minuten, dort hinüber zu gehen. Ich habe mich nicht getraut, während der Überquerung nach unten zu gucken. Aber wenn ihr mutiger seid als ich, werdet ihr staunen, wie klein die Straße und die Autos von hier oben sind (das ging jedenfalls meinen Kindern so). Den komischen Namen hat die Brücke übrigens bekommen, weil sie die Fernpassstraße B179 überquert.

Nichts für schwache Nerven: die Highline179
© Burgenwelt Ehrenberg

Radtour rund um den Forggensee

Füssen Stadtbleiche – Festspielhaus – Segelschule – Lechstaustufe Nord – Illasbergsee – Hegratsrieder See – Schwangau – Lechstaustufe Süd – Füssen, 87629 Füssen. www.fuessen.de. **Länge:** ca. 32 km, leichte Tour mit wenigen Steigungen für ausdauernde Kinder.

▶ Diese Radtour ist sehr beliebt und macht daher außerhalb der Hauptsaison oder unter der Woche am meisten Spaß. Es sind fast keine Steigungen zu bewältigen, dafür habt ihr fast durchgehend einen tollen Blick auf die Berge. Ausgangspunkt ist der Parkplatz an der **Stadtbleiche** in Füssen. Von dort überquert ihr an der Ampel die B16 und wendet euch nach rechts, bis ihr auf den **Radweg am Lech** stoßt. Dort biegt ihr links ab und folgt dem grünen Radwegsymbol nach Norden zum Westufer des Sees. Ihr fahrt um das ehemalige **Festspielhaus** herum, erst zum See hin, dann wieder etwas weiter vom See entfernt durch eine hübsche Radwegallee in Richtung Rieden. Beim *Café Maria* geht es wieder hinunter ans Wasser. Dann fahrt ihr weiter nach Nordwesten, überquert den *Schleichbach* und macht vielleicht Station in **Rieden**

Hunger & Durst

Pizzeria II Gambero, Bachtalstraße 10, Osterreinen. ℂ 08362/ 941253. www.sonnenlage.de. Sa, So, Fei 11.30 – 22 Uhr, Mo – Fr Mittagspause 14 – 17.30 Uhr. Gute Steinofenpizza, schöne Terrasse, toller Seeblick. Nebenan ↗ Camping Magdalena.

in der Pizzeria *Il Gambero,* an der ihr direkt vorbei-kommt. Anschließend radelt ihr wieder hinunter zum See. An der **Segelschule** fahrt ihr vorbei und dann der Seestraße nach. Dort gibt es einige Erlebnisstationen zu den Römern, die diese Gegend einst besiedelt ha-ben. Kurz vor der **Tiefentalbrücke** führt euch der Weg zur B16 hinauf, aber bald danach (noch vor Roßhaupten) geht es schon wieder nach rechts, hin zu **nördlichen Lechstaustufe,** die ihr überquert.

Ab jetzt führt euch der Weg wieder nach Süden. Nach etwa einer Viertelstunde erreicht ihr die ↗ **Badestelle am Illasbergsee,** an heißen Tagen ideal für einen Ba-destopp oder zumindest für eine Eis- und Kaffeepau-se. Ein Stückchen weiter gelangt ihr an den hübschen kleinen **Hegratsrieder See.** Den *Bannwaldsee* lasst ihr links liegen und fahrt immer dem Radwegsymbol nach bis hinunter nach **Schwangau.** Gleich hinter dem Ortseingang könnt ihr links das ↗ *Schloss Neu-schwanstein* bewundern. Ihr radelt weiter durch Schwangau, überquert den Lech an der **südlichen Lechstaustufe** und seid kurz danach wieder am Aus-gangspunkt in **Füssen** angekommen.

*An der **Tiefental-brücke** sitzt ein netter kleiner Drache. Er erinnert daran, dass an dieser Stelle vor 1200 Jahren der Heilige Mag-nus einen – natürlich bösen – Drachen besiegt haben soll.*

Spielspaß für die ganze Familie

Minigolf mit Floßfahrt

Flößergolf Lechbruck, Flößerstraße 1, 86983 Lechbruck. www.lechbruck.de. **Bahn/Bus:** Von Füssen Bhf Bus 72 bis Lechbruck Rathaus. **Auto:** B16 nach Norden bis Aus-fahrt Lechbruck, dann über St2059 bis ins Ortszentrum. **Zeiten:** Ostern – Okt ab 10 Uhr (bei guter Witterung). **Preise:** 7 €; Kinder 6 – 16 Jahre 5 €; Familienkarte 18 €.

▶ Das ist mal eine ganz neue Art Minigolf: Ihr spielt auf grünem (Kunst-) Rasen zwischen Allgäuer Bau-werken. Zum Beispiel durch Schloss Neuschwan-stein oder über die Lechbrücke. Das ist gar nicht so einfach – aber lustig! Um von der 9. auf die 10. Bahn zu kommen, müsst ihr sogar mit einem Floß über ei-

Von Lechbruck aus könnt ihr auch mit einem echten Floß über den Lech fah-ren. Floßfahrten werden Mitte Juni – Sep Di und Do angeboten (Info und Reservierung bei der Tourist-Info unter ✆ 08862 9878-30).

nen (sehr) kleinen Teich übersetzen. Klar, das Ganze heißt ja auch *Flößergolf.*

Spielgolf am Kurpark

87672 Roßhaupten. ℗ 08367/364, www.rosshaupten.de. **Altersempfehlung:** ab 8 Jahre. **Bahn/Bus:** Von Füssen Bhf Bus 72 (Richtung Wieskirche) bis Roßhaupten Füssener Straße, dann 5 Min zu Fuß. **Auto:** Von Füssen aus B16 Richtung Norden bis Ausfahrt Roßhaupten, dann über Tiefenbrugger Straße, Kirchweg und Raiffeisenstraße bis Kurpark. **Zeiten:** April – Okt 10 – 22 Uhr. **Preise:** 4 €; Kinder 8 – 16 Jahre 2,50 €; mit Gästekarte 0,50 € weniger, Familie (Eltern, 3 Kinder) 11,50 €.

▶ Spielgolf ist eine Art größeres Minigolf, bei dem die Bahnen mit Kunstrasen ausgelegt sind. Die Anlage am Kurpark in Roßhaupten umfasst 18 Bahnen, von denen eine sogar über einen kleinen Bachlauf führt. Die Grüns sind gar nicht so einfach zu bespielen, weil es auf ihnen auch Steine, Mulden und Hügel gibt. Aber uns hat das Spielen viel Spaß gemacht. Neben der Spielgolfanlage ist ein großer und sehr schön angelegter **Abenteuerspielplatz** mit Seilrutsche, Wackelhängebrücke und Klettergerüsten. Im **Kurpark** gibt es einen Kiosk, an dem ihr Eis, Getränke und kleine Speisen kaufen könnt. Vor der Kioskterrasse befindet sich ein Schwimmteich, in dem ihr euch abkühlen könnt, wenn ihr beim Spielen und Toben ins Schwitzen gekommen seid. Ihr seht: In Roßhaupten könnt ihr einen abwechslungsreichen Urlaubstag verbringen!

Südlich des Kurparks liegt der 300 m lange **Skilift Roßhaupten.** Der Schlepplift erschließt bei genügend Naturschnee ein gemütliches, kleines Familienskigebiet. Es gibt auch einen Snowboard-Funpark und einen Rodelhang. *Skilift Gesellschaft Alte Reite,* ℗ 08367/ 149429. www.skiliftrosshaupten.de. Lift-Hotline ℗ 0160 92687634 (nur im Winter), Tageskarte 9 €, Kinder 6,50 €.

Rodeln in Tirol

Rodelausflug auf die Vilser Alm

A-6682 Vils. **Lage:** in den Tannheimer Bergen (Tirol). **Länge:** ca. 4 km (einfache Strecke). Der Wanderweg ist im Winter präpariert. **Kinderwagen geeignet:** ja. **Bahn/Bus:** Mit Bus 74 von Füssen Bhf bis Vils Schlöss-

le, von dort zu Fuß über Lehbachweg bis Fallweg. **Auto:** Von Füssen über die B17 nach Süden und über die Landesgrenze bis Vils. Am Ortsende von Vils links in den Fallweg, ca. 1 km bis zum gebührenfreien Parkplatz in der Nähe des Steinbruchs.

▶ Wenn ihr im **Winter** im Allgäu seid, solltet ihr eure Schlitten mitbringen (oft kann man aber auch vor Ort welche leihen). Eine unserer Lieblingstouren beginnt gleich hinter der österreichischen Grenze in Vils, genauer gesagt, am Parkplatz der Vilser Alm. Von dort geht es etwa 75 Min schweißtreibend bergauf. Dafür wartet oben zunächst eine zünftige Einkehr auf der **Vilser Alm** (der Kaiserschmarren ist sehr gut!). Danach kommt dann der eigentliche Spaß: Ihr rodelt die ganze Strecke wieder hinunter. Am besten mit Mama oder Papa zusammen, denn ihr müsst den Schlitten gut im Griff haben. Erfahrene und kräftige Rodler ab 10 Jahre können die Abfahrt allein wagen. Ihr werdet sehen: Das macht so viel Spaß, dass es den Aufstieg auf jeden Fall wert ist!

Falls ihr lieber im **Sommer** auf die Alm wandern möchtet: Da wartet ein Spielplatz auf euch. Wenn eure Eltern fit sind, können sie auch den Kinderwagen auf dem Fallweg bergan schieben.

Hunger & Durst

Vilser Alm, Fallweg, Vils. ✆ +43-676/5111263. www.vilseralm.at. Sommer Mi – Mo, Winter Mi – So ab 9 Uhr. Im Sommer Radler- und Wanderertreff, Mai – Sep Almfrühstücksbuffet, im Winter Anlaufpunkt für Rodler, Schneeschuhwanderer und Skitourengeher. Auch Unterkunft (reservieren!).

HANDWERK, TECHNIK & GESCHICHTE

Bergbahnfahrten

Berg- und Sommerrodelbahn am Tegelberg

Tegelbergbahn, Tegelbergstraße 33, 87645 Schwangau. ✆ 08362/98360, www.tegelbergbahn.de. **Kinderwagen geeignet:** ja. **Bahn/Bus:** Von Füssen Bhf Bus 78 bis Schwangau Tegelbergbahn. **Auto:** Von Füssen auf B17 bis Schwangau, dann rechts in Tegelbergstraße bis Parkplatz Tegelbergbahn. **Zeiten:** April – Anfang Nov 9 – 17 Uhr, im Winter 9 – 16.30 Uhr. **Preise:** Sommer Berg- oder Talfahrt 14,50 €, Berg- und Talfahrt 22 €; Kinder 6 – 15 Jahre Berg- oder Talfahrt 6 €, Berg- und Talfahrt 10 €,

16 – 18 Jahre 13,50 bzw. 21 €; Eltern mit 1 Kind 6 – 17 Jahre Berg- & Talfahrt 49 €, mit 2 – 4 Kindern 54 €. **Infos:** Sommerrodelbahn Einzelfahrt für Kinder 3 €, 6er- Ticket 13 €.

▶ Der **Tegelberg** ist der Berg, an dem ↗ *Schloss Neuschwanstein* liegt, weswegen er sehr bekannt ist. Die große Kabinenbahn (bis 44 Personen) bringt euch auf über 1700 m Höhe zur Bergstation mit **Panorama-Gaststätte.** Der Berg bietet viele Wander- und Einkehrmöglichkeiten und ist ein sehr beliebter Startplatz für Gleitschirm- und Drachenflieger.

An der Talstation der Tegelbergbahn befindet sich eine kleine **Sommerrodelbahn,** auf der Kinder ab 3 Jahre in Begleitung eines Erwachsenen fahren dürfen, ab 8 Jahre auch allein. Das macht richtig Spaß! Daneben liegt ein Abenteuerspielplatz, auf dem ihr euch austoben könnt. Einen Kiosk mit Biergarten gibt es auch, in dem ihr euch stärken und die Erwachsenen sich ausruhen können.

Im Winter könnt ihr am Tegelberg Ski fahren und rodeln. Langläufer lieben die beleuchtete König-Ludwig-Loipe am Fuße des Berges.

Hunger & Durst

Lisas Alpentraum, Tegelbergstraße 33, Schwangau. ✆ 08362/930431. panorama-gaststaette.de. Täglich 9 – 16.30 Uhr, Mitte Nov – 23. Dez geschlossen. Panorama-restaurant mit Sonnenterrasse.

Ruinen, Burgen, Schlösser

Ruinen und Rittersleut: Burgenwelt Ehrenberg

Klause 1 – 5, A-6600 Reutte/Tirol. ✆ 0043(0)5672/62007, www.ehrenberg.at. **Bahn/Bus:** Von Füssen Bhf mit Bus 100 bis Reutte Bhf, dann weiter mit Bus 150 bis Abzweigung Ehrenberger Klause. **Auto:** Von Füssen nach Südwesten über B17, vor Pinswang links auf B179 bis Reutte, dann Beschilderung folgen. **Rad:** Via-Claudia-Augusta-Radweg folgen. **Preise:** Die Burgruinen sind ohne Eintritt zu besichtigen, nur für die ↗ highline179, das ↗ Burgenmuseum, den Ehrenberg-Liner und die ↗ Erlebnisausstellung zum Lech sind Tickets zu erwerben. **Infos:** zur Hängebrücke ↗ highline179.

▶ Hier bei Reutte erwartet euch wirklich eine **Welt der Burgen:** Ihr könnt nämlich gleich drei Burgruinen und eine Klause entdecken und dazu noch ein

Im Museum gibt es für 5,80 € ein Schatzsuche-Heft mit Rätseln und Aufgaben für euch. Mit Hilfe von Ritter Rüdiger, dem guten Geist der Klause, werdet ihr sie lösen. Dann findet ihr das magische Schwert oder auch einen Schatz!

Ob ihr es schafft, das magische Schwert aus dem Stein zu ziehen?
© pmv, Kettl-Römer

sehr anschauliches, kindgerechtes ↗ *Burgenmuseum* besuchen. Aber jetzt der Reihe nach: Die *Burg Ehrenberg* wurde 1293 gebaut. 1480 kam die *Klause* dazu. Sie riegelte das Tal ab, damit jeder, der hindurch wollte, an der Zollstation dafür bezahlte. So ähnlich ist das heute auch noch: Am Eingang der *Burgenwelt* liegt die Klause mit den Museen und dem Ticketcenter. Von dort führt ein steiler, kurzer Weg hinauf zur **Burgruine Ehrenberg.** Von ihr stehen nur noch die Außenmauern und ein Pulverturm. Dann geht es eine weitere halbe Stunde steil hinauf zur Schaufestung **Schlosskopf.** Hier könnt ihr einen alten Laufradkran, einen Turmerker und einen Wachturm sehen und einen großartigen Panoramablick genießen. Zum barocken Portal an dieser Festung könnt ihr seit April 2019 auch bequem mit einem Schrägaufzug hinauffahren, dem Ehrenberg-Liner.

Statt denselben Weg zurückzugehen, tretet doch den (längeren) Rundweg durch den **Zauberwald** an! Wenn ihr noch das **Fort Claudia** auf dem gegenüberliegenden Hügel besichtigen wollt – es ist sehr gut erhalten! – führt der schnellste Weg dorthin über die ↗ highline179.

Schloss Neuschwanstein – Ludwigs Märchenschloss

Neuschwansteinstraße 20, 87645 Schwangau-Hohenschwangau. ℘ 08362/930830, www.ticket-center-hohenschwangau.de. **Lage:** zum Schloss selbst kommt man nur zu Fuß (ca. 30 Min, steil!), mit der Pferdekutsche (vor Hotel Müller) oder mit einem Shuttle-Bus, der am Alpseeparkplatz P4 abfährt. **Bahn/Bus:** Von Füssen Bhf Bus 78 bis Hohenschwangau-Neuschwanstein-Castles. **Auto:** Über die A7 bis zum Autobahnende. Von Füssen über die B17 Richtung Schwangau; nach dem Ortsende rechts Richtung Hohenschwangau. **Zeiten:** April – 15. Okt 9 – 18 Uhr, 16. Okt – März 10 – 16 Uhr, Weihnachten und Neujahr geschlossen. Achtung: Das Ticket-Center öffnet jeweils 1,5 Std vor Einlass und schließt 1 Std vorher. **Preise:** 13 € inkl. Führung, Bergfahrt mit der Pferdekutsche 7 €, Talfahrt 3,50 €; Kinder bis 18 Jahre in Begleitung der Eltern frei, Preise Kutschfahrt wie Erw. **Infos:** Hunde nicht erlaubt, Fotografieren und Filmen in den Sehenswürdigkeiten verboten. Kinderwagen und -tragen dürfen auch nicht ins Schloss mitgenommen werden.

▶ Es sieht aus wie ein Märchenschloss, in dem eine verzauberte Prinzessin von einem Drachen bewacht

🍎 Tickets gibt es nur im Ticket Center Hohenschwangau. Eine frühzeitige Online-Reservierung ist besonders im Sommer dringend anzuraten.

LUDWIG II. – EIN TRÄUMER AUF DEM THRON

▶ Mit 18 Jahren bestieg Ludwig den Thron, mit 20 verlor er als Verbündeter von Österreich einen Krieg gegen seinen Onkel, den preußischen König Wilhelm I., dem er sich daraufhin politisch unterordnen musste. Außerdem nervte es ihn furchtbar, dass das bayerische Parlament dauernd mitregieren wollte. Lieber vertiefte er sich in Ritter- und Heldensagen aus dem Mittelalter, in denen Könige unumschränkt herrschten.

Ludwig II. liebte Musik, Theater und Malerei. Eines seiner Lieblingshobbys war der Bau von Schlössern, in die er sich zurückziehen und in die Sagenwelt hineinträumen konnte. Als Kind war er oft in **Schloss Hohenschwangau** gewesen. Als Erwachsener ließ er direkt gegenüber ein noch größeres und prächtigeres Schloss errichten: **Schloss Neuschwanstein.** Wegen seiner teuren Hobbys hatte er aber hohe Schulden und die bayerische Regierung hielt den König für verrückt. Deswegen ließ sie ihn festnehmen und mit einem »Irrenarzt« an den Starnberger See bringen, in dem Ludwig und der Arzt kurz darauf am 13. Juni 1886 unter bis heute nicht geklärten Umständen ertranken. Der wohl berühmteste bayerische König wurde nur 43 Jahre alt.

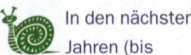

In den nächsten Jahren (bis 2022) wird Schloss Neuschwanstein renoviert, die Besichtigung ist trotzdem weiter möglich.

wird. Aber Schloss Neuschwanstein ist weder besonders alt, noch hat jemals eine Prinzessin darin gelebt. Selbst König *Ludwig II.,* der es vor 130 Jahren erbauen ließ, hat nur einige Wochen darin gewohnt und es nie in fertigem Zustand gesehen. Aber ihr könnt das heute tun: Ihr werdet durch die üppig verzierten Privaträume des Königs genauso geführt wie durch den märchenhaften **Thronsaal** mit seinen goldenen Wänden und dem riesigen Kronleuchter. Nur einen Thron gibt es nicht, denn der wurde vor dem Tod des Königs nicht fertig. Besonders prächtig ist auch der **Sängersaal,** der mit Bildern aus den Ritter- und Heldensagen geschmückt ist, die Ludwig so sehr liebte. Es gibt sogar eine kleine **Grotte** im Schloss, denn für Grotten hatte der König ebenfalls eine Schwäche. Neuschwanstein ist nicht umsonst eines der berühmtesten Königsschlösser der Welt!

Schloss Hohenschwangau – Sommerhaus für Max & Marie

87645 Schwangau-Hohenschwangau. ℂ 08362/ 930830, www.ticket-center-hohenschwangau.de. **Lage:** zum Schloss selbst geht es nur zu Fuß (ca. 20 Min) oder, im Sommer, mit der Pferdekutsche (Abfahrt vor dem Ticket Center). **Bahn/Bus:** Von Füssen Bhf Bus 78 bis Hohenschwangau-Neuschwanstein-Castles. **Auto:** Von Füssen über B16 und B17 auf St2008 Richtung Hohenschwangau, dann Beschilderung folgen. **Zeiten:** April – Mitte Okt 10 – 16 Uhr, Mitte Okt – März 9 – 18 Uhr, geschlossen am 24., 25. Dez und 1. Jan. Achtung: Das Ticket-Center öffnet jeweils 1,5 Std vor Einlass und schließt 1 Std vor Schluss. **Preise:** 13 € inkl. Führung, Bergfahrt mit der Pferdekutsche 4,50 €, Talfahrt 2 €; Kinder bis 18 Jahre in Begleitung der Eltern frei, Preise Pferdekutsche wie Erw; Königsticket (Schloss Neuschwanstein und Schloss Hohenschwangau am selben Tag) 25 €, Schwanenticket (beide Schlösser und Museum der Bayerischen Könige) 31,50 €, Wittelsbach-Ticket (Schloss Hohenschwangau und Museum) 22 €. **Infos:**

Achtung! Beide Königsschlösser können nur im Rahmen einer Führung besichtigt werden. Tickets dafür gibt es nur im Ticket Center Hohenschwangau, wo man sie vor Ort kaufen oder online reservieren und vor Ort abholen kann (Reservierungsgebühr 2,50 € pro Pers und Schloss). Bitte unbedingt pünktlich zur vermerkten Einlasszeit an den Schlössern selbst sein, sonst verfällt das Ticket!

Hunde nicht erlaubt, Fotografieren und Filmen in den Sehenswürdigkeiten verboten.

Schloss Hohenschwangau: Hier spielte König Ludwig als Kind
© pmv, Kettl-Römer

▶ Schloss Hohenschwangau ist kleiner und weniger berühmt als ↗ Schloss Neuschwanstein, das gleich gegenüber liegt. Aber es ist viel älter, denn es geht auf eine Burg aus dem 12. Jahrhundert zurück und wurde im 19. Jahrhundert vom damaligen Kronprinzen Maximilian umgebaut und renoviert. Es verrät viel mehr über das echte Leben der Königsfamilie, denn es wurde über 50 Jahre lang (meistens im Sommer) tatsächlich bewohnt. Das Schlafzimmer der Königin Marie ist im orientalischen Stil gestaltet, ihr Sohn, der spätere König Ludwig II., ließ sich in seinem Schlafzimmer sogar einen Sternenhimmel einbauen, der vom Zimmer darüber aus beleuchtet werden konnte! Die Wände sind reich mit Sagenfiguren geschmückt und es gibt viele schöne Möbel und andere Einrichtungsgegenstände zu sehen – sogar den königlichen Toilettenstuhl.

Museen für Kinder

Dem Ritter auf der Spur

Burgenwelt Ehrenberg, Erlebnismuseum, Klause 1, A-6600 Reutte/Tirol-Ehrenberg. ✆ 0043-5672/62007, www.ehrenberg.at. **Lage:** Die Erlebnisausstellung befindet sich in der Klause neben dem Ticket Center.
Bahn/Bus: Von Füssen Bhf mit Bus 100 bis Reutte Bhf, dann weiter mit Bus 150 bis Abzweigung Ehrenberger Klause. **Auto:** Von Füssen nach Südwesten über B17, vor

Für Schulklassen werden spezielle Programme angeboten, www.ehrenberg.at/de/schulprogramm.html.

Hunger & Durst

Restaurant Salzstadl, Klause, Reutte/Tirol. ✆ 0043 5672/62213. www.ehrenberg.at. Ab 10 Uhr, in NS Mo Ruhetag. Große Ausflugsgaststätte mit schnellem Service und ordentlicher Qualität.

Magnus, der im Allgäu St. Mang genannt wird, ist der Stadtpatron Füssens und der Schutzpatron des Allgäus. Ihm sind viele Kirchen geweiht. Auch die frühere Klosterkirche und heutige Stadtpfarrkirche St. Mang in Füssen. Dort könnt ihr den Stab des Heiligen über dem Altar sehen, mit dem er einst einen Drachen besiegt haben soll.

Pinswang links auf B179 bis Reutte, dann Beschilderung zur Burgenwelt folgen. **Rad:** Via-Claudia-Augusta-Radweg folgen. **Zeiten:** Dez – April 10 – 17 Uhr, Mai – Nov 10 – 18 Uhr. **Preise:** 8 €; Kinder 5 – 15 Jahre 4,20 €; Familienkarte (2 Erw, Kinder) 19 €, Kombikarte Familie für Erlebnismuseum und ↗ Naturausstellung 25,50 €.

▶ Endlich mal ein Museum, in dem man nicht nur etwas ansehen, sondern auch hören, anfassen und ausprobieren kann! Hier seid ihr mit dem Ritter Heinrich durch 14 Räume unterwegs und könnt mit ihm in die – unverklärte – Welt des Mittelalters eintauchen. Probiert mal eine echte Ritterrüstung an und fühlt, wie schwer die ist! Oder wollt ihr mal einen Morgenstern schwingen? Einen mittelalterlichen Schuh anziehen? Euch im Rittersaal an die lange Tafel setzen? In diesem Erlebnismuseum habt ihr Gelegenheit dazu. Etwas gruselig ist es in der Pestkammer, aber die Skelette dort sind ganz freundlich.

Auf Zeitreise im Kloster St. Mang

Museum der Stadt Füssen, Lechhalde 3, 87629 Füssen. ✆ 08362/903146, 903143. www.museum.fuessen.de. **Lage:** zu Fuß über Lechhalde Richtung Lech, Eingang rechts über den Klosterhof. **Altersempfehlung:** ab 7 Jahre. **Zeiten:** April – Okt Di – So 11 – 17 Uhr, Nov – März Fr – So 13 – 16 Uhr. **Preise:** 6 €; Kinder 7 – 17 Jahre 4 €; Kombikarte mit Hohem Schloss Füssen Erw 7 €.

▶ Das Museum der Stadt Füssen ist im ehemaligen **Kloster St. Mang** untergebracht. Die Geschichte des Benediktinerklosters reicht bis ins 8. Jahrhundert zurück, und zwar bis zum *heiligen Magnus,* der als Missionar hierher kam und um 750 starb. Das Kloster wurde im 18. Jahrhundert im Stil des Barock neu erbaut und üppig ausgeschmückt und wäre allein wegen der Räume schon sehenswert: Von der ovalen *Bibliothek* sieht man durch eine Öffnung hinunter in den *Speisesaal* (geistige und körperliche Nahrung gehören nämlich zusammen!). Das *Lesezimmer* ist noch heute einladend und der überreichlich geschmückte *Kaisersaal* sehr beeindruckend. Und dann gibt es ja noch die **Ausstellungen,** etwa zu Füssens Geschichte von den Anfängen bis zur ersten Fabrik, die hier gebaut wurde. Natürlich kommt auch 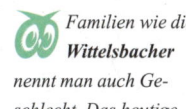 *König Ludwig* vor, und zwar mit seinem Plan, ein neues Schloss auf dem ↗ *Falkenstein* zu bauen. Er selbst erlebte es nicht mehr, aber ihr könnt dazu eine Computeranimation sehen. Überhaupt gibt es im Museum viele alte Fotos und auch Filme. Falls ihr selbst ein Instrument spielt, interessiert euch bestimmt auch die Geschichte Füssens als Zentrum des Lauten- und Geigenbaus in Europa.

Träumer und Schöngeist: König Ludwig II.
© pmv, TI Alpenland

Die Familie des Märchenkönigs

Museum der bayerischen Könige, Alpseestraße 27, 87645 Schwangau-Hohenschwangau. ℗ 08362/887250, www.museumderbayerischenkoenige.de.
Bahn/Bus: Von Füssen Bhf Bus 78 bis Hohenschwangau-Neuschwanstein-Castles, dann zu Fuß bis zum Hotel Alpenrose. **Auto:** Von Füssen über B16 und B17 auf St2008 Richtung Hohenschwangau, dann Beschilderung zu den Parkplätzen folgen. **Zeiten:** 9 – 17 Uhr, geschlossen am 24., 25. Dez und 1. Jan. **Preise:** 11 €; Kinder bis 18 Jahre frei; Museum und Schloss Neuschwanstein oder Museum und Schloss Hohenschwangau 22 €, Museum und beide Schlösser 31,50 € (jeweils für Erw bei freiem Eintritt der Kinder).

▶ Dieses kleine Museum gibt euch einen guten Einblick in die fast 1000 Jahre alte Geschichte der **Familie Wittelsbach,** der erst die Herzöge und dann die Könige in Bayern entstammen. Ihr könnt hier einiges über *Maximilian II.* lernen, der Schloss ↗ Hohenschwangau als Sommersitz ausbauen ließ, und den prunkvollen Tafelaufsatz bewundern, der für sei-

Familien wie die **Wittelsbacher** *nennt man auch Geschlecht. Das heutige Oberhaupt des Hauses Wittelsbach heißt Franz Herzog von Bayern und wohnt im Schloss Nymphenburg in Münc...*

Hunger & Durst

Alpenrose am See, Alpseestraße 21, Hohenschwangau. ✆ 08362/8809781. ameronhotels.com. Täglich geöffnet. Der Cafébesuch lohnt sich allein schon wegen des einmaligen Blicks auf den Alpsee.

ne Hochzeit geschaffen wurde. Natürlich gibt es auch viel zu seinem Sohn und Nachfolger *Ludwig II.* zu sehen. Zum Beispiel seinen berühmten blauen Königsmantel, aber auch Briefe, Fotos und sogar Filmaufnahmen. Der Besuch lohnt sich für alle, die sich etwas näher für den »Märchenkönig« und seine Familie interessieren.

FESTKALENDER FÜSSEN & DIE SEEN IM OSTEN

Januar:	1. Jan, **Neujahrsfackelschwimmen** in Füssen.
Februar:	Fasching So, **Faschingsumzug** in Schwangau.
	Fasching Di, **Faschingsumzug** in Hopferau und Lechbruck.
	1. Wochenende der Fastenzeit, **Funkenfeuer** in Füssen, Lechbruck, Seeg, Roßhaupten und anderen Gemeinden.
Mai:	Ende Mai – Anfang Juni, **Füssener Volksfest** mit Rummel.
Juni:	letztes Wochenende, historische Festumzüge mit **Mittelaltermarkt** in Füssen.
Juli:	letztes Wochenende, **Ritterspiele Ehrenberg** mit Turnieren, Lagerleben und historischem Markt.
August:	Mitte/Ende, Sa, So, **Drachenfest Roßhaupten** am Forggensee; ihr könnt euren eigenen Delta- und Kastendrachen, 3D- und Lenkdrachen oder Windspiele mitbringen.
September:	**Viehscheid** in Buching, Hohenschwangau und Seeg.
	17. Sep, **Talfeiertag** im Tannheimer Tal (Tirol).
Oktober:	2. So, **Colomansfest** mit Reiterumzug in Schwangau.
Dezember:	So um Nikolaus, **Kulinarischer Nikolausmarkt** in Schwangau.
	1. Advent, Sa, So, **Adventsmarkt** Schloss Hopferau.
	2. und 3. Advent Sa, So, **Adventsmarkt** Füssen.

PFRONTEN - ROTTACHSEE

Biberach a.d. Riss

Memmingen

Bad Wörishofen

UNTER-
ALLGÄU

&

BY

Kaufbeuren

KAUFBEUREN
& MOD.

Leutkirch

Ravensburg

A L L G Ä U

BW

KEMPTEN
& UMGEBUNG

Markt-
Oberdorf

WANGEN

Isny

KEMPTEN

Wangen

980

FÜSSEN &
OSTEN

&

ROTTACH-
SEE

Rottachsee

PFRONTEN

96

WESTALLGÄU

Immenstadt

Pfronten

Füssen

Lindau

A

IMMENSTADT

Bregenz

&

A

OBERALLGÄU

N

1 cm
12 km

Iller

7

7

www.PeterMeyerVerlag.de

Logenplatz: Im Alpenbad fühlt ihr euch wie auf einem riesigen Balkon |
Schildkrötenstreicheln: In der Schmetterlingswelt Pfronten | **Rutschspaß für alle:**
Im Buron Kinderpark | **Planschen oder Boot fahren?** Am Grüntensee geht beides |
Skischule: An der Alpspitz lernen auch die Kleinsten Skifahren | **Fein herausge-
putzt:** Hirten und Kühe beim Viehscheid

Diese Region ist Allgäu pur: Ob am Niedersonthofener See, rund um den Grünten und den Rottachsee oder am Nordrand der Allgäuer Alpen im Tal der Vils – hier ist das Leben noch ländlich-dörflich und von Traditionen geprägt. Es gibt wenige spektakuläre Touristenattraktionen, aber vielfältige Möglichkeiten zum Wandern, Baden, Skifahren (lernen) und Spielen.

Nicht rein zufällig hat man sich in Orten wie **Pfronten**, **Wertach** oder **Nesselwang** besonders auf Familien als Urlaubsgäste eingestellt. Eine politische Besonderheit in diesem Teil des Allgäus ist **Jungholz**: Die Tiroler Gemeinde ist ringsum von Bayern umgeben und damit eine **Exklave** Österreichs bzw. Enklave auf deutschem Gebiet. Nur über den 1636 m hohen *Sorgschrofen* ist sie mit dem Mutterland verbunden.

Exklave nennt man ein Gebiet, das ausgeschlossen vom Mutterland ist. *Enklave* sagt man, wenn es vom fremden Land eingeschlossen ist. Es kommt eben auf den Standpunkt an.

Meine Lieblings-Tipps fürs passende Alter:
Besonders empfehlenswert sind für die **3- bis 6-Jährigen** der Erlebnispfad Galetschbach bei Rettenberg und das Starzlachauenbad in Wertach. Die **7- bis 10-Jährigen** amüsieren sich im ABC-Bad und auf der Sommerrodelbahn in Nesselwang ganz wunderbar. Für die Großen **ab 11 Jahre** sind der Bogenparcours bei Pfronten und der Kletterwald am Grüntensee lohnende Ziele. Im Winter schwärmt die ganze Familie nach Jungholz zum Rodeln und Skifahren aus.

UK50-46, Kempten (Allgäu) Bad Grönenbach – Immenstadt – Nesselwang – Pfronten, 1:50.000, 8,90 €, ISBN 978-3-89933-550-7.

Spaß- & Freibäder

IM & AM WASSER

Planschen mit Bergblick

Alpenbad Pfronten, Falkensteinweg 14, 87459 Pfronten-Meilingen. ✆ 08363/92999-0, www.alpenbad-pfronten.de. **Bahn/Bus:** ↗ Pfronten. **Zeiten:** 9.30 – 20.30 Uhr. **Preise:** Hallenbad 3 Std 6 €, 5 Std 8 €; Sommersaison Tageskarte 8,50 €, ab 13.30 Uhr 6,50 €; Kinder 6 – 15 Jahre 3 Std 4 €, 5 Std 5,50 €; Sommersaison

Na, schwimmt ihr bis in die Berge hinein?
© pmv, Kettl-Römer

Das Alpenbad liegt auf fast 900 m Höhe über dem Meeresspiegel – denkt daran, euch im Freibad gut mit Sonnenmilch einzucremen, damit ihr keinen Sonnenbrand bekommt!

Tageskarte 6 €, Nachmittagskarte 4,50 €; Familienkarte Hallenbadsaison 3 Std 18 €, 5 Std 24 €.

▶ Das ganzjährig geöffnete **Hallenbad** hat ein 25-m-Becken (28 Grad), Baby- (32 Grad) und Außenbecken (22 Grad) sowie eine Großwasserrutsche, die ganz schön schnell ist. Das Besondere ist der Blick auf die Alpen, den ihr von hier aus habt. Toll ist das **Freibad,** das ihr im Sommer mitbenutzen könnt: Es hat ein 50-m-Becken mit Sprungtürmen (1 und 3 m), ein Nichtschwimmerbecken mit Rutsche und Wasserfall und eine terrassierte Liegewiese, auf der ihr wie von einem Balkon aus ins Tal hinunterblickt. Kiosk und Cafeteria vorhanden.

Ideales Familienbad: Das ABC-Bad in Nesselwang

Alpspitz Bade Center, Badeseeweg 11, 87484 Nesselwang. ℗ 08361/921620, www.abc-nesselwang.de.
Bahn/Bus: Von ↗ Nesselwang Bhf 5 Min Fußweg.
Zeiten: Mo – Fr 10 – 22, Sa, So, Fei 9 – 22 Uhr, 24. Dez geschlossen, 31. Dez bis 15 Uhr, 1. Jan ab 13 Uhr.
Preise: 3 Std 12,50 €, Tageskarte 14 €; Kinder 3 – 14 Jahre 3 Std 6 €, Tageskarte 7,50 €; Einheimische, Schüler, Gästekarteninhaber 1,5 Std 7 €, mit KönigsCard 3 Std frei, Familien (Eltern mit eigenen Kindern bis 14 Jahre und Schülern mit Ausweis) 1,5 Std 19,50 €, 3 Std 29 €, Tag 32,50 €.

▶ Das ABC-Bad ist seit Jahren eines unserer Lieblingsbäder. Hier könnt ihr bei jedem Wetter planschen: Drinnen erwarten euch ein Spielbecken mit Strömungskanal und die Reifenrutsche Crazy Bob.

Aufgepasst: Wenn oben die rote Lampe blinkt, sausen die Reifen noch etwas schneller durch die Bahn. Die Kleinen können sich derweil im warmen Babybecken mit einer kleinen Elefantenrutsche vergnügen. Wer richtig Bahnen schwimmen will, geht ins kühle 25-m-Becken. Wenn es euch dort irgendwann zu kalt wird, taucht ihr einfach ins **Außenbecken** ab – bei 35 Grad Wassertemperatur könnt ihr dort sogar angenehm baden, wenn rundherum Schnee liegt und ihr die Skifahrer an der ↗ Alpspitz beobachten könnt. Im Sommer lädt draußen ein warmes Kinderbecken mit Spielbach, Erlebnisröhre und Wasserrad zum Spielen ein. Echte Wasserratten wagen sich sogar in den kalten Naturbadeteich und lassen sich dann auf dem Piratenschiff von der Sonne trocknen.

Der Name Alpspitz Bade Center ist den Einheimischen viel zu lang – deswegen sagen sie einfach ABC-Bad dazu.

Starzlachauenbad Wertach

Alpenstraße 20 1/2, 87497 Wertach. ✆ 08365/70775 (Bandansage), www.wertach.de. **Bahn/Bus:** ↗ Info & Verkehr. **Auto:** In Wertach Beschilderung zum Starzlachauenbad folgen. **Zeiten:** Ende Mai – Mitte Juni und Sep 8 – 19 Uhr, Mitte Juni – Aug 8 – 20 Uhr, bei schlechtem Wetter 7.30 – 9.30 Uhr. **Preise:** 7 €, mit Gästekarte 5 €; Kinder 6 – 16 Jahre 3 €, mit Gästekarte 2,50 €; Familientageskarte 14 €.

Wenn es kalt genug ist, wird vor dem Starzlachauenbad ein Eisplatz angelegt, auf dem ihr kostenfrei eislaufen könnt.

▶ Das ist ein nettes Familienbad mit 70er-Jahre-Flair, in dem Kindergarten- und Grundschulkinder viel Spaß haben werden. Natürlich ist es seither modernisiert worden und bietet ein 50-m-Becken, 25-m-Nichtschwimmerbecken und ein Planschbecken mit 52-m-Wasserrutsche nebst Badepilz (alle Becken sind

Hochklettern, runterrutschen, Spaß haben: Starzlachauenbad
© pmv, Kettl-Römer

beheizt). Es gibt 2 Kioske, von denen einer warme Gerichte anbietet. Auf der Liegewiese werdet ihr auch einige Schattenplätze finden.

pmv Öko-Tipp!

Natur-Freibad Burgberg

Familien-Vital-Park Blaichach-Burgberg, Ladislav Fedor, Blaichacher Straße 29a, 87545 Burgberg. ℘ 08321/607760, www.naturbad-allgaeu.de. **Bahn/Bus:** Von Immenstadt Busbhf mit Bus 9781 bis Burgberg, dann Beschilderung folgen. **Auto:** Von Immenstadt über OA5 bis Blaichach, dann links in Burgberger Straße, in Burgberg ausgeschildert, Parkplätze direkt vor dem Bad. **Zeiten:** Mai Mo – So 10 – 19 Uhr, Juni – Sep Mo – Fr 10 – 19, Sa, So 9 – 20 Uhr; an Regentagen geschlossen. **Preise:** 5 €; Kinder 6 – 15 Jahre 2,50 €.

▶ Das Burgberger Freibad ist ein echter Kinderliebling, weil das natürlich geklärte Wasser (ohne Chlor) schön weich ist und nicht in den Augen brennt – und es außerdem jede Menge Spielmöglichkeiten gibt: Rutsche, Wasserseilbahn und Sprungtürme sowie Felder für Beachvolleyball, Beachsoccer und Beachbadminton. Von der gepflegten Liegewiese aus habt ihr obendrein einen tollen Blick auf die Berge. Zur Anlage gehört auch das **Café Mehrblick,** in dem es kleine Gerichte, Kaffee und Kuchen gibt.

Hunger & Durst

Café Mehrblick, Blaichacher Straße 29à, Burgberg. www.familienvitalpark.de. Geöffnet wie das Naturbad. Café & Bistro stehen auch Nichtbadegästen offen.

Der Nieso, wie er liebevoll genannt wird, lockt mit weichem Wasser und Alpen-Panoramablick. Er ist von einem Schilfgürtel umgeben und hat daher trotz seiner Größe (er ist fast 3 km lang) nur vier größere Badeplätze.

Baden & Paddeln auf Seen

Nieso – Badesee Niedersonthofen

87448 Waltenhofen-Niedersonthofen. www.urlaub-in-waltenhofen.de. **Lage:** beim ⚹ Camping Zeh. **Auto:** Von Kempten oder Immenstadt B19 bis Ausfahrt Niedersonthofen/Immenstadt-Nord, dann rechts abbiegen Richtung Niedersonthofen, dort parken vor Campingplatz Zeh am See. **Preise:** Parken 2 Std 1 €, 5 Std 2 €.

▶ Diese Badestelle liegt ganz im Süden des *Niedersonthofener Sees*. Die großzügige Liegewiese bietet auch Schattenplätze und einen breiten Zugang zum See (an der Badestelle ist kein Schilf) sowie 2 Umkleideschnecken und eine Dusche. Ihr könnt zu einer Holzinsel hinausschwimmen, wenn ihr schon sichere Schwimmer seid, oder euch mit Schlauchboot und Luftmatratze amüsieren. Für Komfort sorgt ein Kiosk mit kleinen Gerichten, Eis und Getränken, beschatteten Sitzplätzen und Toiletten. Wenn ihr genug vom Wasser habt, stehen an Land noch ein Beachvolleyballfeld, eine Tischtennisplatte und ein kleiner Spielplatz zur Verfügung.

Baden und spielen am Rottachsee

Freizeitanlage Moosbach, 87477 Sulzberg-Moosbach. www.sulzberg.de. **Auto:** B309 von Kempten, nach Sulzberg rechts auf OA11 bis Moosbach, Dorfstraße, links in Rottachstraße, rechts in Langschwander Weg bis Parkplatz; parken 2,50 € pro Tag. **Infos:** Kiosk: Berndt Dölker 0160 91391236.

Hunger & Durst

Gasthof zum Engel, Bürgermeister-Herz-Platz 4a, Sulzberg-Moosbach. ✆ 08376/1015. Di, Mi und Fr – So ab 10 Uhr. Gute regionale Küche zu moderaten Preisen.

STAUSEEN UND ÖKOSTROM

▶ Das Allgäu ist reich an Seen, die nach dem Schmelzen der Gletscher in der letzten Eiszeit entstanden sind. Es gibt hier aber auch Seen, die von Menschen gemacht wurden. Der älteste Stausee ist der **Forggensee** zwischen Füssen und Roßhaupten, der die weiter unten am *Lech* gelegenen Wasserkraftwerke dauerhaft mit Wasser versorgen soll. Um seinen Bau in den 50er-Jahren gab es viel Streit, weil ein kleines Dorf (es hieß übrigens Forggen) und auch die malerische Lechschlucht überflutet wurden. Heute kann man sich gar nicht mehr vorstellen, dass da mal kein See war. Auch der **Grüntensee** ist 1962 nur entstanden, weil die *Wertach* angestaut wurde. Er dient zum einen dem Hochwasserschutz der flussabwärts gelegenen Orte, zum anderen erzeugt hier ein Wasserkraftwerk Strom.

Der jüngste Allgäuer Stausee ist der **Rottachspeicher,** der erst 1992 angestaut wurde. Er soll dafür sorgen, dass der Wasserstand an *Iller* und *Donau* je nach Bedarf erhöht oder gesenkt werden kann. Vor allem aber ist er ein prima Badesee.

▶ Das ist die perfekte Familienbadestelle am Rottachsee: mit großem Parkplatz, Kiosk (Getränke, Eis, kleine warme Mahlzeiten), Toiletten samt Umkleidekabinen, Beachvolleyballfeld, einem herrlichen Matschloch für die Kleinen und jeder Menge Platz, um mit Schlauchboot oder Luftmatratze im bis zu 23 Grad warmen Wasser zu dümpeln.

NATUR & UMWELT

Zieht feste Schuhe an und nehmt auch an warmen Tagen eine Jacke mit – es geht auf 1500 m hinauf!

Wandern mit Spaß

Auf dem Wasserfallweg zur Sommerrodelbahn auf der Alpspitz

Alpspitzbahn Talstation – Sportheim Böck – Alpspitz-Sommerrodelbahn – Talstation, 87484 Nesselwang. **Länge:** Rundwanderung ca. 5 km, markiert. **Bahn/Bus:** ↗ Nesselwang, ↗ Alpspitzbahn.

▶ Ihr startet am **Parkplatz der** ↗ Alpspitzbahn und geht dort nach links, am *Explorer Hotel* vorbei. An dem Schuppen danach stehen viele Wegweiser, einer davon zeigt den **Wasserfallweg** an. Es

Macht seinem Namen alle Ehre: Der Wasserfallweg
© pmv, Ketti-Römer

geht nun erst in den Wald hinein, dann an einem plätschernden Bergbach entlang und schließlich neben dem Wasserfall über Holztreppen hinauf. Das ist steil, aber richtig schön. Auch hinter dem Wasserfall geht es ordentlich nach oben, ihr folgt nun immer den Wegweisern zum *Sportheim Böck* und geht auf schmalen Pfaden durch den Wald. Am Schluss wird es noch einmal steil, bis ihr nach insgesamt etwa 1,5 Stunden Gehzeit am Sportheim Böck in der Nähe der ↗ *Alpspitzbahn-Bergstation* ankommt. Dort habt ihr euch eine Pause mit einer stärkenden Mahlzeit und dem Panoramablick auf Pfronten verdient.

Zurück geht es dann über eine geteerte Straße bis zur **Mittelstation** der Alpspitzbahn. Das ist anstrengend, denn die Straße führt etwa 45 Minuten lang ziemlich steil bergab. Hoch über euren Köpfen sausen derweil die mutigen Drachenflieger am ↗ *Alpspitzkick* durch den Bergwald. Den letzten Teil des Weges legt ihr dann am besten – und am lustigsten – mit der ↗ **Alpspitz-Sommerrodelbahn** zurück.

Lustiger Wanderweg

Grüntenlift Talstation – Berggasthof Kranzegg – Geiß Alpe – Grüntenlift Talstation, 87549 Rettenberg-Kranzegg. www.kranzegg.de. **Länge:** Wanderung ca. 3,5 km, markiert, ca. 45 Min bis Berggasthof Kranzegg; Rückweg über Teerstraße 20 Min, Rückweg über Geißalpe ca. 1 Std. **Bahn/Bus:** Von Wertach Rathaus Bus 9781 bis Kranzegg. **Auto:** Von Wertach aus über St2007 bis Kranzegg, dort Beschilderung zu den Grüntenliften folgen. **Infos:** Der Berggasthof Kranzegg ist im Sommer über eine gebührenpflichtige Straße erreichbar. Für Behinderte gibt es vom P einen rollstuhlgerechten Zugang zum Gaststättenbereich. Auch für Blinde in Begleitung ist der Besuch kein Problem.

▶ Der *Lustige Wanderweg* heißt nicht nur so, auf ihm gibt es wirklich viel zu lachen: Entlang dem Weg stehen nämlich immer wieder Schilder, auf denen es **Witze** zu lesen gibt. Ihr müsst also aufpassen, dass es euch nicht so geht wie den beiden Ameisen … aber halt, jetzt hätte ich ja beinahe einen Witz verraten! Abgesehen von den Witzen ist es übrigens ein besonders schöner Weg. Ihr startet am besten am Parkplatz bei den ↗ **Grüntenliften.** Von dort führen euch Hinweisschilder bis zum Anfang des eigentlichen Weges. Ihr geht ein kleines Stück am *Kranzegger Bach* entlang auf der Straße, dann zweigt der Wanderweg nach links ab und führt euch hinauf zum Waldrand, wo schon der erste Witz auf euch wartet. Danach geht es immer weiter am wilden Bach entlang hinauf, über Wurzeln, Stufen, Stege und

Hunger & Durst

Sportheim Böck, Alpspitzweg 50, Nesselwang. ℡ 08361/3111. www.sportheim-boeck.de. Täglich ab 9.30 Uhr. Schöne Sonnenterrasse, gutes Essen, vernünftige Preise.

Im Winter beginnt am Berggasthof eine Rodelpiste, die euch über 300 m Höhenunterschied nach Kranzegg führt.

Lachen ist gesund:
Gleich hinter dem Steg war-
tet der nächste Witz
© pmv, Kettl-Römer

sogar eine richtige Treppe. Dabei könnt ihr neben weiteren Witzen den Bergwald und den Bachtobel entdecken, in dem es mehrere kleine Wasserfälle gibt. Zwischendrin verlasst ihr den Bachtobel, geht über ein Stück offene Wiese und wieder in den Wald zurück. Der Weg ist gut beschildert, ihr könnt euch also nicht verlaufen. Schließlich gelangt ihr wieder auf die Teerstraße und folgt dem Wegweiser nach links zum **Berggasthof Kranzegg,** wo eine gemütliche Einkehr und ein kleiner Spielplatz auf euch warten.

Von hier könnt ihr entweder direkt über die Fahrstraße zurück ins Tal gehen oder noch ein Stück weiter den Berg hinauf wandern. Kurz vor der *Geiß Alpe* (unbewirtschaftet) ist auf rund 1200 m ein **Aussichtspunkt,** von dem aus ihr weit ins Unterland blicken könnt. Von dort aus führt euch der weiterhin beschilderte Lustige Wanderweg in einem Bogen bergab, bis ihr an der **Grüntenlift-Talstation** wieder herauskommt.

Hunger & Durst
Berggasthof Kranzegg, Alpweg 17, ✆ 08327/ 270. www.kranzegg.de. Öffnungszeiten je nach Witterung, ↗ Webseite. Gemütliche Stube mit verblichenem Charme, Sonnenterrasse, guter Kuchen.

Wege für Naturforscher

pmv Öko-Tipp!
Spaziergang durch echte Allgäuer Bergwiesen
Bergwiesenpfad Pfronten, 87459 Pfronten-Röfleuten. www.pfronten.de. **Länge:** ca. 3 km, Rundweg, ca. 45 Min. **Altersempfehlung:** ab 4 Jahre. **Bahn/Bus:** Bus 56 von Bhf Pfronten-Ried bis Pfronten-Röfleute Im Lus. **Auto:** Von

Pfronten-Ried über Vilstalstraße nach Westen, dann rechts in Peter-Heel-Straße bis Röfleuten, dort rechts in Edelsbergweg bis Parkplatz (im Dreieck).

▶ Beschreibung: Vom Wohngebiet *Im Lus* aus folgt ihr der Straße in Richtung Norden (Pfronten-Kappel), bis links eine Abzweigung auf einen Feldweg mit einer gelben **Infotafel Naturerleben Bergwiesen** kommt. Diesem Weg folgt ihr, bis es links hinauf (an einer Hütte vorbei) in den Wald geht. Ein kurzes Stück geht es steil bergan, dann verläuft der Bergwiesenpfad parallel zur Hangkante zurück bis **Pfronten-Röfleuten,** wo ihr über den *Stellenweg* wieder hinunter zum Ausgangspunkt geht. Besonders im Frühling blühen hier viele seltene Blumen. Am Wegesrand gibt es 6 Stationen mit Informationen zu den Bergwiesen und ihrer Nutzung. In einem Schuppen ist ein kleines **Heumuseum** untergebracht – wenn ihr die Tür aufschiebt, seht ihr, wie früher Heu gemacht wurde.

ρmv Öko-Tipp!

Forscherabenteuer in Wald und Wasser

Abenteuer Galetschbach, 87549 Rettenberg. www.rettenberg.de. **Länge:** leichter, kinderwagengeeigneter Rundweg 2,6 km, reine Gehzeit 40 Min, tatsächlicher Zeitbedarf 2 – 3 x so lang. **Kinderwagen geeignet:** ja. **Altersempfehlung:** ab 6 Jahre. **Bahn/Bus:** Von Wertach Rathaus Bus 9781 bis Rettenberg. **Auto:** Von Wertach aus über St2007 nach Westen, über Kranzegg bis Rettenberg, dort Beschilderung zu den Sportanlagen/Café Grießdi folgen. **Preise:** Forscherrucksack für 3,5 Std und 2 Pers 6,50 €, Wasseramselsteigset (Wathose & Co.) 6,50 €, ab 4 Pers 5,50 €. **Infos:** Forscherrucksack- und Wathosen-Verleih nur bei gutem Wetter.

▶ Hier wartet ein echtes Naturforscher-Abenteuer auf euch: Ihr startet an der **Kaffeestube Rettenberg,** wo ihr euch – nach telefonischer Reservierung – einen **Forscherrucksack** und eine Wathose samt Klettergurt, Sicherungsseil und Audioguide aus-

Im Lus gibt es auch einen Themenspielplatz, den ihr natürlich nutzen könnt: den **Regenbogenspielplatz.** Übrigens hat jeder Ortsteil von Pfronten einen Themenspielplatz; etwa den Ritterspielplatz in Ried oder das Räubernest in Kappel.

Hunger & Durst

Kaffeestube Rettenberg, Bichelweg 4, Rettenberg. ✆ 08327/ 6359850. www.kaffeestube-rettenberg.de. Mi – So 11 – 17 Uhr. Nettes, kleines Café mit Sonnenterrasse, Wickelraum/ Behinderten-WC.

leihen könnt. Dann schultert ihr eure Ausrüstung und beginnt die eigentliche Expedition, immer den Schildern zum *Wasseramselsteig/Abenteuer Galetschbach* nach. Zuerst geht es ein Stück durch den Ort, dann vorbei an einer Brauerei hinunter zum Bach. An der ersten von insgesamt **13 Stationen** könnt ihr etwas über den Wasserverbrauch lernen. Danach gibt es eine Quelle zu entdecken und kurz danach ein erstes **Forscherabenteuer:** Hier warten zwei Wasserräder darauf, dass ihr sie in Gang setzt. Und das heißt: Schöpfen, Stöpsel ziehen, Wasser marsch!

Das größte Abenteuer ist aber sicher der **Wasseramselsteig:** Ihr zieht eure Ausrüstung an und steigt, natürlich gut gesichert, in den Bach, um ihn ein gutes Stück zu durchwaten. Das ist wie ein Klettersteig, nur eben nicht am Berg, sondern im Wasser. Die *Elderhex* erzählt euch währenddessen viel Wissenswertes über das Leben im und am *Galetschbach*.

Das war aber noch nicht alles: An einer anderen Station könnt ihr mit eurer Forscherrucksack-Ausrüstung Wasserproben nehmen und untersuchen, danach könnt ihr die Durchlässigkeit von Sedimenten testen, Tierspuren erkennen und eure Sprungkraft erproben.

Bevor euch der Weg wieder zurück auf eine Straße und zum Ausgangspunkt führt, wartet noch der **Abenteuerspielplatz Im Hasenstall** auf euch. Hoffentlich haben eure Eltern eine Brotzeit und viel Zeit eingepackt, denn es wird eine Weile dauern, die vielfältigen Klettergeräte und die Seilbahn zu erforschen!

Achtung! Der Wasseramselsteig darf erst ab 6 Jahre und einer Größe von 110 cm begangen werden, und zwar nur in Begleitung eines Erwachsenen! Der Erlebnisweg macht aber auch ohne Wassersteig und Forscherrucksack eine Menge Spaß!

Burgberger Tierparadies

Familie Neuner, Häuserer Allee 2, 87454 Burgberg. burgberger-tierparadies-mit-kafe-kult.business.site. **Kinderwagen geeignet:** ja. **Altersempfehlung:** Kinder unter 8 Jahre dürfen nur in Begleitung eines Erw in den Streichelzoo. **Auto:** Von Immenstadt Blaicher Straße/OA5, in Blaichach links in Burgberger Straße/OA29, nach Überquerung B19 links in Rohrachweg bis Ecke Häuserer Allee. **Zeiten:** April – Okt Di – So 10.30 – 18 Uhr, in den bayerischen Schulferien auch Mo und Fei, Nov – März Mi – So 12 – 17 Uhr. **Preise:** 3,50 €; Kinder ab 4 Jahre 2,50 €. **Infos:** Hunde sind nicht erlaubt.

▶ Das ist ein schönes Ausflugsziel für kleine und große Tierfreunde: Hier könnt ihr einheimische und exotische Tiere besuchen, beobachten und streicheln: Hasen, Hühner, Enten, Gänse, Ziegen, Schafe, Lamas, Ponys, ein Alpaka, vier Esel und sogar ein paar Schweine. Wenn ihr dann Hunger oder Durst bekommt, gibt es eine Stärkung im hauseigenen *Kafe Kult* (mit großer Sonnenterrasse).

Tropische Schmetterlinge

Allgäuer Schmetterling Erlebniswelt, Gernweg 5, 87459 Pfronten-Weißbach. ℗ 08363/393, www.schmetterling-erlebniswelt.de. **Bahn/Bus:** 6 Min zu Fuß vom Bhf Pfronten-Weißbach über B310 (Füssener Straße) bis Gernweg. **Auto:** B310, in Pfronten-Weißbach Beschilderung folgen. **Zeiten:** Okt – Feb Mi – So, Fei 11 – 16 Uhr, März – Sep Di – So, Fei 10 – 16.30 Uhr. **Preise:** 9,50 €; Kinder 4 – 16 Jahre 7,50 €; Familie (2 Erw, 3 Kinder) 36,50 €.

▶ Von außen sieht das Gebäude unscheinbar aus, aber drinnen erwartet euch ein Urwald mit feucht-warmem Klima und seinen tropischen Bewohnern. Im Sommer flattern riesige Schmetterlinge herum, die wie Edelsteine in den prächtigsten Farben schillern: in Gelb, Orange, Blau und Grün. Wenn ihr euch ruhig verhaltet, setzt sich bestimmt einer auf eure Hand oder die Schulter. Aber nicht anfassen – ihr könntet sonst die zarten Flügel beschädigen! Behut-

PFRONTEN – ROTTACHSEE

Buntes Geflatter: Die Schmetterling Erlebniswelt hat vieles zu bieten
© pmv, Ketti Römer

113

sam anfassen und streicheln dürft ihr dagegen die griechische Landschildkröte und einige der Echsen, die auch in diesem Urwald wohnen. Der große Waran beispielsweise liebt es, gekrault zu werden, er schließt dann ganz genüsslich die Augen. Auch der Leguan ist zutraulich. Die kleinen Geckos könnt ihr dagegen in aller Ruhe in ihren Terrarien beobachten.

SPORT, SPASS & SPIEL

Der Spielplatz liegt inmitten des Hüttenreichs am Grünten – es liegen mehrere Einkehrmöglichkeiten in der Nähe. Nur 20 Min Fußweg sind es z.B. zur Alpe Vordere Kölle.

Hunger & Durst

Alpe Vordere Kölle, Wertach. ✆ 0160/ 94146918. Aug – Mitte Okt täglich, Juli Fr – So 10 – 19 Uhr. Gute Brotzeiten, Kaffee und Kuchen mit tollem Panoramablick.

Bogenschießen, Spielen, Sommerrodeln

Waldspielplatz bei Wertach

87497 Wertach. www.wertach.de. **Kinderwagen geeignet:** ja. **Auto:** Ab Ortsausgang Wertach ca. 4 km in Richtung Rettenberg bis Wanderparkplatz Großer Wald, von dort ca. 2 km zu Fuß.

▶ Das ist ein wunderschöner Spielplatz, zu dem sich der 20-minütige Fußweg (ab Parkplatz) für Kindergarten- und Grundschulkinder wirklich lohnt: Mitten im Wald findet ihr Geräte zum Klettern, Wippen, Schaukeln und Balancieren auf zwei Ebenen (hinunter geht es über eine große Rutsche), samt Hängebrücke und Turm. Im flachen Bach könnt ihr Steintürme und Dämme bauen. Sogar für Picknick und Lagerfeuer/Grillen ist alles vorhanden, ihr müsst dann nur noch das Holz für das Feuer sammeln.

Mit Pfeil und Bogen unterwegs wie Robin Hood

3D Bogenparcours Höllschlucht, Bürgermeister-Franz-Keller-Straße, 87459 Pfronten-Kappel. ✆ 08363/ 9259896, www.waldseilgarten-hoellschlucht.de/bogen-schiessen.html. **Altersempfehlung:** ab 6 Jahre. **Bahn/Bus:** Mit dem Ortsbus Pfronten 711/712 bis Pfronten-Kappel, B309 (Waldseilgarten). **Auto:** von Nesselwang oder Pfronten-Weißbach auf der B309 bis Pfronten-Kappel, dann Beschilderung zum Waldseilgarten Höllschlucht folgen. **Zeiten:** In den bayerischen Osterferien täglich, sonst April – Juni Sa, So, Fei und Brückentage 10 – 17 Uhr, Juni – Anfang Nov ab 10, im Aug ab 9 Uhr. **Preise:** ab 16 Jahre 23,50 €; Kinder 6 – 15 Jahre 16 €; mit eigener Ausrüstung 10 €/Pers, jüngstes Kind einer Familie (Eltern, mind. 2 eigene Kinder) halber Preis.

▶ Bogenschießen ist eine Sportart für Leute, die sich gut konzentrieren können und eine ruhige Hand haben – und es macht richtig viel Spaß! Die Ausrüstung bekommt ihr am Kiosk am ↗ **Waldseilgarten Höllschlucht,** ein Stückchen weiter die Straße hinauf gibt es die Einweisung. Danach folgt ihr dem Weg hinauf in Richtung *Kappeler Alp,* an dem ihr immer wieder Gummitiere findet, die es zu treffen gilt. Das ist gar nicht so einfach, aber toll, wenn es klappt. An den 13 Stationen gilt es z.B. eine Gans, ein Schwein, eine Ziege und ein Krokodil zu erlegen. Zwischendrin überquert ihr einen Bach und sucht im Wald nach weiteren Beutetieren. Etwa drei Stunden solltet ihr für den Bogenparcours einplanen. Zurück am Kiosk gibt es bestimmt ein Eis oder eine andere kleine Stärkung für euch.

Übung macht den Räuber: Auch Robina Hood hat klein angefangen …
© pmv, Kettl-Römer

Achtung! 6- bis 15-Jährige dürfen nur in unmittelbarer Begleitung eines Erwachsenen den Parcours benutzen. Haltet euch strikt an die Sicherheitsregeln, die ihr bei der Einweisung erfahrt, damit sich niemand verletzt! Die Einweisung findet immer zur vollen Stunde statt.

Alpspitz Sommerrodelbahn

Alpspitzweg 5, 87484 Nesselwang. ✆ 08361/1270, 771 (Info). www.alpspitzbahn.de. **Altersempfehlung:** ab 3 Jahre. **Zeiten:** Mai – Okt 10 – 17 Uhr bei trockener Witterung. **Preise:** 4,50 €, inklusive Auffahrt mit der Alpspitzbahn 5,90 €, 6er-Karte mit Alpspitzbahn 29 €; Kinder 3 – 7 Jahre 3 €, mit Alpspitzbahn 3,90 €, 6er-Karte mit Alpspitzbahn 13,50 €.

▶ 1000 m, 13 Kurven, 2 Jumps und sogar ein Tunnel: Die Sommerrodelbahn an der Alpspitz gehört zu den schönsten in der Region. Ab 3 Jahre dürft ihr bei Ma-

Wenn im Winter Schnee liegt, führt eine 4 km lange Naturrodelbahn die Alpspitz hinunter, Leihschlitten gibt es an der Talstation der Alpspitzbahn.

ma oder Papa im Zweisitzer mitfahren, ab 8 dürft ihr euren eigenen Bob steuern. Sportliche Sommerrodler steigen zu Fuß bis zur Mittelstation der ↗ *Alpspitzbahn* hinauf, an der die Sommerrodelbahn startet. Oder ihr fahrt im Sessel hinauf und im Bob hinunter.

Klettern & Hangeln

Kletternd durch die Höllschlucht

Waldseilgarten Höllschlucht, Bürgermeister-Franz-Keller-Straße, 87459 Pfronten-Kappel. ℃ 08363/9259896, www.waldseilgarten-hoellschlucht.de. **Altersempfehlung:** ab 6 Jahre, 6- bis 9-Jährige nur in Begleitung eines Erwachsenen. **Bahn/Bus:** Mit dem Ortsbus Pfronten 711/712 bis Pfronten-Kappel, B309 (Waldseilgarten). **Auto:** Von Nesselwang oder Pfronten-Weißbach auf der B309 bis Pfronten-Kappel, dann Beschilderung zum Waldseilgarten Höllschlucht folgen. **Zeiten:** In den bayerischen Osterferien täglich, sonst April – Juni Sa, So, Fei und Brückentage 10 – 17 Uhr, Juni – Anfang Nov täglich ab 10, im Aug ab 9 Uhr. **Preise:** ab 16 Jahre 23,50 €; Kinder 6 – 15 Jahre 16 €; jüngstes Kind einer Familie (Eltern, mind. 2 eigene Kinder) halber Preis, Feierabendticket ab 2 Std vor Schluss 4 € Nachlass.

▶ In diesem schönen Waldseilgarten gibt es 11 Parcours mit vielen unterschiedlichen Elementen, bei denen keine Langeweile aufkommt. Einer ist ab 13 Jahre, zwei sind ab 16 Jahre begehbar. Zwischendrin gibt es immer wieder Sausefahrten mit der Seilbahn über den Höllbach.

Waldseilgarten für Hexen und Piraten

Kletterwald Grüntensee, Am Kletterwald 1, 87466 Oy-Mittelberg-Haslach. ℃ 08323/968050 (Büro, Mo – Fr), www.kletterwald-gruentensee.de. **Altersempfehlung:** ab 3 Jahre Zwergerlweg am Boden, Hochparcours ab 6 Jahre. **Auto:** Von Wertach auf B310 Richtung Osten, dann bei Haslach rechts in Grüntenseestraße, von dort Be-

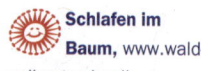

Schlafen im Baum, www.waldseilgarten-hoellschlucht.de. Mai – Sep nach Vereinbarung, jeweils Sa auf So. Wollt ihr mal im Baum schlafen? Dann könnt ihr hier auf einer der Plattformen übernachten und dort auch zu Abend essen und frühstücken.

schilderung zum Kletterwald folgen. **Zeiten:** April – Ende Okt Sa, So, Fei, in den bayerischen Pfingstferien und Ende Juni – Mitte Sep täglich ab 10 Uhr, in den Sommerferien ab 9 Uhr. **Preise:** ab 14 Jahre 3 Std 21 €; Kleinkinderparcours 3 – 5 Jahre 1,5 Std 5 € (Eltern müssen am Boden begleiten), 6 – 13 Jahre 3 Std 16 € (bis 13 Jahre muss ein Erw mitklettern!).

▶ In diesem familienfreundlichen Waldseilgarten warten 11 abwechslungsreiche Kletterparcours auf euch: Die 3- bis 5-Jährigen können in Begleitung eines Elternteils den Kiddy-Parcours *Zwergerlweg* machen, dessen Elemente höchstens 1 m hoch sind. Ab 6 Jahre könnt ihr in Begleitung eines Erwachsenen den *Koboldweg* (1 – 3 m hoch), den *Hexengang*, *Piratengang* und *Seeblick* (bis 4,50 m hoch) durchklettern. Ab 10 Jahre dürft ihr auch ohne erwachsenen Begleiter die zwei anspruchsvollen Parcours *Grüntenblick* und *Luftsprung* machen. Richtig anspruchsvoll wird es bei *Tiefblick* (ab 12 Jahre) und *Himalaya* (ab 15 Jahre).

Seit 2019 gibt es zusätzlich einen *ZIP Line* und *Flying Fox* Seilbahnparcours für Freunde des Seilflugs (ab 30 kg). Wenn ihr dann wieder am Boden gelandet seid, habt ihr bestimmt Hunger – zum Glück hat die **Gaststätte Seehaus** immer zeitgleich mit dem Kletterwald geöffnet.

Am Kletterwald könnt ihr auch Kanadier und Stand-up-Paddles ausleihen und den Grüntensee erkunden. Oder ihr nehmt eure Badesachen mit und planscht einfach so an der Badestelle.

Hunger & Durst

Seehaus, Am Kletterwald 1, Oy-Mittelberg-Haslach. www.kletterwald-gruentensee.de. Geöffnet wie Waldseilgarten. Biergarten mit Spielplatz; Kindergerichte, Salate, Kässpatzen, Kuchen.

Spiel & Spaß draußen & drinnen

Spielen im Buron Kinderpark

MaXL GmbH & CO. KG, Grüntenseestraße 44, 87497 Wertach. ℗ 08365/703536, www.buron-kinderpark.de. **Altersempfehlung:** 3 – 13 Jahre. **Auto:** Von Wertach auf Grüntenseestraße in Richtung Nesselwang bis Buronstadl. **Zeiten:** Mai – Mitte Okt 10 – 18 Uhr (bei Dauerregen geschlossen). **Preise:** freier Eintritt ab 14 Jahre; Kinder 3 – 13 Jahre Eintritt Mini (ohne Riesenrutsche und Tubing) 6 €, Maxi (ohne Tubing) 10 €, Super (mit Riesen-

Im Winter ist hier an den **Buron-Liften** ein beliebtes Familienskigebiet mit 2 Schleppliften von der Tal- über die Mittel- zur Bergstation, die 4 Abfahrten von leicht bis schwer ermöglichen. Für Anfänger gibt es einen Seil- und einen Übungslift.

Hunger & Durst

Buron-Stadl, Grüntenseestraße 44, Wertach. ✆ 08365/7059820. www.buron-familien-spass.de. Wetterabhängig 11 – 19 Uhr. Deftige Küche mit Suppen, Salaten, Brotzeiten, Süßem und Kinderkarte.

Ihr könnt hier sogar eine Ballonfahrt mit dem eigenen **Allgäulino-Ballon** buchen (ab 210 € pro Pers). Erkundigt euch an der Kasse oder telefonisch danach.

rutsche und Tubing) 16 €. Cart- und Crawler-Strecken zusätzlich je 1 €.

▶ Der kleine Freizeitpark ist ein großer Spielplatz für kleinere Kinder mit einigen Highlights für die 6- bis 13-Jährigen. Im Eintrittspreis inbegriffen sind Hüpfburgen, ein Wasserspielplatz, Schaukeln, Rutschen, Sandkasten, Trampoline sowie eine größere Anzahl an Traktoren und Bobby-Cars. Für die anderen Attraktionen muss zusätzlich eine Punkte-, Stunden- oder Halbtageskarte gelöst werden. Dazu gehören eine Riesenrutsche (ab 3 Jahre), eine 300 m lange Tubing-Bahn, auf der Kinder ab 6 Jahre in einem Reifen bergab sausen können, der *Buron-Express,* diverse Cross- und Elektro-Karts, eine Baustelle mit Bagger und eine Crawler-Strecke, auf der ihr ferngesteuerte Geländewagen fahren lassen könnt. Noch besser ist die Kletterwiese mit über 20 Stationen vom Balancier-Balken über Hühnerleiter und Kletterwand bis zur Seilbahn.

Riesen-Spielzimmer für Regentage

Allgäulino Indoorspielplatz, Siegfried Geisler, Alpenstraße 20, 87497 Wertach. ✆ 08365/1027, www.allgaeu-lino.de. **Kinderwagen geeignet:** ja. **Altersempfehlung:** bis 12 Jahre. **Auto:** In Wertach Schildern zum Starzlach-auenbad folgen, dort parken, dann zu Fuß über die kleine Brücke zum Allgäulino. **Zeiten:** Mo – Fr 14 – 19 Uhr, Sa, So, Fei und in den Schulferien 10 – 19 Uhr. **Preise:** 5,50 €; Kinder bis 2 Jahre 4,50 €, 3 – 12 Jahre 8,50 €.

▶ An Regentagen kann einem das WoMo oder die FeWo schon mal zu klein werden. Das helle und gepflegte Spielzimmer Allgäulino mit seinen 3000 qm ist dann auf jeden Fall groß genug und bietet alles, was euch Spaß macht: Hüpfburgen, Kletterberge und -türme, Trampoline, Rutschen, Bällebad, Indoorfußball … sogar Erwachsene dürfen hier spielen, nämlich Billard, Kicker und Airhockey. Im Indoor-Biergarten bekommt ihr dann auch etwas zu essen und zu trinken.

Wintersport & -spaß

Familienfreundliche Skigebiete zwischen Grünten und Breitenberg

Kranzegg:

Adelharz- und Breitensteinlifte: 3 Lifte, ein Übungslift, 9,5 km leichte bis mittlere Pisten, nur Naturschnee. Bitterlis 3 und Breitensteinweg 18, 87549 Rettenberg. ✆ 08327/200, www.adelharzlifte.de.

Grüntenlifte: 1 Doppelsesselbahn, 6 Schlepplifte, 1 Übungslift, 1 Zauberteppich, 20 km präparierte Piste zwischen 900 und 1700 m. Familien-Funpark. Beschneiung. Sa 19 – 22 Uhr Nachtrodeln. Liftweg 11, 87549 Rettenberg-Kranzegg. ✆ 08327/231, www.gruentenlifte.de.

Nesselwang:

Alpspitzbahn: Kombinierte Sessel-/Gondelbahn, dazu 3 Schlepplifte und Übungslifte, 6 Abfahrten (leicht und mittel), 4 km Winter-Rodelbahn, Funpark. Nachtskifahren bei Flutlicht zwischen 18 und 21 Uhr. Alpspitzweg 5, 87484 Nesselwang. ✆ 08361/771, www.alpspitzbahn.de.

*Egal, wo ihr mit Skiern, Snowboard oder Schlitten unterwegs seid, von den markierten Pisten abzuweichen, kann lebensgefährlich sein und schadet der Natur. Skifahren in der Dunkelheit raubt den Tieren die nötige Ruhe, deshalb solltet ihr Pisten mit **Flutlichtanlagen** meiden.*

Erste Schritte: In der Kinder-Skischule
© pmv, Kettl-Römer

Wertach:

Buron-Skilifte: 2 Schlepplifte, 1 Übungslift, 1 Mini-Seillift, 7,6 km Abfahrten, davon 1 schwer. Nur Naturschnee. Grüntenseestraße 44, 87497 Wertach, ℰ 08365/373.

Pfronten:

Skigebiet Breitenberg-Hochalpe: 4er-Sesselbahn, 2 Schlepplifte, 2 Minilifte, 8 km Piste plus die mit 6 km längste Naturrodelbahn des Allgäus. Breitenberg Talstation, Tiroler Straße 176, 87459 Pfronten. ℰ 08363/5820, www.breitenbergbahn.de.

Skizentrum Pfronten-Steinach: 6 Schlepplifte, 6 Abfahrten mit insgesamt 3,7 km Länge, davon 1 schwer. Umweltschonende Beschneiungsanlage. Flutlichtfahren Mi und Fr 18 – 21 Uhr. Krokusweg 2, 87459 Pfronten-Steinach. ℰ 08363/8849, www.skizentrum-pfronten.de.

Paradies für Skihasen & -häschen

Skigebiet Jungholz, Skilift GmbH Jungholz, 87491 Jungholz. ℰ 0043(0)5676/81450, www.jungholz.de. **Auto:** ↗ Pfronten, B309 Richtung Oy-Mittelberg, im Kreisverkehr links auf B10. **Preise:** Tageskarte 31,50 €; Kinder Tageskarte bis 5 Jahre 10 €, 6 – 15 Jahre 20,50 €; auch Punkte-, Stunden- und Halbtageskarten möglich. Familienkarten (halb-/ganztags) je nach Anzahl Erw und Kinder, z.B. Tageskarte 1 Erw, 1 Kind 39,50 €, 2 Erw und 2 Kinder 78,50 €, außerdem verschiedene Pass-Angebote.

▶ Hier können schon die Kleinsten im **Snow Learnland** ihre ersten Skierfahrungen (mit Zauberteppich) machen. Wer lieber im Schnee spielt, freut sich über das **N'Ice Bear Kinderland** samt Iglu und Hüpfburg. Wer dafür schon zu groß ist, probiert mal die Buckelpiste und die Obstacles am **Grizzly Family-Snowpark** aus. Ansonsten könnt ihr in Jungholz auch ganz normal Ski fahren: Ihr habt die Wahl zwischen zwei 4er-Sesselbahnen (mit Kindersicherung), 4 Schleppliften und dem Seillift im Learnland. Die Pisten sind gut gepflegt und nicht bucklig. Natürlich gibt es auch mehrere Skischulen und Skihütten zur Einkehr.

Wenn ihr gern rodelt, könnt ihr von Jungholz zur Alpe Stubental hinauflaufen und den Fahrweg wieder hinunter rodeln.

Hunger & Durst

Alpe Stubental, Jungholz 42, Jungholz. ℰ 0043 5676/9301969. www.alpestubental.com. Do Ruhetag, sonst 11 – 17, Sa, So bis 24 Uhr. Gemütliche Alpe, schräger Wirt, oft Live-Musik.

Bahnen & Betriebe

Alpspitzbahn und Alpspitzkick

Alpspitzweg 5, 87484 Nesselwang. ℃ 08361/1270, 771 (Info). www.alpspitzbahn.de. **Lage:** 10 Min zu Fuß vom Ortszentrum. **Kinderwagen geeignet:** ja. **Bahn/Bus:** Vom ↗ Nesselwanger Zentrum ist der Parkplatz an der Alpspitzbahn in ein paar Minuten zu Fuß zu erreichen. **Auto:** Über An der Riese/Alpspitzweg bis zum Parkplatz Talstation. **Zeiten:** 9 – 17 Uhr bei guter Witterung. **Preise:** Berg- oder Talfahrt 14 €, Berg- und Talfahrt bis Bergstation 18,50 €; Kinder 6 – 15 Jahre Berg- oder Talfahrt 8 €, Berg- und Talfahrt 13,50 €; Familienkarte Berg- und Talfahrt 2 Erw und 1 Kind 41 €, 2 Erw und 2 Kinder 45 €; Berg- oder Talfahrt 30 bzw. 32 €.

▶ Die Alpspitzbahn ist eine ungewöhnliche Kombibahn, bei der immer drei Sessel und eine Gondel abwechselnd fahren. Ihr könnt also aussuchen, ob ihr lieber im Sessel oder in einer Gondel Platz nehmt. An der **Mittelstation** steigt ihr aus, wenn ihr die ↗ Sommerrodelbahn nutzen möchtet. Von der Bergstation aus könnt ihr, wenn ihr sehr mutig und größer als 150 cm seid, mit dem **Alpspitzkick,** einer riesigen Seilrutsche, auf zwei Strecken durch die Baumwipfel flitzen. Natürlich könnt ihr von beiden Bergbahnstationen auch einfach gemütlich loswandern und in einer der Hütten einkehren.

pmv Öko-Tipp!
Im Garten des Frühlings

Primavera Life GmbH, Naturparadies 1, 87466 Oy-Mittelberg. ℃ 08366/8988-880, www.primaveralife.com. **Bahn/Bus:** Von Kempten ZUM Bus 63 bis Oy-Mittelberg, Station Primavera. **Auto:** ↗ Pfronten, B310 bis Oy-Mittelberg, dann der Beschilderung folgen. **Zeiten:** Firmenführung Fr 16 und Sa 13 Uhr (ohne Anmeldung), Gartenführung Juni – Sep Fr 14 und Sa 11 Uhr (Anmeldung erbeten). **Preise:** Betriebs- und Gartenbesichtigungen sind kostenlos. **Infos:** Für Erwachsene werden Work-

HANDWERK, TECHNIK & GESCHICHTE

Im Winter liegt an der Alpspitz ein beliebtes Familienskigebiet.

Alpspitzkick, Alpspitzweg 5, Nesselwang. ℃ 08361/1270. www.alpspitzkick.de. 10 – 16.30 Uhr. Rasanter Zipline-Flug für mutige Menschen über 150 cm; längste Zipline Deutschlands.

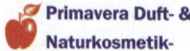

Primavera Duft- & Naturkosmetik-shop, Naturparadies 1, Oy-Mittelberg. Mo – Fr 9 – 18 Uhr, Sa 10 – 18 Uhr. Schöner Laden, in dem es alle Primavera-Produkte zu den auch sonst üblichen Preisen zu kaufen gibt.

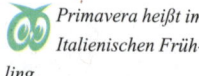

Primavera heißt im Italienischen Frühling.

shops, Vorträge und andere Veranstaltungen angeboten. Termine und Preise auf der Webseite.

▶ Das ist ausnahmsweise ein Tipp, der sich eher an die Mama richtet. Aber vielleicht kennt ihr ja auch die biologischen Duftöle, Raumsprays und Körperpflegeprodukte von Primavera, die es im Bio- und Reformhaushandel, in Apotheken, Naturkosmetikfachgeschäften und ausgewählten Drogerien zu kaufen gibt. Seinen Sitz hat das Unternehmen im Allgäu. Jeden Freitag und Samstag gibt es eine etwa einstündige Führung durch das Firmengebäude und durch die Produktion. Da dieses Gebäude nach einer chinesischen Energielehre namens *Feng Shui* gebaut wurde, ist es sehr ungewöhnlich: Das Treppenhaus ist zum Beispiel rund und im Kern des Hauses zieht sich durch alle Etagen eine Kristallsäule.

Von Mai bis September finden außerdem **Gartenführungen** statt. Dabei lernt ihr eine Menge Kräuter und Duftpflanzen kennen, die wunderschön blühen und herrlich duften. Überall summen Bienen und es gibt sogar ein eigenes Wildbienenhaus.

Burgen & Gruben

Falkenstein: Burgruine mit Fernsicht

87459 Pfronten-Steinach. **Länge:** Rundwanderung ca. 9 km, Gehzeit ca. 3 Std. **Altersempfehlung:** Der eigentliche Aufstieg auf den Falkenstein ist steil und für sportliche Kinder ab 7 Jahre geeignet. **Auto:** Von Pfronten Ried über Meilinger Straße nach Westen, dann rechts in König-Ludwig-Weg und diesem bis zum Parkplatz am Fuß des Berges folgen. **Zeiten:** 8 – 20 Uhr. **Preise:** Eintritt Burg und Burgenmuseum frei.

▶ Die Burganlage auf dem rund 1260 m hohen Falkenstein bei Pfronten wurde im 13. Jahrhundert errichtet und 300 Jahre später, am Ende des 30-Jährigen Krieges, zerstört. Beinahe wäre aus der Ruine dann wieder eine Burg geworden, als ✐ *König*

Ludwig II. plante, auf dem Falkenstein eine neue mittelalterliche Burg zu bauen! Das teure Projekt scheiterte am vorzeitigen Tod des Monarchen. Ein Modell der königlichen Beinahe-Burg ist im kleinen Burgenmuseum hinter dem *Burghotel Falkenstein*

Beinahe hätte König Ludwig hier noch ein Schloss gebaut ...
© pmv, Kettl-Römer

zu sehen. Sehr romantisch! Heute steht auf dem Berggipfel immer noch eine Ruine, in der ihr auf eine Aussichtsplattform steigen und wie einst die Ritter weit ins Land sehen könnt.

Es gibt mehrere **Wanderrouten** zum und rund um den Falkenstein. Von Pfronten-Ried aus sind es zu Fuß über die Meilinger Straße und den König-Ludwig-Weg ca. 4 km. Danach könnt ihr über die Mariengrotte nach unten steigen und über flache Wanderwege entlang der Vils etwa 5 km zurück. Ihr braucht festes Schuhwerk! Oder ihr parkt am Fuß des Berges und geht die Fahrstraße hinauf.

Hunger & Durst
Burghotel Auf dem Falkenstein, Auf dem Falkenstein 1, Pfronten. ✆ 08363/914540. www.burghotel-falkenstein.de. Täglich 10 – 23 Uhr. Romantisches Hotel mit sehr gutem Restaurant; Sonnenterrasse mit Panoramablick.

Die Burgruinen Eisenberg und Hohenfreyberg

87637 Eisenberg Zell. burgenmuseum-eisenberg.de. **Länge:** Rundwanderung von Zell über die Ruinen und die Schlossbergalm zurück 4 km. **Bahn/Bus:** Von Pfronten Ried Bhf Bus 56 bis Zell. **Auto:** Von Pfronten-Ried über Meilinger Straße und OAL2 bis Zell. **Zeiten:** Die Burgen sind immer zugänglich. **Burgenmuseum Eisenberg** in Zell März – Nov, Sa, So, Fei 14 – 17 Uhr, Juli – Aug auch Mi 14 – 17 Uhr. **Preise:** Der Eintritt zu den Burgen ist frei, das Museum kostet 2,50 €; Museum bis 13 Jahre frei.

▶ Wenn ihr Rittergeschichten und Abenteuer liebt, werdet ihr an diesen beiden Burgruinen viel Freude

Im Dreißigjährigen Krieg 1618 – 1648 stritten viele Gruppen um die größte Herrschaft und die beste Religion. Ritter gab es da keine mehr, dafür aber bezahlte Soldaten, die Landsknechte.

Hunger & Durst

Schlossbergalm, Burgweg 50, Eisenberg.
✆ 08363/1748.
www.schlossbergalm.de.
Di – So ab 10 Uhr. Nette Alpe, kleine Gerichte, Spielplatz.

Ihr könnt von Burgberg auch mit dem **Erzgrubenbähnle** bis zum Museumsdorf hinauffahren, ⤢ Webseite.

haben. Sie liegen auf zwei Hügelkuppen vor Pfronten. Die **Burg Eisenberg** stammt aus dem 14. Jahrhundert, **Burg Hohenfreyberg** ist etwa 100 Jahre jünger. Beide wurden am Ende des 30-Jährigen Krieges (wie übrigens auch die ⤢ Burg Falkenstein) angezündet, damit sie nicht den feindlichen Truppen in die Hände fielen. Seitdem sind sie Ruinen – allerdings restaurierte Ruinen. Ihr könnt also unbeschwert die Anlagen erkunden. Zu sehen sind jeweils Teile der Vorder- und Hauptburg, Türme, Wehranlagen und teilweise sogar Keller.

Die Burgruinen sind frei zugänglich und kosten keinen Eintritt. Sie sind nur zu Fuß zu erreichen. Ihr könnt entweder von Zell oder von Eisenberg aus dorthin wandern (jeweils ca. 2 km, die Wege sind beschildert). Oder ihr startet eure Erkundungstour an der **Schlossbergalm.** In Zell ist auch ein kleines Burgenmuseum, in dem Fundstücke aus den beiden Burgen gezeigt werden.

Erzgruben Erlebniswelt am Grünten

Erzgruben Burgberg e.V., Dieter Fischer, Grüntenstraße 2, 87545 Burgberg. ✆ 08321/7884646, www.erzgruben.de. **Altersempfehlung:** ab 5 Jahre. **Bahn/Bus:** Von Immenstadt Busbhf mit Bus 9781 bis Burgberg, dann Beschilderung zu den Erzgruben folgen, Aufstieg ca. 1 Std. **Auto:** Von Immenstadt über OA5 bis Blaichach, dann links in Burgberger Straße, in Burgberg rechts in Grüntenstraße, parken am Gasthof Alpenblick, von dort ca. 15 Min zu Fuß. **Zeiten:** Museumsdorf Mai – Okt 10.30 – 17 Uhr. **Preise:** Museumsdorf mit Grubenführung 8 €; Kinder 6 – 14 Jahre 5 €; Familien 19 €. **Infos:** Führungen (Dauer ca. 2 Std) Mai – Mitte Juli und Sep, Okt 11.30 und 14.15 Uhr, Mitte Juli und Aug 10.30, 11.30, 12.30, 13.30 und 14.30 Uhr.

▶ Das Allgäu ist keine klassische Bergbauregion wie zum Beispiel das Ruhrgebiet. Trotzdem wurde hier am Grünten 500 Jahre lang Eisenerz abgebaut. Das Museumsdorf zeigt, wie die Bergleute – die ursprünglich Bauern aus dem Tal waren – hier oben lebten und arbeiteten, zum Beispiel als Köhler oder Nagelschmied.

Wenn ihr an einer Führung teilnehmt, was ich euch empfehle, könnt ihr die Spuren des Bergbaus im Wald in tiefen Tagebau-Spalten entdecken und zwei unterirdische **Gruben** begehen, die *Theresiengrube* und *Annagrube.* In den Gruben ist es mit konstant 10 bis 12 Grad kalt, also Jacke nicht vergessen. Nach der Besichtigungsrunde schmeckt die Brotzeit oder der Kuchen im **Knappenhock** besonders gut!

Feste & Märkte

Kranzegger Viehscheid

87549 Rettenberg-Kranzegg. **Auto:** Von Wertach auf der St2007 nach Westen bis Kranzegg, Parkplatz an den Grüntenliften. **Zeiten:** 15. Sep, wenn dieser auf einen So fällt, findet der Viehscheid am Sa davor statt.

▶ Der Kranzegger Viehscheid ist überschaubarer und gemütlicher als andere Almabtriebe und daher gut für Familien geeignet: Es werden sechs kleinere Herden nach ihrer Sommerfrische an den Alpen am Grünten hinunter zum Viehscheidplatz getrieben. Darunter sind Jungvieh- und Kuhherden und sogar eine Schafherde. Wenn ihr an der Straße auf das Eintreffen der Herden wartet, heißt es Ohren spitzen: Das Läuten der Schellen und das Muhen und Mähen der aufgeregten

Hunger & Durst

Knappenhock, am Museumsdorf, ☎ 0172/ 3510823. www.erzgruben.de. Geöffnet wie Museum. Ein *Knappe* ist im Bergbau die Bezeichnung für jemanden, der die Lehre als Bergmann erfolgreich abgeschlossen hat.

BÜHNE & AKTIONEN

Wenn der Sommer zu Ende ist: Das Vieh kehrt ins Tal zurück
© pmv, Ketti-Römer

PFRONTEN – ROTTACHSEE

Wissenswertes rund um den Viehscheid und die jeweils aktuellen Termine im Allgäu findet ihr unter www.allgaeu-viehscheid.de

Tiere hört man schon von Weitem. Festlich mit Blumen und Bändern geschmückt ziehen sie die Straße entlang. Am **Viehscheidplatz** werden sie dann nach ihrer Herkunft getrennt (= geschieden) und von ihren Bauern abgeholt. Nach dem Durchzug einer Herde und vor dem Eintreffen der nächsten könnt ihr euch auf dem **Krämermarkt** umsehen, der am Straßenrand aufgebaut ist. Anschließend geht es ins Festzelt zum Mittagessen, natürlich mit Blasmusik und zünftiger Volksfeststimmung. Nachmittags werden die Alphirten geehrt, jeder bekommt als Dank für seine Arbeit feierlich eine Schelle überreicht.

FESTKALENDER PFRONTEN – ROTTACHSEE

Februar/März:	Faschingssamstag, alle 2 Jahre in geraden Jahren, **Nachtumzug** in Burgberg.
	Faschingssamstag, **Schalenggenrennen**: mit Hörnerschlitten rasant ins Tal in Pfronten.
	Faschingssonntag: **Faschingsumzug** in Wertach.
	1. Sa oder So der Fastenzeit, **Funkenfeuer** in Oy-Mittelberg mit allen Ortsteilen Sulzberg, Wertach, Nesselwang und Jungholz.
Mai:	1. Mai, **Maibaumaufstellen** in Wertach mit Krämermarkt, in Oy-Mittelberg, Pfronten und Sulzberg.
Juni:	24.6. **Johannisfeuer** in Nesselwang.
August:	1. So, **Kräuter- und Kunsthandwerkermarkt** in Jungholz (A).
	2. Wochenende: **Ritterspektakel** auf der Burgruine Hohenfreyberg.
September:	**Viehscheid** in Eisenberg-Zell, Haslach, Kranzegg, Jungholz, Nesselwang, Pfronten, Wertach.
Dezember:	5./6. Dez, **Klausentreiben** in Rettenberg, Kranzegg, Wertach.
	1. Advent, Sa, So, **Weihnachtsmarkt** in Sulzberg.
	3. Advent **Weihnachtsmarkt** in Pfronten.
	3. Advent Sa, So, **Weihnachtsmarkt** in Oy-Mittelberg.

IMMENSTADT & OBERALLGÄU

Biberach a.d. Riss
Memmingen
Bad Wörishofen
UNTER-ALLGÄU
Kaufbeuren
KAUFBEUREN & MOD
Leutkirch
Ravensburg
ALLGÄU
KEMPTEN & UMGEBUNG
Markt-Oberdorf
BW
WANGEN
Isny
KEMPTEN
&
Wangen
FÜSSEN & OSTEN
ROTTACH SEE
Rottachsee
WESTALLGÄU
PFRONTEN
Lindau
Immenstadt
Pfronten
Füssen
IMMENSTADT
Bregenz
&
OBERALLGÄU
A
A
BY
12 km
N
www.PeterMeyerVerlag.de

Absoluter Kinderliebling: Das Wonnemar | Sag es ruhig: Du Rindvieh, du! | Zünftig: Zu einer richtigen Wanderung gehört auch eine ordentliche Brotzeit | Die müsst ihr probieren: Die längste Rodelbahn des Allgäus! | Verpennt: Die kleine Fledermaus hat doch glatt den Frühling verschlafen … | Wintertraum: Schneeschuhwandern, Rodeln, Skifahren – rund um Oberstdorf geht alles

Typisch Allgäu: Kühe auf grünen Wiesen vor hohen Bergen, Alphütten unter blauem Himmel, kühle, tiefe Schluchten und Wanderwege an klaren Bergbächen, Ski- und Schneevergnügen im Winter … Die Region zwischen Immenstadt, Bad Hindelang und Oberstdorf bis zum Kleinwalsertal ist diejenige, die das Allgäu-Bild mit am stärksten geprägt hat, denn all das findet ihr hier.

Die Landschaft ist tatsächlich atemberaubend schön und die touristische Infrastruktur hervorragend: Hier könnt ihr jeden Tag ein neues Abenteuer erleben. Entsprechend gut besucht ist die Region in der Hauptsaison, es heißt also frühzeitig buchen und mitunter auch Wartezeiten (z.B. an den Bergbahnen) einkalkulieren. Damit das Vergnügen nicht zu teuer wird, achtet auf preisgünstige Kombi-Tickets bei Bergbahnen, Hochseilgärten oder Sommerrodelbahnen sowie beim Buchen auf Paketangebote der Berghütten für Unterkunft und Skipass. .

Allgäuer Alpen – Kleinwalsertal: Wanderkarte mit Aktiv Guide, Panorama, Radrouten und Skitouren. 1:50.000, 9,99 €, 978-3-8502-6867-7.

Mehr Tipps zu überregionalen Vergünstigungen unter ↗ *Info & Verkehr*

Meine Lieblings-Tipps fürs passende Alter:

Kinder **ab 3 Jahre** besuchen gern die Tiere im Bergbauernmuseum in Diepolz, **Grundschulkinder** genießen die Fahrt mit der Nebelhornbahn und den Erlebnisweg Uff d'r Alp, die **Größeren** lieben den Kletterwald Bärenfalle und den rasanten Alpsee-Coaster in der Alpsee Bergwelt bei Immenstadt. Alle Altersgruppen und auch die Eltern kommen bei einem Badetag im Wonnemar in Sonthofen voll auf ihre Kosten und bei einer Wanderung durch die Breitachklamm bei Oberstdorf ins Staunen.

Frei- & Moorbäder

IM & AM WASSER

Wonnemar Sonthofen

Stadionweg 5, 87527 Sonthofen. ✆ 08321/780970, www.wonnemar.de/sonthofen. **Bahn/Bus:** Von Sonthofen Bhf Bus 9745 bis Wonnemar. **Auto:** Von Sonthofen

Zentrum über Altstädter Straße nach Süden in Stadion-weg; von außerhalb über B19 Ausfahrt Sonthofen Süd, dann Beschilderung folgen, Parkplatz 4 € (Parkschein zwecks Teilerstattung an der Kasse vorlegen). **Zeiten:** Okt – April 10 – 22 Uhr, Mai – Sep 10 – 21 Uhr. **Preise:** 2 Std 12,90 €, 4 Std 13,90 €, Tageskarte 16,90 €; Kinder 5 – 15 Jahre 2 Std 10,90 €, 4 Std 11,90 €, Tageskarte 14,90 €; Familien (1 oder 2 (Groß-)Elternteile und alle eigenen Kinder bis 15 Jahre) 4 Std 42,90 €, Tageskarte 54,90 €.

Happy Birthday!
Geburtstagskinder jeden Alters haben am Tag ihres Geburtstags freien Eintritt (Ausweis vorlegen).

▶ Dieses Bad ist schon seit Jahren das absolute Lieblingsschwimmbad meiner Kinder. Das liegt vor allem an den drei wilden Rutschen und dem Wellenbad. Die ganz Kleinen fühlen sich im 32 Grad warmen Kleinkinderbecken wohl, die 3-Jährigen lieben die Felsengrotte und das Piratenschiff. Die etwas Größeren probieren die breite Familienrutsche ins Nichtschwimmerbecken, bevor sie sich ab etwa 8 Jahre zur dunkle Rutsche, der Kamikaze- oder der Reifenrutsche trauen. Daneben gibt es noch ein Schwimmerbecken, ein warmes Außenbecken und einen sehr warmen Whirlpool. Hier gehen 4 Stunden schnell vorbei!

pmv Öko-Tipp!
Moorschwimmbad Oberstdorf
Familie Herzog, Am Rauhen 3, 87561 Oberstdorf. ✆ 08322/4863, www.oberstdorf.de. **Kinderwagen geeignet:** ja. **Rad:** Mit dem Fahrrad oder zu Fuß rund 1 km über die Oststraße, vor der Trettachbrücke rechts in Am Rauhen einbiegen. **Zeiten:** Mai – Sep ab 10 Uhr bis Sonnenuntergang (nur bei gutem Wetter). **Preise:** 3,90 €; Kinder 2,70 €.

Ihr erreicht das Moorbad am besten zu Fuß oder mit dem Fahrrad, denn es führt keine öffentliche Straße dorthin.

▶ Das ist in jeder Hinsicht ein besonders hübsches **Naturfreibad:** Es liegt ruhig inmitten von Wald und Wiesen. Es ist übrigens das einziges Freibad mit Denkmalschutz in Schwaben, denn das Gebäude stammt aus dem Jahr 1929. Neben samtweichem Wasser bietet es alles, was ein Freibad für Familien mit kleineren Kindern schön macht: Kleinkinder- sowie Kinderbecken, eine Wasserrutsche, einen Kinderspielplatz mit Hüpfburg und kleines **Café** mit Terrassenbetrieb.

Moorschwimmbad Reichenbach

Barbara Brutscher, Reichenbach 70, 87561 Oberstdorf. ✆ 08326/1509, www.moorstueble.de. **Bahn/Bus:** Von Oberstdorf Busbhf Bus 9745 bis Reichenbach, dann 8 Min zu Fuß. **Auto:** Von Oberstdorf Zentrum nach Nordosten über Rubinger Straße/OA4, über Rubi bis Reichenbach, dann Beschilderung zum Moorschwimmbad folgen. **Rad:** Über den Illerdamm bis Fischen, dann über Schöllanger Burg Richtung Süden, Beschilderung zum Moorschwimmbad folgen. **Zeiten:** Juni – Aug 10 – 19 Uhr. **Preise:** 4,30 €; Kinder 6 – 15 Jahre 2,40 €; Abendtarif ab 17 Uhr Erw 1,80 €, Kinder 1 €.

▶ Nettes, kleines **Naturschwimmbad** (seit drei Generationen im Familienbetrieb) in ruhiger lage. Spielplatz mit Wasserlauf und beschattetem Sandkasten. Schön für einen gemütlichen Nachmittag oder einen Badestopp nach einer Wanderung. Bei Badebetrieb ist der Kiosk geöffnet, ansonsten gibt es in der dazugehörigen **Gaststätte Moorstüble** kleine Gerichte, Kaffee und Kuchen.

Hunger & Durst

Moorstüble, Oberstdorf. www.moorstueble.de. Di – So, Fei 11 – 22 Uhr. Kleine Stube, freundlicher Service, Essen preisgünstig und gut.

Strandbäder & Boot fahren

Baden im Großen Alpsee

Strandbad Hauser, Michael Hauser, Seepromenade 31, 87509 Immenstadt-Bühl. ✆ 08323/6341, www.strandbad-hauser.de. **Auto:** Missener Straße Richtung Diepolz, dann links einbiegen in In der Hub, danach rechts in Trieblingser Straße (Beschilderung zum Strandbad folgen), Parkplätze vor dem Bad. **Zeiten:** See-Café im Sommer täglich, im Winter Di – So 11.30 – 17 Uhr, witterungsbedingte Änderungen, Strandbad im Sommer bei Badewetter. **Preise:** 3,50 €; Kinder 4 – 14 Jahre 2 €.

Ihr könnt hier auch Ruder- und Tretboote (10 €/Std) oder Boards zum Stand-up-Paddling (12 €/Std) ausleihen.

**Ideal für Familien:
Das Strandbad Hauser am
Großen Alpsee**
© pmv, Kettl-Römer

▶ Es gibt mehrere Badeplätze am Großen Alpsee, aber für Familien ist das **Strandbad Hauser** besonders gut geeignet: Ihr könnt in einem großen, durch Bojen gekennzeichneten Nichtschwimmerbereich im flachen und dadurch relativ warmen Wasser nach Herzenslust planschen. Der Boden ist sandig und angenehm weich, ihr braucht also keine Badeschuhe. Toiletten, Dusche und Umkleidekabinen stehen auf der gepflegten Liegewiese zur Verfügung, dank einiger Bäume gibt es auch Schattenplätze. Wer Hunger bekommt, findet im **See-Café**, das zum Strandbad gehört, bestimmt etwas Leckeres zum Essen.

Wenn ihr den ganzen See erkunden möchtet, leiht euch am Restaurant ein Ruder- oder Tretboot (10 € für 45 Min).

Hunger & Durst
Restaurant Freibergsee, Freibergsee 2, Oberstdorf. ✆ 08322/6069495. Sommer 10 – 20 Uhr, Winter 11 – 17 Uhr. Deftige Gerichte zu günstigen Preisen, große Sonnenterrasse.

Naturbad Freibergsee
Freibergsee 2, 87561 Oberstdorf. ✆ 08322/6069495, www.naturbad-freibergsee.de. **Auto:** Von Oberstdorf und Birgsauer Straße bis Parkplatz Unterer Renksteg. **Rad:** Das Naturbad ist nur zu Fuß oder mit dem Fahrrad zu erreichen; Gehzeit ab Parkplatz Unterer Renksteg etwa 30 Min. **Zeiten:** Mai – Sep 8 – 20 Uhr (bei entsprechender Witterung). **Preise:** 3,80 €; Kinder 6 – 15 Jahre 2,20 €.

▶ Es gibt viele schöne Badeseen und Naturbäder im Allgäu, aber der Freibergsee ist sicher einer der schönsten: Er liegt inmitten der Berge auf 930 m Höhe mit Blick auf die ↗ Heini-Klopfer-Schanze und das ↗ Söllereck. Das Wasser wird im Sommer angenehm warm (bis 25 Grad). Dazu gibt es ein in den See eingelassenes Kinderbecken, einen 3-m-Sprungturm und ein Floß, zu dem ihr schwimmen könnt. Natürlich gibt es auch einen Spielplatz und einen Kiosk. Wer größeren Hunger hat, kann zum Essen nach nebenan ins **Restaurant Freibergsee** gehen.

Wandern durch Klamm und Bergwelt

Starzlachklamm mit Rundwanderung

P Winkel – Starzlachklamm – Alpe Topfen – Gasthof Alpenblick – P Winkel, 87527 Sonthofen. ✆ 08321/88988, **Länge:** Rundwanderung 3,8 km, reine Gehzeit 1 3/4 Std. **Bahn/Bus:** Von Sonthofen Bhf Bus 9781 oder 9750 bis Burgberg, Sonthofener Straße, dann 10 Min zu Fuß bis Parkplatz Winkel. **Auto:** Von Sonthofen nach Osten über Blumenstraße, Berghofer Straße, Salzstraße und Winkel bis Parkplatz Winkel. **Zeiten:** Mai – Okt 9 – 18 Uhr. **Preise:** Parkplatz Winkel 3 Std 3 €, Tag 4 €; Klamm 3,50 €; Kinder 6 – 15 Jahre 2 €. **Infos:** Tourismus Sonthofen, ✆ 08321/615-291.

▶ Diese Wanderung ist sehr abwechslungsreich, führt durch eine wilde Schlucht und bietet sogar eine Bademöglichkeit, sie ist aber auch ein bisschen anstrengend. Los geht es am **Parkplatz Winkel,** dem Schild zur Klamm nach: Erst durch Laubwald, dann an der *Starzlach* entlang. Nach einer Viertelstunde erreicht ihr den **Starzlach-Wasserfall** mit der türkisblauen Gumpe, in der ihr an heißen Tagen sogar baden könnt. Links darüber ist am Eingang der eigentlichen Klamm das **Kassenhäuschen,** an dem ihr den Eintritt bezahlt. Ab hier geht es über schmale Wege, Stufen und Steige durch die Schlucht, deren Felswände hoch aufragen und eng zusammenrücken. Tief unter euch rauscht das Wasser, weit über euch könnt ihr ein bisschen Himmel sehen. Fast eine halbe Stunde dauert es, bis ihr den **Ausstieg** erreicht; er führt euch über Stufen durch Felsen und dann immer höher hinauf.

Ihr braucht für diese Wanderung feste Schuhe mit Profil und auch an warmen Tagen eine Jacke, da es in der Klamm immer kühl ist. Im Sommer nehmt ihr am besten auch Badesachen und ein Handtuch mit, wenn ihr in die Gumpe jucken (= springen) wollt.

Eine weitere Viertelstunde später habt ihr den Aufstieg hinter euch und erreicht die sonnigen **Wiesen** an der Südseite des Grünten. Ein Wegweiser führt euch nach rechts zur **Alpe Topfen,** wo ihr für eine deftige Brotzeit einkehren könnt. Anschließend geht ihr am *Gasthof Alpenblick* vorbei ein Stück auf eine Teerstraße, die ihr an der nächsten Weggabelung durch die Schranke verlasst. Der Weg führt euch kurz in den Wald bergan. Von oben habt ihr dann einen weiten Blick über Sonthofen und hinein in die Allgäuer Hochalpen. Schließlich geht es steil hinab, über Wurzeln und Steine, am Ende etwas flacher durch den Wald, bis ihr wieder am **Parkplatz** ankommt.

Hunger & Durst

Alpe Topfen, Burgberg-Winkel. © 08321/71114. www.fewo-laemmerhofer.de. Geöffnet ab 11 Uhr. Gemütliche Alpe mit Käsbrotzeit und Buttermilch direkt am Grünten, auch ↗ Ferienbauernhof.

Kleine Tour über Weiherkopf und den Großen Ochsenkopf

Hörnerbahn Bergstation – Weiherkopf – Großer Ochsenkopf – Panoramaweg – Berghaus Schwaben – Bergstation, 87538 Bolsterlang. www.hoernerdoerfer.de. **Länge:** ca. 2,5 Std. **Altersempfehlung:** ab 5 Jahre mit sportlichen Kindern. **Bahn/Bus:** Von Sonthofen Bhf Bus 9747, von Oberstdorf Busbhf Bus 9744 bis Hörnerbahn Bolsterlang. **Auto:** Von Norden kommend auf B19 bis Fischen, im Zentrum rechts abbiegen in Besler Straße, dann Beschilderung Bolsterlang und Hörnerbahn folgen. **Zeiten:** zu Betriebszeiten der ↗ Hörnerbahn.

Weitere Vorschläge für Wanderungen in diesem Gebiet findet ihr auf der Webseite der ↗ Hörnerbahn.

▶ Wenn ihr nicht gern Bergsteigen geht, aber trotzdem mal hoch hinauf wollt, ist diese Höhenwanderung eine gute Idee: Ihr fahrt mit der ↗ *Hörnerbahn* gemütlich zur Bergstation am **Bolsterlanger Horn.** Von dort geht es rechts hinauf zum **Weiherkopf.** Der Aufstieg ist zwar steil, dauert aber nur rund 20 Minuten und oben werdet ihr mit einem tollen Blick belohnt: Im Norden seht ihr Sonthofen, den Grünten und weit ins Unterland hinein, im Süden erkennt ihr Oberstdorf mit den Skisprungschanzen und die Gipfel der Allgäuer Hochalpen.

Ihr geht ein kleines Stück zurück in den Wald und folgt dem Wegweiser zum Großen Ochsenkopf. Nun heißt es 40 Minuten lang über Wurzeln und Steine durch den Wald und zwischen Heidelbeerbüschen erst hinab- und dann hinaufsteigen, bis nochmals 10 Minuten steiler Anstieg auf den **Großen Ochsenkopf** bevorstehen. Dort oben grasen die Schumpen (Jungkühe) und ihr könnt ein Foto unter dem Gipfelkreuz machen.

Anschließend führt der Weg westlich über Moorwiesen hinunter auf den **Panoramaweg,** auf dem ihr links in Richtung **Berghaus Schwaben** abbiegt (40 Min). Dort habt ihr euch eine Rast verdient. Anschließend geht ihr erst am Waldrand entlang und dann auf der Straße wieder zur **Bergstation** zurück (30 Min).

Hinauf wandern, hinab rollern – ein Spaß für die ganze Familie!

Oberstdorf – Oytalhaus – Oberstdorf, 87561 Oberstdorf www.berggasthof-oberstdorf.de. **Lage:** ca. 5 km von der Trettachbrücke bis Oytalhaus, ca. 6 km mit dem Roller bis Fahrrad Heckmair. **Bahn/Bus:** ↗ Info & Verkehr, Oberstdorf. **Zeiten:** Die Abfahrt mit dem Roller ist bei entsprechender Witterung ab 15 Uhr möglich. **Preise:** Roller pro Person 7 €.

▶ Ihr beginnt die Wanderung an der **Trettach** unterhalb der Oststraßen-Brücke. Dort schlagt ihr den Wanderweg namens **Grubenweg** ein, der sich malerisch entlang der Trettach nach Süden windet. Das

Hunger & Durst

Berghaus Schwaben, Bolsterlang. ✆ 08326/438. www.berghaus-schwaben.de. Zünftige Hütte mit kleinen Gerichten, Kaffee und Kuchen und schöner Sonnenterrasse; Übernachtung möglich (Reservierung).

Kiesbett des Baches lädt immer wieder zum Steinchenwerfen und Füßekühlen ein. Ihr folgt dem leicht ansteigenden Weg bis zu der Stelle, an der der *Oybach* in die Trettach mündet. Dort folgt ihr dem Wegweiser nach links zum Oytalhaus. Hier geht es etwas steiler bergauf, danach ganz gemütlich über eine Teerstraße und später sogar durch eine schöne Allee, bis ihr nach etwa 1,5 Stunden Gehzeit das **Oytalhaus** erreicht. Ab 15 Uhr könnt ihr dort für den Rückweg einen **Roller** ausleihen und nach Oberstdorf zurückrollern. Dabei bleibt ihr den ganzen Weg auf der Teerstraße. Seid vorsichtig, denn hier fahren auch manchmal Autos! Das Rollern selbst ist ganz entspannt, nur bei der Talstation der Nebelhornbahn geht es ziemlich steil hinunter. Hier heißt es gut bremsen oder vorsichtshalber absteigen. In Oberstdorf folgt ihr den Schildern *Oytal-Roller* bis zum **Fahrradgeschäft Heckmair,** wo ihr die Roller wieder abgebt.

Berg – See – Bahn: So wird Wandern nicht langweilig!

Söllereck – Freibergsee – Gasthaus am Söller – Alpe Hochleite – Naturerlebnisweg – Berghaus Schönblick bzw. Söller – Söllereck, 87561 Oberstdorf. www.ok-bergbahnen.com. **Länge:** Wanderung 2,5 – 3 Std Söllereck-Talstation – Freibergsee – Bergstation Söllereck und mit der Gondel hinunter. **Bahn/Bus:** Von Oberstdorf Busbhf Bus 1 (Richtung Kleinwalsertal) bis Söllereckbahn. **Auto:** Von Oberstdorf über Walserstraße und B19 bis Parkplatz Söllereckbahn.

▶ Die Wanderung beginnt an der Talstation der ↗ **Söllereckbahn** ganz gemütlich mit einem 45-minütigen Spaziergang durch den Bergwald, am ↗ **Naturfreundehaus** vorbei und schließlich zum ↗ **Freibergsee** mit Restaurant hinunter. Danach geht ihr wieder hinauf zur Wegkreuzung und folgt dem Wegweiser *Schönblick/Gasthaus am Söller.* Nun geht es eine halbe Stunde steil hinauf durch den Wald, das ist

Hunger & Durst
Berggasthof Oytalhaus,
Oytal 1, Oberstdorf.
℅ 08322/80381.
www.berggasthof-oberstdorf.de. Di – So, Fei 10 – 18 Uhr. Etwas gehobene Preise, aber auch Kinderportionen.

Achtung: Die Söllereckbahn wird 2020 komplett modernisiert; die Wiedereröffnung ist für Dez 2020 geplant. Der Allgäu-Coaster und der Kletterwald bleiben während der Arbeiten geöffnet.

der reinste Abenteuerweg über Wurzeln und Stufen. Oben bietet sich die **Alpe Hochleite** als nächste Einkehrmöglichkeit an.

Von ihr aus geht es gemächlicher bergauf, zwischen Bergwiesen und durch Wald, schließlich sogar über einen Holzbohlenweg durch ein Moor. Dieser Wegteil ist als **Naturerlebnisweg** gestaltet, ihr könnt also einiges ausprobieren: Zum Beispiel einen Barfußparcours, ein großes Klangspiel oder eine lustige Wippe, mit der ihr einen großen Holzspecht zum Klopfen bringt. So viel Wandern und Spielen macht hungrig. Zum Glück können gleich zwei Einkehrmöglichkeiten Abhilfe leisten, nämlich das **Berghaus am Söller** 50 m oberhalb der Bergstation und das ↗ *Berghaus Schönblick* direkt am Lift. Hinunter geht es dann ruhig und kuschelig mit der Gondel.

Durch die Breitachklamm und über die grüne Grenze

Breitachklammverein eG, Klammstraße 47, 87561 Oberstdorf-Tiefenbach. ℗ 08322/4887 (Info-Tel), www.breitachklamm.com. **Länge:** durch die Klamm einfach ca. 2 km, bis Riezlern und zurück ca. 9 km. **Bahn/Bus:** Von Oberstdorf Busbhf Bus 44 bis Tiefenbach/Breitachklamm; Walserbus 1 bis Walserschanz. **Auto:** Von Oberstdorf über OA4 nach Norden, hinter der Breitach links in Breitachstraße, dann links in Klammstraße (Beschilderung folgen), Parkplatz vor dem Eingang zur Klamm, 3 €. **Zeiten:** Sommer 9 – 18 Uhr, Winter 9 –

Hunger & Durst

Berghaus am Söller, Kornau-Wanne 21, Oberstdorf-Kornau. ℗ 08322/3341. www.berghaus-am-soeller.de. wie ↗ Söllereckbergbahn. Krautkrapfen, Schupfnudeln und Apfelstrudel, mmmh! Übernachtungen möglich, Zimmerbuchung unter urlaub@berghaus-amsoeller.de.

17 Uhr; letzter Einlass 1 Std vor Schluss. **Preise:** 4,50 €; Kinder 5 – 15 Jahre 1,50 €.

▶ Am Eingang sieht alles noch völlig harmlos aus: Ein kleiner, hübscher Bergbach plätschert vor sich hin. Aber sobald ihr ein Stück in die Klamm hineingegangen seid, werdet ihr staunen, wie tief sich die *Breitach* in den Fels gegraben hat. Ihr geht plötzlich durch eine wilde Schlucht, deren Felswände immer enger zusammenrücken. Es ist feucht und kühl, überall wachsen Moose, und der Himmel scheint noch ein Stück höher zu sein als sonst. Fast 2 km geht es auf Stegen und Wegen hinauf bis zum Drehkreuz am **Ende der Klamm.** Wenn ihr noch nicht umkehren wollt, folgt dem Wegweiser zum *Gasthaus Walserschanz* – es liegt übrigens in Österreich, denn ihr habt gerade die **grüne Grenze** überquert – und fahrt von dort mit dem Walserbus zurück nach Oberstdorf. Wenn ihr die Breitach noch nicht verlassen wollt, könnt ihr dem Weg auch einfach weiter nach Süden folgen, immer den Wegweisern nach *Riezlern* nach. Die Breitach fließt hier ruhiger und ihr könnt auf den Kiesbänken Steinhaufen aufschichten oder die Schuhe ausziehen und eine Runde durchs kalte Wasser waten. Der Weg führt euch dann direkt zum **Waldhaus** in Riezlern, wo ihr einen köstlichen Germknödel vertilgen und euch dann schon auf eine zweite Durchquerung der Klamm auf dem Rückweg freuen könnt.

Hunger & Durst
Waldhaus Riezlern,
✆ 0043 5517/6823.
www.waldhaus-riez-
lern.at. Fr – Mi 10 – 17
Uhr. Eigenwillige und ge-
mütliche Einrichtung,
gute österreichische
Küche.

Höhlen & Wasserfälle

Der Hinanger Wasserfall

87527 Hinang bei Sonthofen. www.altstaedten.de.
Länge: bis zum Berghotel Sonnenklause 2,4 km, Gehzeit ca. 1 Std, nicht kinderwagengeeignet, für fitte Kinder ab 5 Jahre; zurück kürzere Gehzeit, da es bergab geht.
Bahn/Bus: Von Sonthofen Bhf mit Bus 9745 bis Hinang, dann ca. 10 Min Fußweg, unter OA4 hindurch, bis Hin-

weissschild zum Wasserfall am Waldrand. **Auto:** Von Oberstdorf oder Sonthofen über OA4 bis Hinang, dann in den Ort und durch die Unterführung durch die OA4 hindurch, Parken am Waldrand.

▶ Der *Hinanger Bach* hat in diesem Waldstückchen einen herrlichen **Naturspielplatz** geschaffen: Hier könnt ihr nach Herzenslust pritscheln, waten, Dämme bauen. Wenn ihr dem Weg am Bach entlang etwa eine Viertelstunde folgt, kommt ihr über Metallstege zum **Wasserfall.** Er fällt malerisch in eine dunkelgrüne Gumpe, daneben rieselt, plätschert und tropft es überall an der schroffen Felswand hinunter. Packt euch die Entdeckerlust? Dann steigt den Weg an der Felswand nach rechts entlang weiter hinauf. Er führt nach einer weiteren Viertelstunde schließlich aus dem Wald hinaus auf eine sonnige Wiese, von der aus ihr auf Tal und Berge sehen könnt.

Ihr könnt den Besuch am Wasserfall zu einer kleinen Wanderung ausbauen, wenn ihr am Waldrand den Schildern zum **Berghotel Sonnenklause** folgt, ↗ Ferienadressen. Dorthin geht ihr eine weitere halbe Stunde. Oben gibt es leckeres Essen und einen Spielplatz für euch.

pmv Öko-Tipp!
Wo der Drache im Berg haust …

Sturmannshöhle, 87538 Obermaiselstein. ℗ 08326/38309, www.sturmannshoehle.de. **Länge:** Die Gehzeit von der Kasse zum Eingang beträgt gut 10 Min, bitte einkalkulieren. **Altersempfehlung:** ab 4 Jahre. **Bahn/Bus:** Von Oberstdorf Busbhf Bus 9744 bis Obermaiselstein Ortsmitte, dann ca. 20 Min zu Fuß. **Auto:** Von Norden kommend auf B19 bis Fischen, im Zentrum rechts in Besler Straße, dann nach Obermaiselstein und Beschilderung zur Höhle folgen. **Zeiten:** Mitte Mai – Okt Führungen ab 9.30 Uhr jede Stunde bis 16.30 Uhr, 26. Dez – Ende April Mi – So stündlich 11 – 16 Uhr, in den bayerischen Weihnachts- und Osterferien täglich; zur Schneeschmelze ggf. geschlossen. **Preise:** 5 €; Kinder 6 – 14 Jahre 3 €. **Infos:** Die Höhle kann nur mit Führung besucht werden. Hunde nicht erlaubt.

▶ Die **Sturmannshöhle** ist die einzige begehbare Höhle des Allgäus und für kleine und große Entdecker auf jeden Fall einen Besuch wert. Wenn ihr euch durch den engen Gang zwängt und dann die 180 stei-

Es ist eng und steil, weswegen große Rucksäcke und Kindertragen nicht mit hineingenommen werden können. Jacke nicht vergessen, in der Höhle ist es konstant 8 Grad kühl!

len Stufen zum unterirdischen Bach hinuntersteigt, könnt ihr euch vorstellen, wie den ersten Forschern zumute gewesen sein mag, die sich hier nur mit Seil und Fackeln hineingewagt haben. Zur Zeit der Schneeschmelze steigt das Wasser manchmal bis zur obersten Stufe! Und wenn ihr früh im Jahr kommt, kann es sein, dass an der Wand noch eine kleine Fledermaus ihren Winterschlaf hält und vom Frühling träumt.

Kleine & große Tiere

Der Eichhörnchenwald bei Fischen

87538 Fischen. www.hoernerdoerfer.de/fischen. **Länge:** Bahnhof – Eichhörnchenwald – über Minigolfanlage zurück ca. 1,2 km, sehr einfacher, flacher Weg. **Kinderwagen geeignet:** ja. **Bahn/Bus:** Von München oder Oberstdorf mit RE oder ALX bis Fischen Bhf. **Auto:** Von Oberstdorf über B19 nach Fischen, dort rechts in Bahnhofstraße abbiegen und vor der Bahnlinie links am Wanderparkplatz parken. Von dort ca. 5 Min zu Fuß ortsauswärts (über die Bahn und die Brücke, dann gleich rechts).

Leider verwechseln manche Leute den Wald mit einer Toilettenanlage. Es gibt aber eine öffentliche und kostenlose Toilette gleich neben der Minigolfanlage am Waldrand, bis dahin schafft ihr es bestimmt!

Wo habe ich nur meine Nüsse versteckt? Dunkles Eichhörnchen im Eichhörnchenwald
© pmv, Kettl-Römer

▶ Der Eichhörnchenwald ist kein Wildgehege oder Tierpark, sondern einfach ein kleines Waldstück am Ortsrand von Fischen hinter dem Kurpark und einer kleinen Minigolfanlage. In diesem hübschen, kleinen Wald leben mindestens ein Dutzend Eichhörnchen. Da sie so oft Besuch von Menschen mit leckeren Nüssen bekommen, sind sie sehr zutraulich. Wenn ihr leise seid und euch langsam bewegt, kommt bestimmt ein vorwitziges Kerlchen näher. Haltet ihr ihm dann vorsichtig ein Nüsschen hin, nimmt es euch das vielleicht sogar aus der flach ausgestreckten Hand.

Tiere beobachten im Alpenwildpark Obermaiselstein

Alpenwildpark Berghof Schwarzenberg, Familie Lohmüller, Königsweg 4, 87538 Obermaiselstein. ✆ 08326/3849765, www.alpenwildpark.de. **Bahn/Bus:** Von Oberstdorf Busbhf Bus 9744 bis Obermaiselstein Ortsmitte, dann ca. 20 Min zu Fuß. **Auto:** Aus Richtung Fischen kommend, hinter dem Ortsschild Obermaiselstein nach ca. 400 m links abbiegen (Ortsmitte), 2. Straße rechts, Beschilderung Wildpark folgen. **Zeiten:** Mai – Ende Okt Mo – Sa ab 11, So ab 10 Uhr, im Winter Mo Ruhetag. **Preise:** 5 €; Kinder 2,50 €. **Infos:** Auch FeWo und DZ.

▶ Rund um den Berghof hat sich nach und nach ein ganzer Tierpark angesiedelt: Neben Steinböcken, Gemsen, Hirschen und Schafen wohnen hier auch verschiedene Wildtiere, die verletzt gefunden und zum Berghof gebracht wurden. Manche sind nach dem Gesundwerden einfach dageblieben, andere sind nicht mehr fit genug, um sie in die Freiheit zu entlassen. Dazu gehören verschiedene Greifvögel, aber auch Störche, Wiesel, ein Feldhase und zwei zahme Dachse. Andere Greifvögel wurden hier ausgebrütet und aufgezogen. Sie dürfen regelmäßig ausfliegen, kommen dann aber wieder in ihr Zuhause zurück. So nah könnt ihr solche Tiere sonst selten erleben.

Minigolf Fischen, neben dem Eichhörnchenwald, Fischen. ✆ 08326/8393. Mai – Okt Mo – Fr 10.30 – 20 Uhr, Sa, So, Fei 9.30 – 20 Uhr, nur bei guter Witterung.

Naturerlebnisführung mit Fütterung der Wildtiere: Im Sommer Di, Mi, Fr und Sa um 17.45 Uhr, im Winter Di – Sa um 10.45 Uhr; Teilnahme ohne Anmeldung. Danach gibt's immer einen Hüttenabend mit Live-Musik; im Sommer zusätzlich am Sa ab 18 Uhr Grillparty am Wikingergrill und am So ab 10 Uhr Weißwurstfrühschoppen mit Musik.

Denkt vor einer Fahrt im Sommer an Sonnencreme und im Winter an eine Mütze und warme Kleidung!

SPORT, SPASS & SPIEL

Wenn genügend Schnee liegt, könnt ihr von der Bergstation auch über zwei Naturrodelbahnen (3,5 und 4,5 km) ins Tal hinuntergleiten. Schlitten und Bobs könnt ihr an der Talstation ausleihen.

Mit der Kutsche und dem Pferdeschlitten in und um Oberstdorf unterwegs

87561 Oberstdorf. www.oberstdorf.de. **Bahn/Bus:** ↗ Info & Verkehr Oberstdorf.

▶ In Oberstdorf gibt es mehrere Unternehmen, die Rundfahrten mit der Pferdekutsche durch den Ort und Ausflugsfahrten ins Oytal zum ↗ *Oytalhaus,* nach *Spielmannsau* oder zum *Christlessee* anbieten. Bei entsprechenden Schneeverhältnissen wird im Winter mit dem Pferdeschlitten gefahren.

Lohnkutscherei Blattner: Oberstdorfer Käsladen, Oststraße 37, ✆ 08322/9879056, www.lohnkutscherei-blattner.de.

Ponyhof Boxler: Am Dummelsmoos 37, ✆ 08322/96210, www.landhaus-boxler.de/stellwagen-schlittenfahrten.

Wilhelm Kreittner: Fischerstraße 8, ✆ 08322/3533, www.kutscher-willi.de.

Otmar Schuster: Hochstiftstraße 1, ✆ 0171/3623415, www.lohnkutscherei-schuster.de.

Hans Dornach: Oberstdorf-Tiefenbach, Oibweg 15, ✆ 08322/5477, www.schlittenfahrten-dornach.de.

Rodeln im Sommer

Alpsee Bergwelt & Alpsee Coaster

Ratholz 24, 87509 Immenstadt. ✆ 08323/252, www.alpsee-bergwelt.de. **Bahn/Bus:** Von Immenstadt Bhf Bus 39 bis Ratholz, Alpsee Bergwelt. **Auto:** B308 von Immenstadt Richtung Oberstaufen bis Parkplatz Talstation. **Zeiten:** Sesselbahn Ende Nov – 24. Dez geschlossen, Jan – April nur Sa, So, während der Faschings- und Osterferien täglich 9 – 16.30 oder 19 Uhr, Mai – Okt täglich ab 9 Uhr, Coaster und Abenteuer Alpe ab 10 Uhr, Termine zum Nachtrodeln (Sommer und Winter) ↗ Webseite. **Preise:** Sesselbahn Berg- oder Talfahrt 7 €, Berg- & Talfahrt 12,50 € (Abfahrt wahlweise mit Alpsee Coaster), nur Alpsee Coaster Abfahrt 7 €; Kinder 6 – 13 Jahre, Sesselbahn Berg- oder Talfahrt 6 €, Berg- und Talfahrt 10,50 € (Abfahrt wahlweise mit Alpsee Coaster), nur Alpsee Coaster Abfahrt 6 €.

▶ Der Berg, an dem die Alpsee Bergwelt liegt, heißt *Eckhalde* und ist an sich nicht besonders aufregend. Aber der große Parkplatz am Fuß des Berges lässt schon

Alles wird selbst getestet – und wer sagt, dass nur Kinder gern rodeln?
© pmv, Kettl-Römer

erahnen, dass hier einiges geboten wird: Neben der Gaststätte **Rodelwirt** liegt die Talstation einer 2er-Sesselbahn, mit der ihr auf 1100 m Höhe hinaufschweben könnt. Wer lieber zu Fuß geht, kann das in etwa 45 Minuten auf einem geteerten Weg tun. Oben bieten sich einige Wege zum **Wandern** an, vor allem aber locken der ↗ **Kletterwald Bärenfalle**, die gleichnamige Berghütte, der **Bergspielplatz Abenteuer-Alpe** mit vielen Tieren, Schaukeln und Klettergeräten (gegen Eintritt) und natürlich der **Alpsee Coaster.** Der Coaster ist mit fast 3 km Länge Deutschlands längste Ganzjahres-Rodelbahn, auf der ihr über viele Kurven etliche Minuten lang talwärts sausen könnt. Das macht nicht nur Kindern richtig viel Spaß!

🦋 **Bergspielplatz Abenteuer-Alpe,** www.abenteuer-alpe.de.

Diese Rodelbahn fährt sogar bergauf!

Allgäu Coaster am Söllereck, Kornau-Wanne 8, 87561 Oberstdorf-Kornau. ℡ 08322/98756, www.ok-bergbahnen.com/erlebnis-spass/allgaeu-coaster. **Altersempfehlung:** ab 4 Jahre. **Bahn/Bus:** Von Oberstdorf Busbhf Bus 1 Richtung Kleinwalsertal bis Söllereckbahn. **Auto:** Von Oberstdorf über Walserstraße und B19 bis Parkplatz Söllereckbahn. **Zeiten:** Weihnachtsferien – März 10 – 16.30 Uhr, bayerische Osterferien sowie Mai – Anfang Nov 10 – 18 Uhr. **Preise:** 6 €, 3er-Karte 16 €,

Hunger & Durst

Alpe Obere Kalle, Immenstadt. ✆ 08325/ 487 (Hütte). www.obere-kalle.de. Mai – Okt, Mo Ruhetag (außer in den bayerischen Schulferien), im Winter Fr – So. Die zusätzlichen 20 Min Aufstieg bis zu dieser Alpe lohnen sich: Hier gibt es in wunderschöner Umgebung hausgemachte Suppen und Brotzeiten aus regionalen Produkten. Übernachtungen sind auch möglich.

5+-Karte (5 x zahlen, 6 x fahren) 30 €; Kinder 3 – 4 Jahre in Begleitung eines Erw frei, 5 – 16 Jahre 5 €, 3er-Karte 12,50 €, 5+-Karte 25 €.

▶ Die kleine Ganzjahresrodelbahn an der Talstation der ⬈ *Söllereckbahn* ist zwar nur 850 m lang. Mit ihren vielen Kurven und nicht zu starkem Gefälle (trotzdem könnt ihr bis zu 40 km/h schnell werden) macht sie aber richtig Spaß. Ihr überquert im Bob sogar die Bundesstraße! Wenn ihr ganz unten angekommen seid, bleibt ihr einfach sitzen und lasst euch gemütlich wieder nach oben ziehen. Und noch etwas ist hier besonders: Ihr könnt auch bei Regen rodeln – gut geschützt unter einer Plexiglashaube.

Klettertraining für alle

Für schwindelfreie Klettermaxe

Kletterwald Bärenfalle, Ratholz 24, 87509 Immenstadt. ✆ 08323/968050 (Mo – Fr), www.kletterwald-baerenfalle.de **Altersempfehlung:** 3- bis 5-Jährige auf Parcours Kleiner Bär nur mit Begleitung durch die Eltern. 6- bis 13-Jährige brauchen einen Erwachsenen, der mitklettert, ab 14 dürft ihr allein klettern. **Bahn/Bus:** Von Immenstadt Bhf Bus 39 bis Ratholz, Alpsee Bergwelt. **Auto:** B308 von Immenstadt aus Richtung Oberstaufen bis Parkplatz an der Talstation der Alpsee Bergwelt, Aufstieg 45 Min zu Fuß oder Fahrt mit der Sesselbahn bis zur Bergstation. **Zeiten:** Anfang – Mitte April Sa, So 10 – 16.30 Uhr, Mitte April – Anfang Nov täglich ab 10 Uhr, Juni – Sep ab 9 Uhr; wegen Abendschließung und Öffnung bei zweifelhafter Witterung auf Webseite nachsehen. **Preise:** ab 14 Jahre 23,50 €, Kombikarte Sesselbahn Bergfahrt, Kletterwald und Alpsee Coaster oder Sesselbahn Talfahrt 32,50 €; Kinder 3 – 5 Jahre 6 € (1,5 Std), 6 – 13 Jahre 18,50 €, Kombikarte Sesselbahn Bergfahrt und Kletterwald und Alpsee Coaster oder Sesselbahn Talfahrt 26,50 €.

▶ Die Bärenfalle ist nicht nur Bayerns größter Hochseilgarten, sondern nach Ansicht meiner Kinder auch der tollste: Schon die Lage in der *Alpsee Bergwelt* auf 1150 m Höhe inmitten über 100 Jahre alter Bäume ist einmalig. Aber auch die Parcours sind sehr abwechslungsreich und fantasievoll. Den Parcours *Kleiner Bär* in 1 m Höhe dürfen die Kleinsten probieren. Das absolute Highlight ist der *Flying Fox:* Hier flitzt ihr über 7 Seilbahnen, die bis zu 20 m hoch und 100 m lang sind, durch die Bäume und schließlich wieder zum Boden hinunter.

In der Bärenfalle klettern meine Kinder am liebsten!
© Kletterwald Bärenfalle

Luftiges Klettertraining auf dem Alpsee Skytrail

Seestraße 10, 87509 Immenstadt-Bühl. ℂ 08323/ 998877, www.alpseeskytrail.de. **Bahn/Bus:** Von Immenstadt Busbhf Bus 39 bis Bühl, B308, von dort 5 Min zu Fuß. **Auto:** B308 bis Bühl, dann Beschilderung folgen bis AlpSeeHaus. **Zeiten:** Mai – Okt 10 – 18 Uhr, Okt – April Do – So 10 – 16 Uhr, kurzfristige Änderungen werden auf der Webseite bekannt gegeben. **Preise:** ab 1,20 m Körpergröße 9,50 €; Kinder 3 – 6 Jahre bis 1,20 m 4 € im Kiddy-Parcours (nur in Begleitung eines Erw).

Wer noch nicht 1,20 m groß ist, probiert erst einmal den Kiddy Parcours mit 80 cm Höhe.

▶ Wer sich in den Bergen sicher bewegen will, muss trittsicher, körperlich geschickt und schwindelfrei sein. Damit ihr diese Fähigkeiten trainieren könnt, wurde der *Skytrail* neben dem *AlpSeeHaus* gebaut. Auf einem Klettergerüst könnt ihr hier über drei Ebenen und 42 unterschiedliche Elemente bis auf 11 m Höhe hinaufsteigen. Praktisch ist, dass ihr, anders als bei einem normalen Kletterwald, keine Karabiner ein- und aushaken müsst, sondern mit eurem einmal befestigten Sicherungsseil alle Elemente und Ebenen durchklettern könnt.

Dieser Hochseilgarten ist der Höchste!

Kletterwald Söllereck, Söllereck, 87561 Oberstdorf. ✆ 08322/987574, **Altersempfehlung:** ab 5 Jahre. **Bahn/Bus:** Von Oberstdorf Busbhf Bus 1 Richtung Kleinwalsertal bis ↗ Söllereckbahn, weiter zu Fuß ca. 1 Std. **Auto:** Von Oberstdorf über Walser Straße und B19 bis Parkplatz ↗ Söllereckbahn. **Zeiten:** Osterferien 10 – 16.30, Mitte Mai – Anfang Nov 10 – 17 Uhr (Änderungen je nach Wetter). **Preise:** 3 Std 24,50 €, mit Berg- und Talfahrt 29 €; Kinder bis 5 Jahre 15 €, 6 – 16 Jahre 3 Std 19 €, mit Berg- und Talfahrt 22 €; mit AllgäuWalserCard oder Behindertenausweis Erw 23 €, Kinder 14 bzw. 17,50 €, Ermäßigung für Gruppen ab 20 Pers. **Infos:** Geführte Tour für Kinder 5 – 7 Jahre mit einem Trainer auf Parcours 1 und 2, Dauer 30 Min, inkl. Eintritt 25 €, für Kinder 8 – 14 Jahre auf Parcours 1 – 6, Dauer 60 Min, inkl. Eintritt 30 €.

▶ Dieser Hochseilgarten ist tatsächlich sehr hoch, nämlich der am höchsten gelegene in ganz Deutschland: auf 1400 m. Er bietet 8 Parcours mit jeweils 7 – 10 Elementen, von denen zwei schon für 5-Jährige, drei ab 8, zwei ab 10 und zwei erst ab 14 Jahre begehbar sind. Parcours 1 und 2 haben ein besonderes Sicherungssystem, bei dem ihr das Seil nicht an jedem Element umhängen müsst. Besonders lustig für die Größeren ist ein Schlitten auf dem Seil, mit dem ihr durch die Luft von einem Baum zum anderen rodelt!

Wintersport & -spaß

Die Rodelbahnen am Imberger Horn

Ostrachstraße 20, 87541 Bad Hindelang. ✆ 08324/ 2404, www.hornbahn-hindelang.de. **Auto:** Vom Ortszentrum Bad Hindelang sind es ca. 10 Min zu Fuß zur Talstation der Hornbahn. **Zeiten:** 9 – 16 Uhr (witterungsbedingte Änderungen möglich). **Preise:** Halbtageskarte 20 €, Tageskarte 24 €, Leihgebühr Rodel 5 €, Sport-

Rodel 12 €; Kinder 7 – 16 Jahre Halbtageskarte 14 €, Tageskarte 18 €; Familie (2 Erw, 1 Kind) Halbtageskarte 45 €, jedes weitere Kind 7 €, Tageskarte 55 €, jedes weitere Kind 9 €. **Infos:** Schlittenverleih 5 €.

▶ Ab der Bergstation der  *Hornbahn Hindelang* habt ihr die Wahl aus drei langen, gut gespurten Bahnen, die ihr mit dem Rodel hinuntersausen könnt. Sie sind gut gesichert und für Rodler reserviert. Ihr könnt eure eigenen Rodel mit der Bahn hinaufnehmen oder vor Ort welche ausleihen.

Ihr könnt auch ohne Bergbahnfahrt rodeln: Vom Parkplatz bei Bad Oberdorf führt ein Winterwanderweg entlang der *Roten Rodelbahn* hinauf zur Bergstation. Es geht knapp 2 Std bergauf und dann eine Viertelstunde rasant wieder hinunter.

Ski- und Wintersportgebiet Oberjoch und Unterjoch

Bergbahnen Hindelang-Oberjoch AG, Passstraße 44, 87541 Bad Hindelang-Oberjoch. ℂ 08324/933990, www.bergbahnen-hindelang-oberjoch.de. **Bahn/Bus:** Info & Verkehr. **Auto:** Von Bad Hindelang über die B310 und den Jochpass bis Oberjoch, dann Beschilderung folgen. **Zeiten:** 8.30 – 16.15 Uhr. **Preise:** Tageskarte 39 €, Halbtageskarte 30 €, 3 Std 27,50 €; Kinder bis 16 Jahre Tageskarte 19,50 €, Halbtageskarte 15 €; Familien-Tageskarte (1 Erw, 1 Kind) 53 €, (1 Erw, 2 oder mehr Kinder) 67 €, (2 Erw, 1 Kind) 92 €, (2 Erw, 2 oder mehr Kinder) 106 €.

▶ Das **Skigebiet Oberjoch** ist für Familien ideal: Hier gibt es auf insgesamt 32 km überwiegend blaue und rote Pisten bei relativ hoher Schneesicherheit (es wird auch beschneit). Vier Sesselbahnen und ein Schlepplift erschließen das Gebiet.

In der Gästekarte **Bad Hindelang Plus** ist der Skipass für das Skigebiet Unterjoch/Oberjoch enthalten, ebenso wie der Skibus in die beiden Orte. Es lohnt sich also, vor der Buchung beim Gastgeber danach zu fragen!

Schwierigkeitsstufen beim Skifahren

Rodelbahn Gelb: 3400 m lang plus 200 m zu Fuß bis zur Talstation, durchschnittliches Gefälle 14,5 %, max. 25 %.

Rodelbahn Blau: beschneit, 3000 m lang plus 700 m zu Fuß bis zur Talstation, durchschnittliches Gefälle 16,5 %, max. 25 %.

Rodelbahn Rot: 3000 m lang plus 2000 m zu Fuß bis zur Talstation, durchschnittliches Gefälle 16,5 %, max. 28 %.

18 ☃ **Skigebiet Spieser-**
lifte Unterjoch,
Obergschwend 3, Bad
Hindelang-Unterjoch.
✆ 08324/7181.
www.spieserlifte.de.
8.45 – 16.15 Uhr. Ta-
geskarte Erw 26 €, Kin-
der 16 €.

Im benachbarten **Skigebiet Unterjoch** sind bei Kindern und Anfängern besonders die *Spieserlifte* beliebt. Es gibt auch Kinder-Funparks und mehrere
Übungslifte. Wer nicht nur Ski alpin fahren möchte,
findet schöne Langlaufloipen, viele geräumte Win-
terwanderwege und drei Rodelstrecken an der
↗ *Hornbahn Hindelang.*

Schlittschuhlaufen bei den Profis

Eissportzentrum Oberstdorf, Roßbichlstraße 2 – 6,
87561 Oberstdorf. ✆ 08322/700-5150, www.eissport-
zentrum-oberstdorf.de. **Lage:** 900 m zu Fuß vom Oberstdorf Haus über Ludwigstraße und Mühlenweg. **Zeiten:**
Mitte Mai – Anfang Nov und Mitte Dez – Mitte März
9.30 – 16.30 Uhr, Publikumslauf 10.30 – 12 und
14.30 – 16.30 Uhr. **Preise:** Stadionbesuch zum Zusehen
2,50 €, Publikumslauf 4,50 €, Schlittschuhe leihen
4,50 €; Kinder bis 15 Jahre Stadionbesuch 2 €, Publikumslauf 3,50 €, Schlittschuhe 4,50 €; Publikumslauf
Familie (ab 4 Pers) 13,50 €.

Die Publikums-
zeiten sind je nach
Trainingsbetrieb und
Events unterschiedlich
und dem Aushang an der
Halle oder der Webseite
zu entnehmen.

▶ In Oberstdorf ist auch das Eisstadion etwas größer
und toller als anderswo: In drei Hallen könnt ihr hier
selbst eislaufen, Eisstockschießen ausprobieren oder
den Eislaufprofis beim Training zuschauen. Oder ihr
besucht ein Eishockeyspiel oder eine der Eisshows.

Wo die Skier Flügel bekommen

Schattenbergschanze, Oberstdorf. www.audiarena.de.
Zeiten: Mai – Mitte Sep 10 – 18 Uhr, Mitte Sep – April
10 – 17 Uhr, Mitte Nov – Mitte Dez wegen Revision geschlossen. **Preise:** Erw 7 €, mit Führung 12 €, Kinder 6 –
17 Jahre 3,50 €, mit Führung 8,50 €. **Infos:** Für die FIS
Nordischen Ski Weltmeisterschaften 2021 werden die
Sportanlagen unterhalb des Schattenbergs umgebaut
und saniert. Mit einer Führung ist die Besichtigung des
Stadions besonders interessant, ↗ Webseite.

Heinrich (Heini)
Klopfer (1918 –
1968) war ein erfolgrei-
cher Skispringer und Ar-
chitekt. Die Schanze wur-
de nach seinen Entwürfen
aus Holz gebaut und er
selbst machte dort den
ersten Sprung.

Heini-Klopfer-Skiflugschanze, Zimmeroy 1, 87561
Oberstdorf. ✆ 08322/700-5201, www.skiflugschanze-

oberstdorf.de. **Bahn/Bus:** Von Oberstdorf Busbhf Bus 9762 bis Skiflugschanze. **Auto:** ↗ Oberstdorf, über Birgsauer Straße bis zum Parkplatz an der Schanze. **Zeiten:** April – Okt 9.30 – 17.30 Uhr, Nov – März 9.30 – 16.30 Uhr. **Preise:** 12 €, Führung zusätzlich 5 €; Kinder 6 – 17 Jahre 9 €, Führung 7 €; Familie (2 Erw mit eigenen Kindern/Enkel bis 17 Jahre) 24 €.

Infos: Mo und Do 14 Uhr offene Führung (telefonische Anmeldung am Vortag erforderlich unter 700-5204).

▶ Sie ist die einzige Skiflugschanze Deutschlands und eine der größten weltweit. Wegen ihrer frei schwebenden Konstruktion aus Beton (1973) gilt sie als architektonische Meisterleistung und liegt noch dazu wunderschön im *Stillachtal.* 2016/17 wurde die **Heini-Klopfer-Schanze** komplett saniert und hat seitdem einen Panorama-Schrägaufzug, mit dem ihr zum Anlaufturm der Schanze fahren könnt. Von da aus geht es mit einem Aufzug im Inneren der Schanze noch weiter hinauf auf die **Aussichtsplattform.** Von dort oben habt ihr einen tollen Blick auf das Tal, die Berge und den Freibergsee – und natürlich auf die Strecke, welche die Skiflieger befahren bzw. überfliegen. Ihr seid ja hoffentlich schwindelfrei, oder?

Der Schwung kommt von ganz allein: Auf der Übungssprungschanze
© pmv, Kettl-Römer

Bahnen & Seilbahnen

Zum Riezler Alpsee hinaufschweben

Kanzelwandbahn, Walserstraße 77, 6991 Riezlern. ☏ 05517/5274-0, www.ok-bergbahnen.com/bergbahnen/kanzelwandbahn. **Kinderwagen geeignet:** ja. **Bahn/Bus:** Von Oberstdorf Busbhf Bus 1 bis Kanzelwandbahn. **Auto:** Von Oberstdorf über B19 bis zur Gren-

HANDWERK, TECHNIK & GESCHICHTE

IMMENSTADT & OBERALLGÄU

Nasse Füße garantiert: Wasserspiele am Burmiwasserpfad
© pmv, Kettl-Römer

Berg- und Talstation der Kanzelwandbahn liegen im Kleinwalsertal und damit bereits in Österreich – nur, dass das Tal ausschließlich über Deutschland zu erreichen ist! Deswegen arbeiten auch die Bergbahnen eng zusammen: Sie haben eine gemeinsame Webseite und die 2-Länder-Tageskarte.

ze, dann weiter auf B201 bis Riezlern; Beschilderung zur Kanzelwandbahn. **Zeiten:** Ende Mai – Jun 9 – 16.15 Uhr, Juli – Anfang Nov 8.30 – 16.45 Uhr. **Preise:** Bergfahrt 23 €, Talfahrt 17,50 €; Kinder 6 – 15 Jahre Bergfahrt 8,50 €, Talfahrt 6,50 €, im Sommer zahlt nur das 1. Kind der Familie, alle weiteren fahren in Begleitung der Eltern kostenlos; 2-Länder-Tageskarte (mehrmalige Nutzung der Fellhorn- und Kanzelwandbahn an einem Tag) Erw 29,50 €, Kinder 11 €. **Infos:** Hunde müssen in der Fellhornbahn einen Maulkorb tragen, den ihr vor Ort kaufen könnt.

▶ Die Kanzelwandbahn ist, ähnlich wie die ↗ *Fellhornbahn,* eine Kabinenbahn (allerdings mit 6er-Kabinen), die von Riezlern hinauf zur Bergstation auf 1957 m Höhe fährt. Oben liegt ein **Panoramarestaurant** mit einem schönen Spielplatz.

Unterhalb des Spielplatzes beginnt der für Kinder angelegte, etwa 700 m lange **Burmiwasserpfad,** der zum Riezler Alpsee führt. Auf diesem Weg könnt ihr an verschiedenen Stationen mit Leitungen, Schleusen und Wasserrädern ausgiebig experimentieren und herumpritscheln. In der hochalpinen Umgebung ist das ein einzigartiges Erlebnis!

Bayerns längste Doppel-Sesselbahn

Mittagbahn, Mittagstraße 30, 87509 Immenstadt. ☎ 08323/6149, www.mittagbahn.de. **Bahn/Bus:** Von Immenstadt Bhf 15 Min Fußweg (beschildert) bis zur Talstation. **Auto:** Von der B19 Ausfahrt Immenstadt-Süd, dann der Beschilderung Mittagbahn folgen. **Zeiten:** Mai – Nov 8 – 17 Uhr, Dez – April 9 – 16 Uhr. **Preise:** bis Mittelstation Bergfahrt 7 €, Talfahrt 6 €, Berg- & Talfahrt 12 €; bis

Bergstation Bergfahrt 12 €, Talfahrt 10 €, Berg- & Talfahrt 16 € (auch Kombinationen möglich); Kinder 6 – 15 Jahre bis Mittelstation Berg- oder Talfahrt 4 €, Berg- & Talfahrt 7 €; bis Bergstation Berg- oder Talfahrt 7 €, Berg- & Talfahrt 11 €; Familienkarte (Eltern mit eigenen Kindern 6 – 15 Jahre) bis Bergstation Bergfahrt 33 €, Talfahrt 29 €, Berg- & Talfahrt 40 €. **Infos:** Im Winter Rodelverleih an der Talstation.

▶ Der *Mittag* ist der Hausberg von Immenstadt und zudem der östlichste Startpunkt in den *Naturpark Nagelfluhkette*. Von ihm aus könnt ihr mehrere Grat- und Höhenwanderungen mit weitem Panoramablick in die Alpen machen. Die **Mittagbahn** ist Bayerns längste Doppelsesselbahn. Mit ihr fahrt ihr bequem bis zur Bergstation auf 1451 m Höhe. Einkehren könnt ihr dort oben beim *Gipfelwirt*.

Im **Winter** könnt ihr als geübte Fahrer am Mittag Ski fahren oder den geräumten Winterwanderweg zum *Bärenköpfe* gehen. Richtig toll ist die über 5 km lange Rodelbahn, die von der Bergstation über die Mittelstation bis hinunter nach Immenstadt führt.

Hörnerbahn & Monster-Dreirad

Hörnerbahn Bolsterlang, Hörnerstraße 12, 87538 Bolsterlang. ✆ 08326/9091, www.hoernerbahn.de. **Kinderwagen geeignet:** ja. **Bahn/Bus:** Von Sonthofen Bhf Bus 47, von Oberstdorf Busbhf Bus 44 bis Hörnerbahn Bolsterlang. **Auto:** Von Norden kommend auf B19 bis Fischen, im Zentrum rechts abbiegen in Besler Straße, dann Beschilderung Bolsterlang und Hörnerbahn folgen. **Zeiten:** 8.30 – 16.30 Uhr, Juli, Aug bis 17 Uhr, Winter 8.30 – 16 Uhr. **Preise:** Mai – Nov Bergfahrt 16 €, Talfahrt 12 €, Berg- & Talfahrt 20,50 €; Kinder 6 – 17 Jahre Bergfahrt 8,50 €, Talfahrt 7,50 €, Berg- und Talfahrt 11 €. Wintersaison Dez – Ostern Tageskarte Erw 17 €; Familienkarte beide Eltern mit 1 Kind 5 – 17 Jahre Bergfahrt 38 €, Berg- und Talfahrt 49 €, 1 Elternteil mit Kind Bergfahrt 29,50 €, jedes weitere eigene Kind gratis; ermäßigte Tarife für Senioren, Einheimische, Schwerbehinderte,

Hunger & Durst

Rasthaus am Mittag, Steigbachtal 1a, Immenstadt. ✆ 08323/8790. www.rasthaus-am-mittag.de. Geöffnet wie Mittagbahn. Urige Stube mit Kachelofen, Sonnenterrasse auf 1100 m Höhe, großer Spielplatz.

Der Mittagberg heißt so, weil von Immenstadt aus gesehen die Sonne mittags genau über ihm steht.

Im Winter ist hier ein familienfreundliches **Skigebiet** mit 6 Liften und 13 Abfahrten (darunter 5 leichte) sowie 3 Skischulen. Für Snowboarder und Freerider gibt es einen eigenen Snowpark, Winterwanderer finden einen 7 km langen, geräumten Weg auf 1500 m Höhe vor.

mit AllgäuWalserCard oder gültigem Busticket sowie im Winter für Fußgänger. Verbundkarte für Hörnerbahn und Ofterschwang. Ab 14 Uhr **Kaffeefahrt** Berg & Tal Erw 18 €, Kinder 9,50 € mit Kaffee und Kuchen bzw. Limo und Eis. **Infos:** Hunde in der Bahn 2 €, Fahrräder 5 €. Mountaincart inkl. Helm 17,50 €, Kinder 12,50 €, plus 3 € für den Overall.

▶ Die gelben Gondeln der Hörnerbahn bringen euch in wenigen Minuten 600 m weit hinauf zum *Bolster-langer Horn,* wo die Bergstation auf 1540 m Höhe liegt. Von hier aus kann man prima wandern und in einer von 8 Hütten einkehren oder auch nur in *Hörnis Nest* in der Sonne sitzen, in die Berge schauen und etwas futtern. Nachwuchs-Rennfahrer, die schon 1,40 m groß sind, können von der Bergstation mit dem **Mountaincart** ins Tal hinuntersausen: Das ist ein besonders stabiles Gokart, das wie ein tiefer gelegtes Dreirad mit Monsterreifen aussieht. Ihr liegt fast darin, habt keine Pedale, nur Bremsen und dann geht's ab – natürlich nur mit Helm, festen Schuhen und möglichst mit Schutzoverall. Das macht viel Spaß!

Spielen mit Panoramablick auf dem Oberen Horn

Hornbahn Hindelang, Ostrachstraße 20, 87541 Bad Hindelang. ✆ 08324/2404, www.hornbahn-hindelang.de. **Lage:** 10 Min zu Fuß vom Ortszentrum Bad Hindelang zur Talstation. **Bahn/Bus:** ↗ Info & Verkehr Bad Hindelang. **Zeiten:** erste Bergfahrt 9 Uhr, letzte Talfahrt 16.30 Uhr, im Juli und Aug 17 Uhr. **Preise:** Berg- oder Talfahrt 11 €, Berg- und Talfahrt 16 €; Kinder 7 – 16 Jahre Berg- oder Talfahrt 6 €, Berg- und Talfahrt 8,50 €; Familienkarte Berg- oder Talfahrt (1 Erw, 1 Kind) 13,50 €, (2 Erw, 1 Kind) 24 €, jedes weitere Kind 3 €; Familienkarte Berg- und Talfahrt (1 Erw, 1 Kind) 18,50 €, (2 Erw, 1 Kind) 35 €, jedes weitere Kind 4 €.

▶ In den blauen 8er-Panoramagondeln der Hornbahn schwebt ihr flugs bis zur Bergstation auf 1320 m Höhe über dem Meer. Dort oben können eure Eltern im **Berggasthaus** den Panoramablick auf das *Ostrachtal* und eine Tasse Kaffee genießen, während ihr euch auf dem großen Spielplatz vergnügt. Oder ihr unternehmt eine kleine **Wanderung** auf einem der vielen Wege, sei es hinunter zur Talstation oder als Rundwanderung, die euch zurück zur Bergstation bringt. Im Winter bieten die ↗ *Rodelbahnen* am *Imberger Horn* viel Vergnügen.

Mit der Fellhornbahn zu Kühen und Bergziegen

Faistenoy 10, 87561 Oberstdorf. ℂ 08322/9600-0, www.ok-bergbahnen.com/bergbahnen/fellhornbahn. **Bahn/Bus:** Von Oberstdorf Busbhf Bus 9762 bis Fellhornbahn. **Auto:** Von Oberstdorf über Birgsauer Straße bis Parkplatz Fellhornbahn. **Zeiten:** Mitte Mai – Anfang Nov 8.30 – 16.30 Uhr. **Preise:** Bergfahrt 23 €, Talfahrt 17,50 €; Kinder 6 – 15 Jahre Bergfahrt 8,50 €, Talfahrt 6,50 €, im Sommer zahlt nur das 1. Kind der Familie, alle weiteren in Begleitung der Eltern kostenlos; 2-Länder-Tageskarte (mehrmalige Nutzung der Fellhorn- und Kanzelwandbahn an einem Tag) Erw 29,50 €, Kinder 11 €. **Infos:** Hunde müssen in der Fellhornbahn einen Maulkorb tragen, den ihr vor Ort kaufen könnt.

▶ Die Fellhornbahn führt als große Kabinenbahn über die Mittelstation *Schlappoldsee* bis hinauf auf 1967 m Höhe zur Gipfelstation, an der natürlich auch ein **Gipfelrestaurant** liegt. Direkt gegenüber der großen Sonnenterrasse ist ein großer Spielplatz mit einer 26 m langen Riesentunnelrutsche, Klettergerüsten, Seilzirkus und großer Tellerschaukel.

Vom Fellhorn aus kann man prima **wandern**, zum Beispiel über den *2-Länder-Panorama-Rundweg* bis zur Bergstation der ↗ *Kanzelwandbahn* und zurück. Das ist im Juni besonders schön, wenn rundum die Alpenrosen blühen. Wenn ihr nicht ganz so hoch hinauf wollt, könnt ihr von der Mittelstation zur **Alpe Schlappold** gehen, das ist immerhin die höchst gele-

Zum Oberen Horn, Bad Hindelang. ℂ 08324/651. www.zum-oberen-horn.de. Geöffnet wie Hornbahn. Einfache, nette Gaststätte mit schönem Panorama und deftigen Gerichten.

Alpe Schlappold, Oberstdorf. 0151 16584673. www.alpe-schlappold.de. Mitte Mai – Ende Okt. Gute Brotzeiten mit Käse aus eigener Produktion im Kinder- und Tierparadies.

gene Sennalpe Deutschlands. Auf ihr wohnen nicht nur Kühe, sondern auch Bergschweine, Ziegen, Hasen und Hühner. Sie ist daher ein echtes Kinderlieblingsziel.

Freie Sicht vom Nebelhorn!

Nebelhornbahn, Nebelhornstraße 67, 87561 Oberstdorf. ✆ 08322/9600-0, www.ok-bergbahnen.com. **Lage:** von Oberstdorf Zentrum ca. 5 Min zu Fuß, Beschilderung folgen. **Bahn/Bus:** ↗ Info & Verkehr Oberstdorf. **Auto:** Beschilderung zum Parkplatz Nebelhornbahn folgen; die Parkgebühr wird bei Nutzung der Bahn erstattet. **Zeiten:** Ende Mai – Anfang Nov 8.30 – 16.30 Uhr. **Preise:** Berg- und Talfahrt bis zur Gipfelstation 37 € (2019); Kinder 6 – 15 Jahre Berg- und Talfahrt bis zur Gipfelstation 17,50 €; bei Familien zahlt nur das 1. Kind, alle anderen bis 18 Jahre sind frei. **Info:** Die Nebelhornbahn wird 2020 modernisiert und zur Sommersaison 2021 neu eröffnet. Zum Erlebnisweg Uff d'r Alp gelangt ihr zu Fuß in 1 – 1,5 Stunden.

Das Nebelhorn ist bis April ein beliebtes Skigebiet. Es gilt als das schneesicherste im ganzen Allgäu und bietet 13 km Piste für geübte Fahrer.

▶ Die Nebelhornbahn ist wahrscheinlich die bekannteste aller Bergbahnen im Allgäu und auch die älteste. Sie wurde nämlich schon 1930 eingeweiht! Sie ist fast 6 km lang und führt über zwei Zwischenstationen – die *Seealpe* und die Mittelstation *Höfatsblick* – bis zur Gipfelstation auf 2220 m Höhe. Von dort aus habt ihr bei gutem Wetter freien Blick auf rund 400 Berggipfel in den Allgäuer Hochalpen. Das Gipfelrestaurant wurde 2016 komplett neu gebaut. Auch der **Nordwandsteig** ist neu und führt entlang der Nebelhorn Nordwand um den Gipfel herum. Die Tief- und Weitblicke sind beeindruckend. Traut ihr euch, den Steig zu begehen?

Hunger & Durst

Gipfelrestaurant Nebelhorn 2224, Gipfelstation Nebelhorn, Oberstdorf. ✆ 08322/96001722. Täglich 8 – 16 Uhr. Allgäuer Küche von süß bis deftig.

An der Station Höfatsblick gibt es auch ein Restaurant und einen großen Spielplatz. Für Familien besonders empfehlenswert ist der Ausstieg an der Station Seealpe, denn dort lädt der fast 3 km lange **Erlebnisweg Uff d'r Alp** zum Entdecken, Ausprobieren und Spielen ein.

Per Bahn auf den Familienberg Söllereck

Söllereckbahn, Kornau-Wanne 8, 87561 Oberstdorf-Kornau. ✆ 08322/98756, 987580. www.ok-bergbahnen.com. **Bahn/Bus:** Von Oberstdorf Busbhf Bus 1 Richtung Kleinwalsertal bis Söllereckbahn. **Auto:** Von Oberstdorf über Walserstraße und B19 bis P Söllereckbahn. **Zeiten:** Mitte Mai – Anfang Nov 9 – 17 Uhr. **Preise:** Sommer Berg- oder Talfahrt 14,50 €, Berg- und Talfahrt 18 €; Kinder 6 – 15 Jahre Berg- oder Talfahrt 7 €, Berg- und Talfahrt 9 €; bei Familien zahlt nur das 1. Kind, alle anderen bis 18 Jahre sind frei. **Infos:** Die Söllereckbahn wird 2020 modernisiert; die Wiedereröffnung ist für Dez 2020 geplant. Allgäu-Coaster und Kletterwald bleiben geöffnet.

▶ Das Söllereck begrüßt euch mit dem Zusatz *der Familienberg,* und das ist er wirklich: Gleich an der **Talstation** der Bergbahn locken ein riesiger Spielbagger und die ↗ *Sommerrodelbahn Allgäu Coaster.* Mit der Bahn – sie gilt übrigens technisch als sehr interessant, weil es sich um eine mit über 2000 m sehr lange Einseilbahn handelt – gondelt ihr in einer Viertelstunde Fahrzeit auf rund 1400 m Höhe hinauf. An der **Bergstation** gibt es gleich zwei Einkehrmöglichkeiten, nämlich direkt an der Station das **Haus Schönblick,** gleich darüber das *Berghaus Söller.* Noch einladender sind für euch wahrscheinlich der große Spielplatz, die Bungee-Trampolins und der ↗ *Kletterwald Söllereck.* Und natürlich gibt es von der Bergstation aus viele Wanderwege. Beim Hinunterwandern macht euch bestimmt die insgesamt 200 m lange **Kugelbahn** Spaß (die Kugeln könnt ihr an der Kasse der Talstation und am Anfang der Bahn kaufen).

🦉 *Seilbahnen, Sommerrodelbahnen und Schneekanonen brauchen eine Menge Strom. Gut zu wissen, dass der Schnee am Söllereck komplett aus Wasserkraft gewonnen wird.*

Hunger & Durst

Berghaus Schönblick, Kornau-Wanne 22, Oberstdorf-Kornau. ✆ 08322/4030. www.berghaus-schoenblick.de. Alpenländische Gemütlichkeit auf 1400 m, auch Übernachtung möglich in 2- bis Mehr-Bett-Zimmern im Berghüttenstil.

Im Winter bringt euch die *Söllereckbahn* zum Skifahren hinauf auf 12 Pisten mit 3 Schruppliften. An der Talstation lädt *Söllis Winterwelt* Anfänger zum Üben ein.

(Freiluft)-Museen für Kinder

pmv Öko-Tipp!
Allgäuer Bergbauernmuseum

Allgäuer Bergbauernmuseum e.V., Museum zum Mitmachen, Be-greifen und Entschleunigen, Diepolz 44, 87509 Immenstadt-Diepolz. ✆ 08320/925929-0, www.bergbauernmuseum.de. **Kinderwagen geeignet:** ja. **Bahn/Bus:** Von Immenstadt Bhf Bus 9782 bis Diepolz. **Auto:** Von Immenstadt Zentrum Missener Straße/St2006, dann rechts abbiegen in Knottenried, Beschilderung zum Museum folgen. **Zeiten:** Palmsonntag – Anfang Nov 10 – 18 Uhr. **Preise:** 7 €; Kinder 7 – 15 Jahre 4,50 €; Familienkarte 14 €. **Infos:** Diverse Themenführungen und Workshops für Kinder- und Jugendgruppen, ↗ Webseite.

▶ In diesem großen Freilichtmuseum auf über 1000 m Höhe mit Blick auf die Nagelfluhkette wird das Leben der Bergbauern vor 200 Jahren sehr anschaulich gezeigt. Ihr könnt zum Beispiel ein 300 Jahre altes, original erhaltenes und im Stil von 1920 eingerichtetes Bauernhaus besichtigen *(Sattler-Hof)*. Dann gibt es noch den **Museumshof,** der heute noch bewirtschaftet wird. Darin sind ein *Heustock,* in dem ihr nach Herzenslust herumhüpfen dürft, und ein *Kinderkino.*

Wisst ihr, wie die Verdauung bei einer Kuh funktioniert? Im **begehbaren Kuhmagen** *könnt ihr euch ein Bild davon machen.*

Bergbauernmuseum: Hier fühlen sich auch die Schafe wohl
© pmv, Kettl-Römer

Auf dem großen **Freigelände** gibt es zusätzlich einen Bauerngarten und ein Imkerhaus zu entdecken, einen Trettraktorparcours in der Panoramatenne und die Einkehrmöglichkeit in der **Höfle-Alpe.** Nicht zu vergessen den Abenteuerspielplatz, den Waldspielplatz und natürlich die vielen Tiere, die ihr beobachten könnt: Kühe, Schweine, Schafe, Hühner. Ihr werdet staunen, wie schnell die Zeit hier vergeht!

Reise durch 650 Jahre Stadtgeschichte

Museum Hofmühle, An der Aach 14, 87509 Immenstadt. ✆ 08323/3663, www.museum-hofmuehle.de. **Bahn/ Bus:** 500 m zu Fuß vom Kirchplatz über Jahnstraße. **Auto:** Beschilderung folgen. **Zeiten:** Mi – So 14 – 17 Uhr. **Preise:** 3 €; Kinder 2 €; Familienkarte (2 Erw und Kinder) 7,50 €.

▶ Allein das Gebäude ist sehenswert, denn die **Hofmühle** war früher eine wasserbetriebene (Getreide-) Mühle. Drinnen wird auf drei Etagen die Geschichte der Stadt Immenstadt lebendig. Ihr könnt die Werkstatt eines Schmieds und eines Gerbers betreten, einen Blick in die Schlafkammer eines Bauern und in das Wohnzimmer eines Bürgers werfen, die gefährliche Arbeit der Bauern, die beim Salztransport halfen, nachvollziehen oder beliebte Industrieprodukte aus der Stadt bestaunen: etwa Strümpfe von Kunert oder die *Imme,* ein kleines Motorrad aus den 1950er-Jahren.

Mit dem Raumschiff im Nagelfluh gelandet

Expedition Nagelfluh – Erlebnisausstellung im AlpSee-Haus, 87509 Immenstadt-Bühl. ✆ 08323/998877, www.alpseehaus.de/Erlebnisausstellung. **Altersempfehlung:** ab 7 Jahre. **Bahn/Bus:** Von Immenstadt Busbhf Bus 39 bis Bühl, von dort 5 Min zu Fuß. **Auto:** B308 bis Bühl, dann Beschilderung folgen bis AlpSeeHaus. **Zeiten:** April – Okt 10 – 18 Uhr, Winter 10 – 16 Uhr. **Preise:**

 Bergkäserei Diepolz, Diepolz 1, Immenstadt. ✆ 08320/480. www.bergkaesereidiepolz.de. Mai – Okt Mo – Sa 9 – 18, So, Fei 14 – 18 Uhr, im Winter Mo – Sa 9 – 12 und 14 – 17 Uhr, So, Fei 14 – 17 Uhr. Sehr leckerer Käse aus eigener Herstellung.

Buchhandlung Lindlbauer, Marienplatz 6, Immenstadt. ✆ 08323/3612. www.genialokal.de. Mo – Fr 9 – 18, Sa bis 13 Uhr. Großzügige Buchhandlung mit gutem Kinder- und Allgäubuchangebot.

WAS IST DENN BLOSS DIESES NAGELFLUH?

▶ Vor vielen Millionen Jahren war dort, wo heute das Allgäu liegt, ein Meer. Durch die Bewegung der Erdplatten begann sich der Meeresboden zu heben und aufzufalten, wie wenn ihr eine Tischdecke mit beiden Händen zusammenschiebt. Der Boden schob sich so hoch, dass aus dem früheren Meer Berge wurden. Deswegen findet man in den Bergen heute noch versteinerte Meerestiere. Wind und Wetter lösten aus den Bergen Steine heraus, die in Flüsse geschwemmt und durch das Wasser rund geschliffen wurden. Im Laufe der großen Eiszeiten wurden diese Kiesel von den schweren Eismassen mit Kalkstein und anderen Ablagerungen zusammengepresst. Ergebnis ist ein festes Steingemisch, das Nagelfluh genannt wird. Im Allgäu sagt man auch *Herrgottsbeton* dazu.

Nagelfluh eignet sich auch zum Klettern!
© pmv, Annette Sievers

3,50 €; Kinder unter 16 Jahre nur in Begleitung Erw, Eintritt frei; ermäßigt 3 €.

▶ Stellt euch vor, ihr seid außerirdische Wissenschaftler, die in der Galaxis nach Leben suchen, und landet ausgerechnet hier im *Naturpark Nagelfluh*. Genau so ergeht es euch, wenn ihr die Erlebnisausstellung besucht: Ihr landet mit dem Raumschiff und findet eine Menge Steine, Pflanzen und Tiere, die es zu untersuchen und über die es viel zu lernen gilt. Zum Glück gibt es nicht nur Lupen, sondern auch eine Menge Computer und Bildschirme, die euch dabei unterstützen.

Die Berge, die ihr von Immenstadt aus seht, werden als **Nagelfluhkette** *bezeichnet. Sie sind ein ganz besonderer Lebensraum für Pflanzen und Tiere und deswegen als Naturpark geschützt.*

Leben ohne TV und Handy – wie es früher war

Heimatmuseum Oberstdorf, Oststraße 13, 87561 Oberstdorf. ☎ 08322/5470, 2218. www.heimatmuseum-oberstdorf.de. **Lage:** 5 Min zu Fuß von Oberstdorf Haus über Ludwigstraße. **Bahn/Bus:** ↗ Info & Verkehr

Oberstdorf. **Zeiten:** Jan – Mitte April sowie Mitte Mai – Okt Di – Sa 11 – 17 Uhr, bei Regenwetter auch So, Fei. **Preise:** 3 €; Kinder 6 – 15 Jahre 2 €. **Infos:** Führung jeden Di um 16 Uhr.

▶ Schon das Haus allein ist sehenswert: Das Heimatmuseum ist in einem alten **Bauernhaus** (1620 erbaut) untergebracht. Küche, Wohn-, Schlaf- und Webstube sind im Originalzustand erhalten und mit alten Möbeln ausgestattet – so hat eine Bauernfamilie früher gelebt und gearbeitet. In anderen Räumen wird die Geschichte des Skisports und Tourismusses in Oberstdorf gezeigt. Hier sind vor allem die alten Fotos interessant. Es gibt außerdem Vitrinen zur Tier- und Pflanzenwelt oder auch den größten echten Lederschuh der Welt zu sehen.

Feste & Märkte

Treffen mit Wichteln und Feen in der Weihnachtszeit

Erlebnis-Weihnachtsmarkt Bad Hindelang, 87541 Bad Hindelang. © 08324/93323-12, www.hindelanger-weihnachtsmarkt.de. **Lage:** Im Ortszentrum von Bad Hindelang. **Zeiten:** 1. – 2. Advent Mo – Fr 14 – 21 Uhr, Sa, So ab 10 Uhr, Eröffnungsfreitag 16 – 21.30 Uhr (nicht 2020). **Preise:** Mo – Do 5 €, Sa 8 €, Fr und So 10 €; Kinder bis 12 Jahre frei, dann Preise wie für Erw.

▶ Dieser Weihnachtsmarkt ist nicht nur richtig groß, sondern kann zu einem unvergesslichen Erlebnis für Kinder und Erwachsene werden. Neben vielen schönen Buden mit Kunsthandwerklichem und Essbarem gibt es lebende Werkstätten, eine Krippen- und eine Christbaumausstellung, in der ihr euren Lieblingsbaum wählen könnt, sowie ein Rahmenprogramm mit Musik, Tanz, Theater und Märchenstunde. Höhepunkt ist jeweils am Freitag und Sonntag um 18 Uhr der **Zauberhafte Weihnachtszug** mit 140 Figuren aus der Märchen- und Sagenwelt, mit Feen,

BÜHNE, LEINWAND & AKTIONEN

Dienstag ist Kindertag mit vielen Bastelangeboten (Teddy stopfen, Kerzen ziehen, Christbaumschmuck basteln, Plätzchen backen) und Marionettentheater.

Wichteln, Elfen, Sternen und Pippi Langstrumpf und ihren Freunden.

FESTKALENDER IMMENSTADT & OBERALLGÄU

Februar: Fasching So, **Faschingsumzug** in Bad Hindelang, Bolsterlang und Oberstdorf.
Fasching Mo, **Nachtumzug** in Immenstadt.
Fasching Di, **Faschingsumzug** in Sonthofen mit närrischem Hüttendorf.
1. So der Fastenzeit, **Egga-Spiel,** pantomimisches Fasnachtsspiel in Sonthofen, alle 3 Jahre (2022).
1. Wochenende der Fastenzeit, **Funkenfeuer** in Bad Hindelang, Hinterstein, Immenstadt, Oberstdorf, Sonthofen und anderen Gemeinden.

Juni: Ende Juni/Anfang Juli, **Volksfest Sonthofen,** 10 Tage
24. Juni, **Johannisfeuer** im Kleinwalsertal, in Oberstdorf und Balderschwang.

Juli: Anfang, Sa, **Sonthofer Stadtfest.**
Mitte, Sa, So, **Jahrmarkt der Träume,** Immenstadt

August: Aug, So, **Familienbergfest** am Söllereck.

September: **Viehscheid** in Bad Hindelang, Balderschwang, Bolsterlang, Gunzesried-Ofterschwang, Hinterstein, Immenstadt, Kleinwalsertal, Oberstdorf, Obermaiselstein und Riezlern.

November: So vor St. Martin, **Martiniritt** in Blaichach, seit 1652!

Dezember: 4. Dez, **Bärbeletreiben** in Bad Hindelang, Bolsterlang, Burgberg, Fischen, Obermaiselstein, Ofterschwang, Oberstdorf, Sonthofen.
5./6. Dez, **Klausentreiben** in Bolsterlang, Burgberg, Fischen, Gunzesried, Immenstadt, Kleinwalsertal, Obermaiselstein, Oberstdorf und Ofterschwang.
nach Weihnachten: Auftaktspringen der **Vierschanzentournee** in Oberstdorf.

Weihnachtsmärkte: 1. Advent Sa, So, in Immenstadt.
1. – 3. Advent, in Bad Hindelang.
jeden Sa im Advent, in Oberstdorf.
4. Advent, in Fischen

WANGEN & WESTALLGÄU

Biberach a.d. Riss
Memmingen
MEMMINGEN
&
UNTER-
ALLGÄU
Bad Wörishofen
Kaufbeuren
KAUFBEUREN
& MOD.
BY
Leutkirch
Ravensburg
A L L G Ä U
KEMPTEN
& UMGEBUNG
Markt-
Oberdorf
BW
WANGEN
Isny
KEMPTEN
Wangen
&
WESTALLGÄU
ROTTACH-
SEE
Rottachsee
FÜSSEN &
OSTEN
Lindau
Immenstadt
PFRONTEN
Pfronten
Füssen
Bregenz
A
IMMENSTADT
&
OBERALLGÄU
A

www.PeterMeyerVerlag.de

© pmv, Kettl-Römer

© pmv, Kettl-Römer

© pmv, Kettl-Römer

© pmv, Kettl-Römer

Gratis: Badevergnügen im Waldseebad Lindenberg | **Mutig:** Sprung-übungen im Aquaria in Oberstaufen | **Neugierig:** Sechsstreifen-Langschwanzech-se im Reptilienzoo Scheidegg | **Meditativ:** Steintürmchenbauen im Eistobel | **Erfri-schend:** Der Wasserspielplatz an den Scheidegger Wasserfällen | **Lustig:** Das Wangener Puppentheater

© pmv, Kettl-Römer   © pmv, Kettl-Römer

Das Westallgäu ist geografisch nicht so klar abzugrenzen wie die anderen Teile des Allgäus. Es umfasst Teile der Landkreise Ravensburg, Lindau und Oberallgäu und liegt teilweise in Bayern, teilweise in Baden-Württemberg. Seine Hauptorte sind Leutkirch im Allgäu, Kißlegg, Wangen und Isny.

Im Osten liegt die wilde Adelegg, ein bewaldeter Nordausläufer der Alpen mit dem höchsten Punkt am Schwarzen Grat bei 1120 m Höhe. Ansonsten ist die Landschaft lieblicher als im übrigen Allgäu, die geschindelten Häuser haben einen besonderen Charme. Die Westallgäuer legen großen Wert auf gutes Essen und regionale Produkte, weswegen die Einkehr in vielen Gasthöfen zum echten Genuss wird. Dazu passt, dass das Westallgäu als eine der sonnenreichsten Regionen Deutschlands gilt!

Meine Lieblings-Tipps fürs passende Alter:

Schon **3- bis 6-Jährige** werden sich im Wangener Puppentheater prächtig amüsieren und die Scheidegger Wasserfälle mit ihrem Wasserspielplatz lieben. Kinder zwischen **7 und 10 Jahre** kommen im Aquaria in Oberstaufen oder auch bei einer erlebnisreichen Wanderung durch den Eistobel bei Grünenbach voll auf ihre Kosten. Ab **11 Jahre** sind die Mittelalter-Stadtführung in Isny und das Glasmacherdorf Schmidsfelden so richtig interessant. Ein Höhepunkt im wahrsten Sinne ist für jede Altersgruppe der Skywalk in Scheidegg.

Erlebnis- & Naturbäder

Erlebnisbad Aquaria

Alpenstraße 5, 87534 Oberstaufen. ☎ 08386/93130, www.aquaria.de. **Bahn/Bus:** ↗ Info & Verkehr Oberstaufen, 8 Min zu Fuß, vom Bhf ausgeschildert. **Auto:** ↗ Oberstaufen, Beschilderung zu Aquaria folgen. **Rad:** es gibt eine eBike-Ladestation vor dem Bad. **Zeiten:** 9 – 22 Uhr.

WO DIE SONNE (FAST) IMMER SCHEINT

Wanderkarte Westallgäu, 1:50.000, Geo Map, 7,95 €, ISBN 978-3-9336-7198-1.

Bodensee mit Kindern erweitert euren Aktionsradius um Lindau und den ganzen deutschen Bodensee sowie das österreichische und Schweizer Ufer samt Hinterland. ISBN 978-3-89859461-5, pmv.

IM & AM WASSER

Preise: 2 Std 15 €, Tag 21 €; Kinder 6 – 15 Jahre 2 Std 8 €, Tag 11,50 €; Familien (Eltern/Großeltern mit max. 3 eigenen Kindern) 2 Std 36 €, Tag 48 €.

▶ Das Aquaria ist ein perfektes Familienbad, weil hier für alle etwas geboten wird und zwar bei jedem Wetter: Im Sommer könnt ihr es euch auf der Liegewiese bequem machen oder im Kinderbecken planschen. Eure Eltern können im Sole-Außenbecken entspannen. Ganzjährig könnt ihr drinnen im Sportbecken schwimmen, im Strömungskanal spielen, die Sprungtürme nutzen (3 und 5 m) und die 100 m lange Rutsche hinuntersausen. Das Wasser ist schön warm. Die große Saunalandschaft ist im Preis inbegriffen und kann im Beisein der Eltern mitgenutzt werden. Großes Schwimmkurs- und Gymnastik-Angebot.

Bade-Erlebniswelt Weiler

Kristinusstraße 46, 88171 Weiler. ✆ 08387/391811 (Kiosk), 391810 (Bademeister). www.weiler-tourismus.de. **Auto:** Von Scheidegg auf B308, Ausfahrt Weiler, dann rechts in Lindauer Straße und weiter in die Aloois-von-Brinz-Straße. Von hier rechts in die Bahnhofstraße und dort weiter nach rechts in die Kristinusstraße.
Zeiten: Mai – Sep 9 – 20 Uhr (bei Badewetter). **Preise:** ab 16 Jahre 3,30 €, Tageskarte 3,90 €, Dutzendkarte 27,50 €, Saisonkarte 55 €; Kinder 6 – 15 Jahre, Schüler, Studenten 1,70 €, Tageskarte 2,80 €, Dutzendkarte 16,50 €, Saisonkarte 22 €; Familie (Erw, 2 Kinder) 7,70 €, weiteres Kind 5,50 €, Schwerbehinderte wie Kinder; Abendkarte Erw ab 17 Uhr 2,20 €; 20 % Rabatt mit Allgäu-Walser-Card, Echt-Bodensee-Card und Red-Card.

▶ Beheiztes Freibad mit lustigem Wassersprühpark (teilweise überdacht), schönes 60 m langes Schwimmerbecken mit Strandeinlauf, Massagedüsen und Sprunganlage (1 m, 3 m), Kinderspielplatz mit Piratenschiff und Nestschaukel, Volleyball- und Beachvolleyballfeld, Tischtennisplatten, Slackline sowie Kiosk und Sonnenterrasse. Das Freibad ist auch deswegen sehr schön, weil ein Bach durch das Gelände fließt und es auf der großen Liegewiese Bäume gibt, die Schatten spenden.

pmv Öko-Tipp!
Naturbad Alpenfreibad

Forst 113, 88175 Scheidegg. ✆ 08381/1440, www.scheidegg.de.
Bahn/Bus: ↗ Scheidegg.
Auto: Von Scheidegg in Richtung Scheffau, ca. 1 km nach dem Ortsausgang links. **Zeiten:** Mitte Mai – Sep 9 – 19 Uhr bei Badewetter.
Preise: 3,50 €; Kinder 6 – 18 Jahre 1,50 €; Familienkarte 7,50 €.

▶ Drei besondere Vorzüge hat dieses Freibad gegenüber anderen: Zum einen ist es ein aus Quellwasser gespeistes **Naturfreibad,** zum anderen liegt es am Rande Scheideggs wie auf einer Aussichtsterrasse vor den Alpen. Außerdem hat es eine ökologische Energieversorgung mit einer Photovoltaik- und Solaranlage. Die Kleinkinderbecken mit Rutsche sind beheizt. Spielplatz, Tischtennisplatte und ein Bistro gibt es auch.

Ihr braucht euch keine Sorgen wegen Schattenplätzen zu machen, denn es gibt einen Sonnenschirmverleih.

Schwimmen, springen, spielen …

Freibad Stefanshöhe, Burgelitz 15, 88239 Wangen. ✆ 07522/1225, www.stefanshoehe.de. **Bahn/Bus:** Bus 6 von Wangen Bhf bis Freibad. **Auto:** Friedrich-Ebert-Straße, dann Leutkircher Straße, am Kreisel 3. Ausfahrt und danach rechts halten. **Zeiten:** Ende Mai – Sep Mo – Fr 7 – 20.30, Sa, So, Fei 8.30 – 20.30 Uhr. **Preise:** 3,50 €; Kinder 6 – 17 Jahre 1,50 €; Familienkarte 8 €, Abendtarif ab 18 Uhr Erw 2 €, Jugendliche 1 €, Familien 4 €.

▶ Hier gibt es alles, was Familien an warmen Sommertagen wollen: ein 50-m-Schwimmerbecken für Mama und Papa und für die Kinder ein Nicht-

Hunger & Durst

Fidelisbäck, Paradiesstraße 3, Wangen. ✆ 07522/795931. www.fidelis1505.de. Mo – Fr 8 – 22, Sa 8 – 14 Uhr. Traditionsbäckerei und -gaststätte im Zentrum, bekannt für ihren leckeren Leberkäs.

schwimmerbecken mit Strömungskanal, ein Becken mit Sprungturm (3 und 5 m), eine Riesenrutsche, ein Planschbecken und einen Matschplatz, dazu einen Spielplatz, Felder für Beachvolleyball und Beachfußball, einen Kletter- und Aussichtsturm. Das Wasser ist auf 26 Grad beheizt, sodass ihr lange darin spielen könnt, ohne zu frieren. Im Winter 2018/19 wurde der Badebereich komplett saniert.

Freibad Stadtweiher

Kemptener Straße 65, 88299 Leutkirch. ☎ 07561/3204, www.leutkirch.de/freibad. **Bahn/Bus:** Von Leutkirch Bhf Bus 133 bis Stadtweiher. **Auto:** Von Leutkirch Zentrum über Kemptener Straße. **Rad:** Leutkirch Zentrum über Kemptener Straße auf Radweg. **Zeiten:** Mai – Sep ab 8.30 Uhr, Mai bis 20 Uhr, Sep bis 19 Uhr, Jun – Aug bis 20.30 Uhr (bei gutem Wetter). **Preise:** 3,50 €, 10er-Karte 30 €; Kinder 6 –18 Jahre 2,50 €, 10er-Karte 20 €; Familien 7,50 €, ab 17 Uhr für Erw 2,50 €, Kinder 1,50 €.

▶ Das ist ein sehr schönes, großes und familienfreundliches Naturfreibad mit parkähnlicher Liegewiese. Beheiztes 25-m-Schwimmbecken, Erlebnisbecken mit breiter Rutsche, Geysir und Wasserspeiern, beheiztes Kleinkinderbecken mit Rutsche, Wasserpilz und Sonnendach, Spielplatz, Bolzplatz, 2 Beachvolleyballplätze, Tischkicker und Tischtennis. Es gibt auch einen Kiosk mit Sonnenterrasse und gepflegte Sanitäranlagen. Zusätzlich können der Strand und die Badestege am Stadtweiher selbst genutzt werden.

Baden in Naturseen

Waldseebad

Austraße 45, 88161 Lindenberg im Allgäu. ☎ 08381/940772, www.lindenberg.de. **Auto:** Von Lindenberg Hauptstraße in Austraße bis Parkplatz Waldsee, dann 3 Min zu Fuß. **Zeiten:** Mai – Sep 5 – 22 Uhr Drehkreuz.

▶ Der Waldsee ist Deutschlands höchst gelegener Moorsee und liegt, wie sein Name schon sagt, mitten im Wald. Das Freibad mit seiner großen und gepflegten Liegewiese ist sehr familienfreundlich mit Spielplatz samt Piratenschiff und Sandplatz, Spielwiese mit Bolzplatz, Beachvolleyballfeld und Tischtennisplatten. Umkleiden, Duschen und Toiletten sind in perfektem Zustand und es gibt auch einen Kiosk mit Terrasse (Mai – Sep bei gutem Wetter 11 – 19 Uhr). Das beste ist: Der Eintritt ins Waldseebad ist frei!

Naturbad am Badsee Beuren

Almisried 5, 88316 Isny-Beuren. ☏ 07567/754, www.naturbad-am-badsee.de. **Auto:** Von Ulm oder München A96, Ausfahrt Leutkirch Süd, Richtung Isny bis OT Friesenhofen, dann rechts Richtung Beuren, Beschilderung Campingplatz am Badsee folgen. **Zeiten:** Mitte Mai – Aug bei gutem Wetter 10 – 20 Uhr, Sep 10 – 18 Uhr. **Preise:** 3 €; Kinder 6 – 14 Jahre 1 €, 15 – 17 Jahre 2 €; ab 17 Uhr 0,50 € weniger, Familien-Tageskarte 6 €.

▶ Das ist die perfekte Kombination: Hier könnt ihr im warmen, weichen Moorseewasser schwimmen und spielen und dabei alle Annehmlichkeiten eines Schwimmbades genießen: Umkleiden, Toiletten, Duschen, Kiosk, Liegen-, Sonnenschirm-, Spiele- und Ballverleih. Es gibt auch einen abgeteilten Nichtschwimmerbereich.

Wandern mit Spiel und Spaß

Carl-Hirnbein-Erlebniswanderweg von Weitnau nach Missen

87480 Weitnau. www.weitnau.de. **Länge:** Der gesamte Weg bis Missen ist 6,5 km lang (einfache Strecke) und leicht zu gehen. Wir sind nur bis Wilhams (5 km) und denselben Weg zurück gegangen, da die Kinder die Spielgeräte ausgiebig getestet haben und wir allein bis Wilhams fast 2 Std unterwegs waren. **Kinderwagen geeignet:** ja.

Gegenüber dem Waldseebad liegt ein Kunsteisstadion. Publikumslauf im Winter 14 – 16 Uhr, www.eisplatz-lindenberg.de.

Hunger & Durst

Eiscafé Venezia, Staufner Straße 2, Lindenberg i.A. ☏ 08381/941991. April – Sep 10 – 22 Uhr. Viele Eissorten.

Ihr könnt den See zusätzlich mit einem gemieteten Tretboot befahren, eine Stunde kostet 9 €.

NATUR & UMWELT

Bahn/Bus: Von Kempten ZUM oder Isny Busbhf Bus 50 bis Weitnau. **Auto:** Von Kempten oder Isny auf B12 bis Ausfahrt Weitnau, Parkplatz im Zentrum.

▶ Das ist eine Erlebniswanderung, die diesen Namen auch verdient: Zunächst geht es durch den *Braut-* und *Bahrweg,* der, wie der Name bereits vermuten lässt, zur **Kirche** und zum Friedhof führt, dann hinaus aus Weitnau und hinein in den Wald. Entlang dem gut ausgeschilderten Weg gibt es eine kleine **Kneipp-station,** immer wieder Balanciergelegenheiten und Holztiere zu entdecken. Richtig toll ist dann der **Wald- und Erlebnisspielplatz,** der neben Klettergerüsten, Hängematten und Schaukeln auch ein Kletternetz und eine Hängebrücke bietet.

Wenn ihr es schafft, euch von dort loszueisen und dem Weg hinaus aus dem Wald zu folgen, wartet schon der nächste Höhepunkt auf euch: ein schöner **Wasserspielplatz.** Dort könnt ihr auch picknicken. Oder ihr geht noch ein Stückchen weiter bis **Wilhams.** Dort ist ein duftender Kräutergarten zu erforschen, bevor ihr im **Gasthof Sonne** eine ausgiebige Mittagspause macht. Auf dem Rückweg gibt es schließlich auch wieder viel zu spielen!

Wanderung durch den Eistobel

Grünenbach Infopavillon – Eistobel – Hohe Wand – Stausee, 88167 Grünenbach. ✆ 8383/7141, www.eistobel.de. **Länge:** hin und zurück ca. 7 km, Gehzeit 2 Std. Der Weg ist nicht kinderwagengeeignet. Vor allem der Abstieg ist steil und rutschig. **Altersempfehlung:** ab 4 Jahre. **Auto:** Von Isny auf St1318 nach Grünenbach, dann Beschilderung Eistobel folgen. **Preise:** 2,50 €; Kinder 1 €.

▶ Ihr startet euren Ausflug am **Infopavillon** an der Argentobelbrücke zwischen Grünenbach und Maierhöfen. Hier könnt ihr auch einen kleinen Film über den Eistobel ansehen. Dann geht es erst einmal steil bergab, nämlich hinunter in die **Schlucht,** die das Schmelzwasser der letzten Eiszeit vor über 10.000

Hunger & Durst
Landgasthof Sonne, Wilhams 8, Missen-Wilhams. ✆ 08320/226. www.sonne-wilhams.de. Mi – So geöffnet. Gute regionale Küche zu familienfreundlichen Preisen, auch FeWo und Gästezimmer vorhanden.

Ihr braucht feste Schuhe mit Profil. Weil an schönen Tagen die Argen geradezu unwiderstehlich zum Baden und Pritscheln lockt, solltet ihr auch ein Handtuch mitnehmen. Und denkt an ein Picknick, denn Wandern und Spielen machen hungrig.

Jahren gegraben hat. Welche Gewalt dazu erforderlich war, kann man kaum glauben, wenn man heute das scheinbar harmlose Flüsschen *Argen* betrachtet, das durch den Eistobel fließt. Der Weg führt euch immer an der Argen entlang, manchmal auch über Holzstege. Die vielen Kiesbänke laden zum Waten und Steinchenhüpfenlassen ein. Dann kommen die ersten kleinen Wasserfälle, die in runde Strudellöcher plätschern, danach der große **Wasserfall,** der über 18 m in eine große, tiefe Gumpe stürzt.

Noch ein Stück weiter wird es wild: An einer Engstelle haben die Wassermassen große Steinblöcke mitgerissen, die sich übereinander türmen. Der Weg führt euch nun befestigt hinauf über einen Steg, von dem aus ihr das Durcheinander betrachten könnt. Eine schöne Spielstelle ist vor der **Hohen Wand,** die danach kommt; auf der gegenüberliegenden Seite ragt eine Sandsteinwand 50 m hoch empor. Am Ende des Eistobels wartet noch ein kleiner **Stausee** auf euch. Beim Zurückgehen könnt ihr an den schönsten

CARL HIRNBEIN – DER NOTWENDER UND ALPKÖNIG

▶ Vor 200 Jahren war das Allgäu eine arme Gegend, in der viele Bauern nur über die Runden kamen, indem sie zusätzlich zu Ackerbau und Viehzucht im Sommer Flachs anbauten und im Winter daraus Leinen webten. Als das Leinen nach und nach von der billigeren (und weicheren) Baumwolle verdrängt wurde, gerieten sie in tiefe Not. In dieser Lage brachte **Carl Hirnbein** die Wende. Daher stammt sein Beiname *Notwender*. Der Bauernsohn aus Unterwilhams (geb. 1807) brachte das Wissen um die Herstellung von haltbarem Weichkäse nach Limburger Art ins Allgäu. Damit konnten die Bauern die Milch ihrer Kühe in länger lagerbare und besser verkäufliche Produkte umwandeln und damit ein Auskommen finden. Carl Hirnbein wurde reich als Großbauer und Käsehändler, zog als Politiker in den Bayerischen Landtag ein und legte mit dem Bau des ersten Hotels in den Allgäuer Alpen auch noch den Grundstein für den Allgäu-Tourismus. Daher wurde er später auch als *Alpkönig* bezeichnet. Er starb 1871 in Weitnau.

Drei Wasserfälle gibt es bei Scheidegg!
© pmv, Kettl-Römer

Achtung! Die Wege zu zwei der drei Aussichtsplattformen führen über Stufen, sind nicht kinderwagengeeignet, steil und je nach Wetter rutschig. Denkt an feste Schuhe (keine Flipflops)!

Stellen bestimmt nochmals eine Spielpause einlegen.

Scheidegger Wasserfälle

88175 Scheidegg. ℘ 08381/89555, www.scheidegg.de. **Auto:** Von Scheidegg auf B308 Richtung Lindau, dann Beschilderung folgen, zum Wasserspielplatz sind es vom Parkplatz aus 100 Meter. **Zeiten:** April – Okt 9 – 19 Uhr, im Juli, Aug auch länger, bei schlechter Witterung geschlossen. **Preise:** 2 €; Kinder 5 – 13 Jahre 1,50 €; Familie (2 Erw, 2 Kinder) 4 €.

▶ Eigentlich ist der *Rickenbach* gar nicht so wild, aber hier stürzt er über zwei Stufen von 18 und 22 m Höhe in zwei prächtigen Wasserfällen in eine Schlucht. Ihr könnt sie von den **Aussichtsplattformen** wie aus einer Theaterloge bewundern. Ein kleiner Rundweg durch den Wald führt euch in wenigen Minuten zu einem dritten, kleineren Wasserfall. Dort könnt ihr auch die Füße in den Bach hängen. Ein Kinderliebling ist der **Wasserspielplatz** neben dem Kassenhäuschen, auf dem ihr ausgiebig pritscheln könnt. Daneben gibt es ein kleines **Streichelgehege** und einen Kiosk.

Tiere hautnah

Spinnen und Schlangen ganz nah

Reptilienzoo Scheidegg, Udo Hagen, Gretenmühle 9, 88175 Scheidegg. ℘ 08381/8917538, www.reptilien-zoo-scheidegg.com. **Auto:** Von Scheidegg auf B308 Richtung Lindau, dann Beschilderung folgen. **Zeiten:** Feb, März und Okt, Nov Sa – Do 10 – 17 Uhr, April – Sep 10 – 18 Uhr, Dez und Jan geschlossen. **Preise:** 8 €; Kinder 4 – 12 Jahre 4,50 €; Familien (2 Erw, 2 Kinder) 23 €.

▶ Der kleine, private Zoo beherbergt über 200 Tiere. Er besteht aus einem Außengehege mit Schildkröten, Eidechsen und einheimischen Schlangen und einem Indoor-Bereich. Dort leben richtig exotische Bewohner: In den über 60 Terrarien könnt ihr Leguane, Geckos, Vogelspinnen, Nattern, Mambas, Hornvipern und Klapperschlangen aus nächster Nähe betrachten. 2020 kamen Schreckensotter und ein paar Krokodile dazu. Manche der Tiere interessieren sich auch sehr für die Besucher – das ist nichts für Leute, die sich daheim schon vor einer kleinen Hausspinne fürchten.

Faszinierend: Die zweiköpfige Klapperschlange ist die Sensation im Reptilienzoo
© Reptilienzoo Scheidegg

Achtung! Hier gilt ganz streng: Nur schauen, nicht anfassen, nicht an die Scheiben der Terrarien klopfen!

Reiten, streicheln, Quad fahren

Erlebnis-Ponyhof, Familie Rief, Denzenmühle 3, 88175 Scheidegg. ✆ 08381/83680, www.erlebnisponyhof.de. **Auto:** Von Scheidegg in Richtung Scheffau, ca. 2 km nach dem Ortsausgang Parkplatz rechts. **Zeiten:** 13 – 18 Uhr. **Preise:** 2 €; Kinder ab 2 Jahre 2 €, Ausritt ins Gelände oder Anfängerreitstunde auf dem Reitplatz (jeweils 15 Min) 8 €.

▶ Wenn ihr Tiere und besonders Ponys liebt, wird euch ein Besuch auf dem Erlebnis-Ponyhof viel Freude machen: Ohne Voranmeldung könnt ihr einen geführten Ausritt mitmachen oder Reitunterricht nehmen, die Lamas, Ziegen und Gänse im Streichelzoo bekuscheln, mit dem Elektro-Quad auf dem Sandplatz fahren (das kostet extra) oder einfach auf dem großen Abenteuerspielplatz oder in der Spielscheune spielen. Eure Eltern dürfen so lange die Sonnenterrasse bei Kaffee und Kuchen genießen.

☀ Es werden auch Reiterferien mit täglichen Reiteinheiten und Ponypflege angeboten (Vorkenntnisse sind nicht erforderlich).

SPORT, SPASS & SPIEL

Hunger & Durst
Obere Hündle Alpe,
Oberstaufen. Geöffnet
Ende Mai – Mitte Sep.
10 Gehminuten von der
Bergstation entfernt. Frische Buttermilch und
Käsbrotzeit mit Käse aus
der hauseigenen Senne-
rei – frischer und besser
geht es nicht.

Erlebnisparks & Klettergärten

Auf den Spaß- und Erlebnis-Berg

Hündle Bergbahn, Hinterstaufen 10, 87534 Oberstaufen. ✆ 08386/2720, www.huendle.eu. **Kinderwagen geeignet:** ja. **Altersempfehlung:** Sommerrodelbahn: Kinder
ab 3 Jahre nur in Begleitung, Kinder ab 8 Jahre dürfen allein fahren. **Bahn/Bus:** Von Oberstaufen oder Immenstadt Bus 39 bis Knechtenhofen Hündlebahn. **Auto:** Von
Oberstaufen auf B308 nach Osten bis Parkplatz Hündle.
Zeiten: 9 – 16.30 Uhr (Sommer), aktuelle Öffnungszeiten
auch für die Sommerrodelbahn im Newsticker auf der
Webseite. **Preise:** Berg- oder Talfahrt 11,50 €, Berg- und
Talfahrt 16 €; Kinder bis 15 Jahre Berg- oder Talfahrt 6 €,
Berg- und Talfahrt 9 €; Familien (Eltern mit eigenen Kin-
dern) Berg- oder Talfahrt 29 €, Berg- und Talfahrt 41 €.
Infos: Sommerrodelbahn Erw 5,50 €, Kinder 3 – 16 Jahre
4,50 €.

▶ Das 1100 m hohe *Hündle* ist ein richtiger Spaß-Er-
lebnis-Berg: Schon an der **Talstation** locken ein
Spielplatz, ein Streichelzoo und eine Minigolfanlage.
Wenn ihr euch von dort losreißen könnt und mit der
Gondelbahn bis zur **Bergstation** auf 1050 m Höhe
fahrt, habt ihr die Wahl aus mehreren Wanderwegen
und drei Gaststätten. Besonders schön ist das Hündle
im März und April, wenn die lila-blauen und weißen
Krokusse und die Buschwindröschen blühen.
Für Familien und Kinderwagen geeignet ist der
Erlebniswanderweg mit 22 Stationen, bei dem ihr
dem schlauen Fuchs und seinen Erklärungen auf einem Rundweg von und bis zur Bergstation folgt. Die
lustigste Art, den Berg wieder hinunterzukommen,
ist die 850 m lange **Sommerrodelbahn** mit ihren 16
Kurven und 2 Jumps.
Im Winter könnt ihr am Hündle auch Ski fahren. Es
gibt dort mehrere leichte Abfahrten (auch in Verbin-
dung mit dem benachbarten Skigebiet Thalkirchdorf)
und eine über 2 km lange Familienabfahrt.

Natur erleben in luftiger Höhe: Skywalk Allgäu

skywalk allgäu Naturerlebnispark, gemeinnützige GmbH, Oberschwenden 25, 88175 Scheidegg-Oberschwenden. ✆ 08381/896-1800, www.skywalk-allgaeu.de. **Auto:** A96 Ausfahrt Sigmarszell/Scheidegg, im Kreisverkehr in Scheidegg 1. Ausfahrt, dann ausgeschildert,

Hoch hinaus: der Skywalk Allgäu
© THW

vom Parkplatz 10 Min Fußweg bergauf. **Zeiten:** März Do – So 11 – 17 Uhr, in den Schulferien täglich, April – Anfang Nov 10 – 18 Uhr, letzter Einlass jeweils 1 Std vor Schließung, Betriebsferien und Öffnungszeiten bei schlechter Witterung ↗ Internetseite. **Preise:** Sommer 11,50 €, Winter 7,50 €; Kinder ab 1 m Körpergröße – 17 Jahre 8,90 bzw. 5,20 €; Kinder mit Behinderung 7,90 bzw. 4,50 €, Familie (1 Erw, eigene Kinder) 28 bzw. 16 €, (2 Erw, eigene Kinder) 38 bzw. 23 €.

Denkt an festes Schuhwerk und warme Kleidung, denn zwischen den Baumwipfeln ist es oft windig.

▶ Über einen Pfad mit Treppen und Podesten gelangt ihr auf den **Baumwipfelpfad.** Oben angekommen, lauft ihr auf einer Strecke von 540 m und in einer Höhe von 15 – 30 m zwischen den Baumwipfeln hindurch. Das ist manchmal eine wackelige Angelegenheit, denn der Weg führt über Hängebrücken. Von hier oben habt ihr einen tollen Ausblick auf den Bodensee und die Alpen. Wer schlecht zu Fuß ist oder einen Kinderwagen dabei hat, kann den Baumwipfelpfad auch mit dem Aufzug erreichen.

Nach dem Spaziergang in luftiger Höhe wartet noch mehr Naturerlebnis auf euch: Auf zwei **Walderlebnispfaden** gibt es allerlei zu entdecken. Ihr könnt euch im Waldtierweitsprung messen, auf dem Schaukelbrett die Balance halten und euch im Tannenzapfenwerfen versuchen. Außerdem gibt es einen **Barfußpfad** und einen tollen **Abenteuerspielplatz**.

🧸 Im Winter ist hier ein beliebtes Skigebiet mit insgesamt 17 km Pisten, Snowboard-Funpark, Skikinderland und -schulen.

Hunger & Durst

Das Imberghaus, Steibis. ✆ 08386/8106. www.imberghaus.de. Ab 9 Uhr, Mai – Juli Mo Ruhetag. Direkt an der Bergstation, Sonnenterrasse, regionale Küche (Kässpatzen auf Vorbestellung), auch 2 Fewo.

Bahnen & Betriebe

Imbergbahn & Skiarena Steibis

In der Au 19, 87534 Oberstaufen-Steibis. ✆ 08386/8112, www.imbergbahn.de. **Kinderwagen geeignet:** ja. **Bahn/Bus:** Von Oberstaufen Bus 9795 bis Steibis Imbergbahn. **Auto:** Von Oberstaufen auf St2005 nach Süden, dann links in OA25. **Zeiten:** 9 – 16.30 Uhr. **Preise:** Sommer (ca. April – Nov) Berg- oder Talfahrt 11,50 €, Berg- und Talfahrt 16 €; im Winter Tageskarte 37 €; Kinder bis 15 Jahre Berg- oder Talfahrt 6 €, Berg- und Talfahrt 9 €, im Winter Tageskarte 19 €; Familienkarte Berg- oder Talfahrt 29 €, Berg- und Talfahrt 41 €. Winter-Familien-Tageskarte 93 €.

▶ In den Panoramagondeln der Imbergbahn geht es im Nu 300 m hinauf bis zur Bergstation auf 920 m Höhe. Von dort aus könnt ihr in 15 Minuten zum **Sport Hauber Waldseilgarten** gehen (täglich 11 – 17 Uhr, www.sport-hauber.de).
Ihr könnt außerdem aus mehreren schönen Wanderrunden eine auswählen. Besonders familien- und sogar kinderwagengeeignet ist der **Alperlebnispfad** mit seinen 47 Erlebnisstationen. Wenn ihr Hunger bekommt, habt ihr die Wahl aus zwei Berggasthöfen und zwei Alpen.

pmv Öko-Tipp!
Wo das Müsli herkommt

Rapunzel Naturkost GmbH, Rapunzelstraße 1, 87764 Legau. ✆ 08330/529-1151 (Anmeldung), www.rapunzel.de. **Zeiten:** offene Führung jeden Mi 13.30 Uhr. Führung für Gruppen und Schulklassen ab 15 Pers sind Di, Do, Fr möglich. 2020 wegen Corona keine Führung, bitte aktuell erkundigen. **Preise:** 5 €; Kinder bis 14 Jahre frei. Pro Klasse bis zur 8. Jahrgangsstufe 75 €, darüber pro

Schüler 5 €. **Infos:** Anmeldung telefonisch erforderlich

▶ Ihr wollt wissen, wo euer Müsli herkommt und was alles darin ist? Dann schaut doch mal bei *Rapunzel*, einem Hersteller von Naturkostwaren, hinter die Kulissen und seht bei der Herstellung von Nussmus, Müsli & Co. zu! Warum Rapunzel Rapunzel heißt, was alles in ein Bio-Müsli reinkommt und wie es zur Schoko-Haselnuss-Creme *Samba* kam – dies und viele weitere Details erfahrt ihr bei der Besichtigungstour durch die Produktion von Rapunzel. Und auf den 20 m hohen **Rapunzel-Turm** dürft ihr dann natürlich auch.

Rapunzel, lass dein Haar herab! Joseph Wilhelm von Rapunzel Naturkost hält den Zopf
© Rapunzel Naturkost GmbH

Glasmacherdorf Schmidsfelden

Glasmanufaktur Michaelis, Stefan Michaelis, Schmidsfelden 9, 88299 Leutkirch. ℰ 07567/182042, www.schmidsfelden.net. **Bahn/Bus:** Von Leutkirch Bhf Bus 7551 bis Schmidsfelden. **Auto:** Von Leutkirch Isnyer Straße, L318 über L319 und Winterstetten bis Schmidsfelden. **Zeiten:** Museum, Schauglasproduktion und Glasladen Ostern – Mitte Nov Di – Fr 10 – 12.30 und 14 – 17 Uhr, Sa 14 – 17, So, Fei 10 – 17 Uhr, Karfreitag und Allerheiligen geschlossen. **Preise:** Museum und Schauglasproduktion 5,50 € (inkl. 2 € Einkaufsgutschein); Kinder 6 – 10 Jahre 3, ab 11 Jahre 4 €.

▶ Vom 16. Jahrhundert bis ins Jahr 1898 wurde in Schmidsfelden Glas hergestellt. Nach Jahrzehnten des Verfalls wurde das Glasmacherdorf wieder besiedelt und renoviert. Heute arbeitet wieder ein Glasmacher in der alten Glashütte – er macht aber keine Flaschen mehr, sondern Zierkugeln und hochwertige Gläser. Das ist eine schwierige und aufwendige Arbeit, bei der ihr zusehen könnt. Es ist höchst interes-

Im **Glasmagazin** zeigt eine Naturstation Tiere und Pflanzen der ✎ Adelegg. Auf dem Glasmacherweg nahe dem Parkplatz, gibt es z.B. eine alte Steinstampfe zu sehen.

Vom glühenden Glas zur Dekokugel – und ihr könnt zusehen
© pmv, Kettl-Römer

sant, wie aus der flüssigen, rot glühenden Glasmasse eine zierliche Kugel entsteht.

Am Wochenende könnt ihr meistens eine eigene **Glasmachershow** besuchen (Dauer ca. 45 Min, 6,50 Euro für Erwachsene). Die Termine für die Show und weitere Veranstaltungen stehen immer aktuell auf der Webseite. Es gibt auch spezielle Angebote für Kindergruppen.

Das **Glasmuseum** an der Glashütte informiert über das Leben der Glasmacher und Holzarbeiter. Im Dorf kann auch das alte Glasmagazin besichtigt werden, in dem die fertigen Flaschen gelagert wurden.

Wie die Bauern früher lebten

Bauernhaus-Museum Wolfegg, Zehntscheuer Gassenried, Vogter Straße 4, 88364 Wolfegg. © 07527/9550-0, 9218910. www.bauernhausmuseum-wolfegg.de.
Bahn/Bus: Mit dem Zug von Lindau nach Kißlegg, dort umsteigen nach Wolfegg. **Auto:** A96 Ausfahrt 9 Leutkirch, auf halbem Weg Richtung Ravensburg. **Zeiten:** April – Okt Di – So 10 – 17 Uhr, Mai – Sep täglich 10 – 18 Uhr.
Preise: 6 €; Kinder 6 – 18 Jahre 2,50 €; Studenten, Azubis 2,50 €, Familienkarte (Eltern/Großeltern mit eigenen Kindern/Enkeln) 13 €, Teilfamilienkarte (1 Eltern-/Großelternteil mit Kindern/Enkeln) 7 €, mit Bodensee Card freier Eintritt; in Gruppen ab 15 Pers 5 €, Kinder und Schulklassen 1,50 €.

▶ Das Bauernhaus-Museum ist ein richtiges Dorf mit 16 historischen Häusern aus Oberschwaben und dem Westallgäu. Das Leben der Bauern wird euch hier anschaulich vermittelt. Zwar besaßen sie große Höfe und somit einen gewissen Reichtum, doch der Alltag war in den meisten Fällen hart und beileibe kein Honigschlecken. Das vergisst man heute oft,

Happy Birthday!
Feiert euren Geburtstag im Museum. Themen z.B. Holzwerkstatt, Wolle filzen, Backen oder Gaukler. Je nach Thema 2 – 3,5 Std, 80 – 105 € für max. 15 Kinder und 2 Erw.

wenn man über knarzende Holzböden und ausgetretene Stufen die Stuben, Ställe und Werkstätten betritt. In den originalgetreu eingerichteten Gebäuden seht ihr, wie es in den Weilern und auf den Höfen früher zuging, vor allem wie die Menschen arbeiteten, lebten und auch feierten, wie sie gekleidet waren oder mit welchen Gerätschaften sie dem Boden ihr tägliches Brot abgerungen haben. Belebt wird das Museumsdorf durch zahlreiche, teilweise frei laufende Tiere wie Hühner, Schweine, Gänse und Kühe. Regelmäßig finden im Museum Veranstaltungen statt, wie zum Beispiel museumspädagogische Mitmach-Aktionen. Auch für Schulklassen gibt es verschiedene Angebote.

Museen & Stadtführungen

Hauptsache, gut behütet!
Deutsches Hutmuseum Lindenberg, Museumsplatz 1, 88161 Lindenberg im Allgäu. ✆ 08381/9284320, 9284310. www.deutsches-hutmuseum.de. **Lage:** Im Westallgäu gut 20 km nordöstlich von Lindau. **Kinderwagen geeignet:** ja. **Bahn/Bus:** Ab Busbhf Lindau Bus 18 bis ZOB Lindenberg, ab Scheidegg Bus 13/11 und ab Röthenbach Bhf Bus 11 bis Hutmacherplatz. **Auto:** Von Lindau bzw. Immenstadt B308, von Scheidegg auf B308, von Wangen auf B32 bis Lindenberg. **Zeiten:** Di – So 9.30 – 17 Uhr, geschlossen an Neujahr, Faschingsdienstag, 1. Mai, 24., 25. und 31. Dez. **Preise:** 7 €, mit Führungspauschale 8,50 € (Führung jeden 1., 3. und 4. So); Kinder 6 – 14 Jahre 2 €; Schüler, Studenten, Rentner, Arbeitslose, Behinderte mit entspr. Ausweis 4,50 €, mit AWC und Echt-Bodensee-Card 5 €, Familienkarte Single (1 Erw, eigene Kinder) 8 €, Familienkarte Eltern/Großeltern mit eigenen Kindern/Enkel 15 €. **Infos:** Im Foyer befindet sich Lindenbergs Tourist-Information, im Dachgeschoss der Kulturboden für Veranstaltungen und im Kesselhaus ein Bistro.

Hunger & Durst
Auf dem Gelände gibt es gemütliche Plätze zum Ausruhen und Brotzeitmachen. Die Museumsgaststätte Fischerhaus ist wegen Pächterwechsel 2020 geschlossen.

Jeden 2. So im Monat findet im Hutmuseum um 15 Uhr eine öffentliche Familienführung mit einer kleinen Bastelaktion statt; um telefonische Voranmeldung wird gebeten.

Gut behütet: In diesem Museum dreht sich alles um den Hut
© pmv, Kettl-Römer

▶ Das Museum befindet sich in der ehemaligen **Hutfabrik Ottmar Reich,** die bis zu ihrer Schließung 1997 lange Zeit die größte Hutfabrik in Deutschland war. Früher war der Hut für Männer und Frauen ein wichtiges Kleidungsstück. In Lindenberg wurden Millionen von Hüten aus Stroh und Filz hergestellt, die Hutproduktion hat die Stadt sehr reich gemacht. Über 30 Fabriken gab es hier, in denen viele tausend Menschen arbeiteten. Auch Kinder arbeiteten mit, sie mussten Stroh flechten oder waren Laufburschen. Ältere Jungs arbeiteten schon an den großen Hutpressen. Im Museum könnt ihr ausprobieren, ob ihr auch genug Kraft habt, die schwere Presse zu betätigen. An der Fühlstation könnt ihr die verschiedenen Materialien ertasten, aus denen ein Hut gemacht sein kann. Kennt ihr sie alle? Welcher Hut auf welchen Kopf passt, probiert ihr dann am besten gleich im Hutsalon aus. Das Museum bietet auch Workshops, Kindergeburtstage sowie Führungen für Kindergärten, Schulklassen und Erwachsene an. Ihr könnt für einen Strohhut Borten flechten oder ihr entwerft als **Modist** euren eigenen Hut.

🍎 **Buch Netzer Literatur und Café,** Stadtplatz 3, Lindenberg i.A. ✆ 08381/2202. www.buch-netzer.de. Mo – Fr 9 – 18, Sa 9 – 13 Uhr. Schöne Buchhandlung mit gutem Allgäu-Angebot und einem eigenen Spielzimmer für Kleinkinder.

Arbeiten, wohnen und baden wie vor 500 Jahren

Stadtmuseum Eselmühle in Wangen, Lange Gasse 3, 88239 Wangen. ✆ 07522/912682, www.wangen.de. **Altersempfehlung:** Ab 6 Jahre. **Bahn/Bus:** Von ↗ Wangen Bhf 9 Min zu Fuß. **Auto:** Friedrich-Ebert-Straße, parken P15 an der Gallusbrücke, dann 3 Min Fußweg am Argenufer (beschildert). **Zeiten:** April – Okt Di – Fr 14 –

17, Sa 11 – 17, So, Fei 14 – 17 Uhr. **Preise: 4 €; Kinder**
ab 12 Jahre 2,50 €; Familien (2 Erw und Kinder) 10 €.

▶ Das Wangener Stadtmuseum ist in einer uralten
Mühle eingerichtet, vor deren Tür noch ein Mühlrad
klappert. Darin sind **sechs kleine Museen** untergebracht: das *Stadtmuseum* zeigt, wie man früher in
Wangen gelebt hat, das *Museum für mechanische
Musikinstrumente,* ein *Käsereimuseum,* zwei Museen zu bekannten Dichtern, nämlich *Joseph von Ei-
chendorff* und *Gustav Freytag,* sowie eine **Historische Badstube,** in die man im Mittelalter ging, wenn
man ein Wannenbad nehmen wollte. Damals konnte
man nur in solchen Gemeinschaftsbädern baden,
weil daheim niemand ein Badezimmer hatte. Dazu
kommt eine Dauerausstellung über die *Wangener
Fasnet* (so heißt dort der Fasching). Ihr geht erst in
die alte Mühle, dann über den Wehrgang an der Stadtmauer, durch den Pulverturm bis hinunter in den In-
nenhof, an dem die Badstube liegt. Das ist eine echte
Entdeckertour für Geschichtsfans.

Vorführung der mechanischen Musikinstrumente Apr – Okt jeden Sa um 15 Uhr.

Bilder wie im Märchen

Kunsthalle im Schloss Isny, Schloss 1, 88316 Isny.
℡ 07562/914100, www.kunsthalle-schloss-isny.de.
Lage: vom Kurhaus zu Fuß 6 Min, ab Unterer Grabenweg
über den Stadtgraben und die Untere Stadtmauer, dann
Beschilderung folgen. **Altersempfehlung:** ab 8 Jahre.
Zeiten: Mi, Do, Fr 14 – 18, Sa, So, Fei 11 – 18 Uhr; Jan –
April nur Fr 14 – 18 und Sa, So, Fei 11 – 18 Uhr. **Preise:**
5 €; Kinder bis 16 Jahre 3,50 €; ab 17 Uhr für alle
3,50 €, Familienkarte (Eltern mit Kindern) 12,50 €.

▶ *Friedrich Hechelmann,* 1948 in Isny geboren, ist
ein bekannter Maler, der in der Kunsthalle im Schloss
viele seiner Bilder und Skulpturen zeigt. Manche seiner fantasievollen Gemälde kennt ihr bestimmt, denn
Hechelmann hat für viele Verlage Kinder- und Mär-
chenbücher illustriert und auch eigene Märchen-
romane geschrieben. Im zweiten Stock des Museums
findet ihr wunderschöne Bilder zu den Kinderbuch-

In der Kunsthalle ist auch ein Laden, in dem man die Bücher des Autors, Kunstdrucke und allerlei andere Arti-kel mit Motiven des Künstlers kaufen kann.

klassikern Momo und Nils Holgersson. Dort oben hängen auch Bilder zu biblischen Geschichten, von denen ihr einige bestimmt aus der Schule kennt.

Führung ins Mittelalter

Isny erkundet Mittelalter – Türme, Mauern und Gefängnisse, 88316 Isny. ℅ 07562/97563-0, www.isny.de. **Lage:** Startpunkt am Kurhaus, Unterer Grabenweg 18 (unterer Eingang). **Zeiten:** jeden 2. So im Monat 11 Uhr. **Preise:** 5 €; Kinder bis 16 Jahre frei.

▶ Spannende Führung in das mittelalterliche Isny, bei der ihr viel über die Stadtgeschichte und das Leben im Mittelalter lernt, auf den Wehrgang an der Stadtmauer steigen und das ehemalige Stadtgefängnis im Wassertor besuchen könnt. Dort sind sogar noch die Graffiti zu sehen, die von den Gefangenen hinterlassen wurden. Zum Glück mussten die meisten nicht lange dort bleiben! Von der Turmspitze aus habt ihr einen tollen Ausblick über die Stadt und in die Umgebung.

Igel-Buchhandlung, Espantor 3, Isny. ℅ 07562/8601. www.igel-buch.de. Mo – Sa 9 – 13 Uhr. Liebevoll geführte, kleine Buchhandlung mit guter Auswahl an Allgäu- und Kinderbüchern.

BÜHNE, LEINWAND & AKTIONEN

Den aktuellen Spielplan erfahrt ihr jeweils über die Bandansage unter der Telefonnummer des Theaters.

Theater, Kino, Kunst

Puppentheater mit sehr lustigen Stücken

Wangener Puppentheater, Sven (Max) von Falkowski, Lange Gasse 43, 88239 Wangen. ℅ 07522/914353, Handy 0160/3191989. www.wangener-puppentheater.de. **Altersempfehlung:** ab 3 Jahre. **Bahn/Bus:** Ab ↗ Wangen Bhf 10 Min zu Fuß. **Auto:** Friedrich-Ebert-Straße, parken P15 an der Gallusbrücke, dann 5 Min Fußweg über Argenufer. **Zeiten:** Di – So Vorstellung um 15 Uhr, Dauer ca. 40 Min. **Preise:** 3 € »pro Nase« (also für Erw und Kinder). **Infos:** Die Karten müssen vorab telefonisch oder per eMail reserviert werden. Kinder unter 3 Jahre können nicht teilnehmen.

▶ *Max von Falkoswki* macht mit seinen Handpuppen sehr, sehr lustiges Theater, bei dem Kinder und Er-

wachsene viel zu la-
chen haben (wenn
auch nicht immer an
denselben Stellen).
Das Theater ist klein
und kuschelig, der
Puppenspieler bezieht
seine Zuschauer in die
Vorstellung mit ein.
Dieses echte Theater-
vergnügen für die
ganze Familie solltet
ihr euch nicht entge-
hen lassen, wenn ihr
in der Gegend seid!

Hier gibt es gleich
richtig was zu lachen …
© pmv, Kettl-Römer

Perlenfädeln und Glaskugelblasen

Glasperlenstudio SchmuckStück in Schmidsfelden,
Gabriele Hummel, Schmidsfelden 15, 88299 Leutkirch.
☎ 07567/9887394, www.schmuck-stueck.com. **Alters-
empfehlung:** ab 5 Jahre. **Bahn/Bus:** Von Leutkirch Bhf
Bus 7551 bis Schmidsfelden. **Auto:** Von Leutkirch Isnyer
Straße, L318 über L319 und Winterstetten bis Schmids-
felden. **Zeiten:** Ostern – Mitte Nov Di – Fr 10 – 12.30 und
14 – 17 Uhr, Sa 14 – 17, So, Fei 10 – 17 Uhr, Jan – März
Do, Fr, Sa 14 – 17 Uhr. **Preise:** Glaskugel blasen 5 €,
Kette basteln 10 €, Glasperlen drehen 25 €.

Achtung! Bitte meldet euch am Vortag telefonisch an, damit die Perlendreherin euch einplanen kann.

▶ Im Glasmacherdorf Schmidsfelden könnt ihr nicht
nur die Glashütte mit Vorführung besuchen, sondern
auch die Werkstatt einer echten Perlendreherin. Dort
könnt ihr schönen Schmuck bewundern und vor
allem auch selbst welchen basteln. Zum Beispiel aus
Perlen ein Armband fädeln (ab 5 Jahre, 30 – 45 Min)
oder sogar eine kleine Glaskugel blasen (ab 7 Jahre,
15 Min). Natürlich dürft ihr eure fertigen Kunst-
werke mit nach Hause nehmen. Wenn eure Eltern
mögen, können sie eine Extra-Stunde zum Glasper-
lendrehen bekommen.

FESTKALENDER WANGEN & WESTALLGÄU

Februar: Fastnacht, So, 13.31 Uhr, **Fasnachtsumzug** Scheidegg mit **Großer Narrensprung** in Wangen und in Kißlegg, Umzug der traditionellen schwäbisch-alemannischen Fasnet.

Di, **Fasnetsumzug** in Isny, Missen-Wilhams und Weiler-Simmerberg und **Fasnatziestag** in Oberstaufen.

1. Wochenende der Fastenzeit, **Funkenfeuer** in Isny, Leutkirch und Wangen.

Mai: 2. So, **Huttag** in Lindenberg.

Juni: Sa Anfang Juni, **Scheidegger Kinderfest.**

letztes Wochenende, **Johannisfeuer** z.B. in Wangen, Argenbühl, Scheidegg am 23. oder 24. Juni.

Juli: Ende Juni/Anfang Juli, 3 Tage **Marktfest** mit Live-Bands, Oberstaufen.

1. Wochenende, **Kißlegger Schloss- und Straßenfest**.

Mitte Juli, **Stadt- und Kinderfest** in Lindenberg.

Sa Mitte Juli, **Leutkircher Kinderfest.**

Woche vor den Sommerferien, **Kinderfest** in Isny und **Wangener Kinder- und Heimatfest.**

August: 15. Aug, **Allgäu-Tag** in Isny.

letztes Wochenende, **Internationales Käse- und Gourmetfest** in Lindenberg.

September: 1. Wochenende, **Missener Kirbe** mit Krämermarkt.

2. Hälfte Sep, **Viehscheid** in Oberstaufen, Thalkirchdorf, Maierhöfen, Missen.

Oktober: Sa, Anfang Okt, **Isnyer Schmalzmarkt.**

2. So, **Wendelinsritt** in Scheidegg.

Dezember: 4. Dez, **Bärbeletreiben.**

5. – 6. Dez, **Klausentreiben** und kleiner **Weihnachtsmarkt** in Oberstaufen.

Weihnachtsmärkte: 1. Advent, Sa, So, **Kißlegg** im Barocken Schloss.

1. Advent, Sa, So, Scheidegger **Christkindlmarkt.**

1. Advent, Sa, So, Leutkirchen.

2. – 3. Advent, **Isnyer Schlossweihnacht**.

alle 4 Sa im Advent, Wangen.

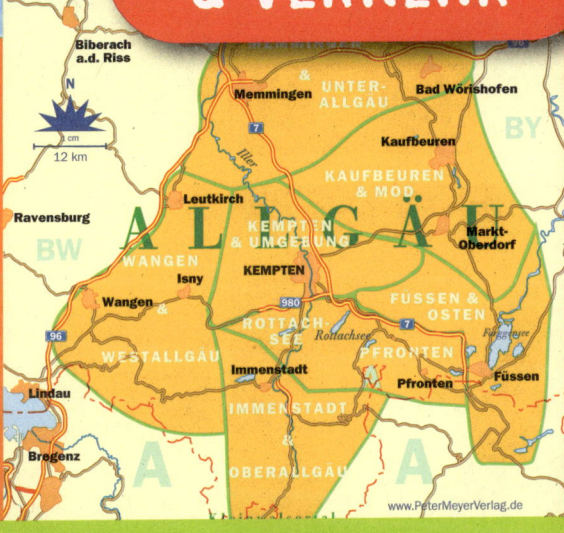

Biberach a.d. Riss

N

cm
12 km

Memmingen

& UNTER-
ALLGÄU

Bad Wörishofen

BY

Kaufbeuren

KAUFBEUREN
& MOD.

Ravensburg

Leutkirch

A L L G Ä U

Markt-
Oberdorf

KEMPTEN
& UMGEBUNG

BW

WANGEN

KEMPTEN

Isny

&

FÜSSEN &
OSTEN

Wangen

ROTTACH-
SEE

980

&

Rottachsee

PFRONTEN

7

WESTALLGÄU

Immenstadt

Lindau

IMMENSTADT

Pfronten

Füssen

Bregenz

A

&

OBERALLGÄU

A

www.PeterMeyerVerlag.de

© pmv, Kettl-Römer

© pmv, Kettl-Römer

© pmv, Annette Sievers

© pmv, Kettl-Römer

**Typisch Oberallgäu: Am großen Wald bei Wertach | Hohler Backen-
zahn: Die Burgruine Hohenfreyberg im Ostallgäu | Berauschend: Lechfall-
Klamm bei Füssen | Unterirdische Erlebniswelt am Grünten: Erzgruben Burgberg |
Pause vom Besichtigen: Faxen auf dem Spielplatz | Dorfidylle: Das Bauernhofmu-
seum Illerbeuren zeigt Baustile, Arbeitsleben und Alltag von früher**

© pmv, Kettl-Römer   © pmv, Kettl-Römer

Als Allgäu wird die Landschaft Oberschwabens bezeichnet, die sich über den südlichen Teil des bayerischen Regierungsbezirks Schwaben, den südöstlichsten Teil des Landkreises Ravensburg in Baden-Württemberg sowie einige zu Österreich gehörende Grenzgebiete wie das Kleinwalsertal und das Tannheimer Tal erstreckt.

Eine offizielle Eingrenzung für das Allgäu gibt es nicht. Insgesamt liegt es in Deutschland, die Allgäuer Alpen im Süden jedoch liegen großteils auf österreichischem Gebiet. Die Bezeichnungen Oberallgäu, Ostallgäu und Unterallgäu sind moderne Wortschöpfungen aus verwaltungstechnischen und touristischen Gründen. Im engeren Sinn bezeichnet das Allgäu den bayerischen Teil der Region, da diese Landkreise und kreisfreien Städte wie Kempten und Kaufbeuren den größten Flächenanteil besitzen.

Sparen im Allgäu – gewusst wie

Die KönigsCard im Ostallgäu

KönigsCard Betriebs GmbH, Hauptstraße 8, 87663 Lengenwang. ✆ 08364/9858812, www.koenigscard.com.
Infos: Zur KönigsCard erhält man vom Gastgeber einen Erlebnisführer, in dem alle Gratis-Leistungen aufgeführt sind.

▶ Die KönigsCard ist eine kostenlose **All-Inclusive-Gästekarte,** die nur von bestimmten Gastgebern (die dafür an die dahinter stehende Organisation Beiträge zahlen) ausgegeben wird. Es gibt sie im Ostallgäu bei etwa 350 Vermietern, außerdem in Tirol und in mehreren Orten im südlichen Oberbayern. Sie beinhaltet alle Leistungen, die in den normalen Gästekarten der Region enthalten sind. Zusätzlich berechtigt sie zur kostenlosen Nutzung von rund 200 Erlebnisangeboten, darunter auch teurere Leistungen wie Bergbahnen, Erlebnisbäder, Schifffahrten, Waldseilgärten und Skilifte. Diese können – anders als bei der

Praktisch ist, dass die KönigsCard auf euren Namen ausgestellt und für die gesamte Aufenthaltsdauer freigeschaltet wird. Man kann sie sogar behalten und mit nach Hause nehmen. Das ermöglicht es euch, auch am Abreisetag oder ggf. am Anreisetag des nächsten Allgäu-Urlaubs Gratis-Leistungen zu nutzen.

ORTE, INFO & VERKEHR

⤴ VIELcard – während des Urlaubs auch mehrmals genutzt werden.

Die einzige Einschränkung ist, dass in den Bereichen Bergbahn, Schifffahrt und Bäder jeder Bereich nur einmal täglich gratis genutzt werden kann. Es sind also beispielsweise nicht zwei Bergbahnfahrten an einem Tag möglich, wohl aber eine Fahrt mit der Bergbahn und eine mit dem Schiff.

KönigsCard-Orte sind folgende Allgäuer Gemeinden (Stand: Juli 2020): *Bernbeuren, Eisenberg, Füssen, Görisried, Halblech, Hopferau, Jungholz, Kaufbeuren Lechbruck, Lengenwang, Marktoberdorf, Nesselwang, Oy-Mittelberg, Pfronten, Rieden am Forggensee, Roßhaupten, Rückholz, Schwangau, Seeg, Stötten am Auerberg, Unterthingau* und *Wald*. Oy-Mittelberg ist übrigens die einzige Gemeinde im Oberallgäu, in der Gastgeber die KönigsCard anbieten. Hier bekommt ihr dann ggf. zwei Gästekarten, nämlich zusätzlich die ⤴ Allgäu-Walser-Card.

Die Allgäu-Walser-Card und ihre »aufgespeckten« Varianten

Oberallgäuer Tourismus Service GmbH, 87509 Immenstadt. www.oberallgaeu.de. **Preise: VIELcard:** Erw 4 Tage 54,90 €, 7 Tage 74,90 €, 14 Tage 89,90 €; Kinder 6 – 17 Jahre 4 Tage 29,90 €, 7 Tage 39,90 €, 14 Tage 49,90 €, jedes weitere Kind in Begleitung eines Erw bekommt die Karte für jeweils 9,90 €; **Alpsee-Grünten Einsteiger-Rucksack:** Erw 4 Tage ca. 40 €, 10 Tage 50 €; Kinder 6 – 16 Jahre 4 Tage 20 €, 10 Tage 25 €. **Info:** Im Sommer 2020 wird die VIELcard nicht angeboten, erst 2021 wieder.

⚠ Im Winter könnt ihr Skipässe der Bergbahnen und Skilifte Oberstdorf/Kleinwalsertal direkt auf die Allgäu-Walser-Card aufbuchen lassen. Das erspart euch Wartezeiten an den Kassen, denn ihr könnt mit der Karte jeweils direkt durch die Drehkreuze gehen.

▶ In vielen Orten im Westallgäu, im Kleinwalsertal, dem gesamten Oberallgäu und Teilen des Unterallgäus erhalten Übernachtungsgäste von ihrem Gastgeber automatisch die kostenlose **Allgäu-Walser-Card.** Mit ihr bekommt ihr bei 140 Angeboten eine Ermäßigung (0,50 – 1 Euro), darunter Bergbahnen, Schwimmbäder, Waldseilgärten und Museen. Auch

Angebote wie freies Parken oder kostenlose Führungen sind ernthalten. Außerdem fahrt ihr im Landkreis Lindau kostenlos Bus.

Wer viel unternehmen und dabei sparen möchte, kann bei den Tourist-Informationen auf die Allgäu-Walser-Card noch eins von drei zusätzlichen Leistungspaketen aufbuchen. Hier gilt es, vorab zu überlegen, was ihr unternehmen wollt, und dann auszurechnen, ob sich eines dieser Pakete lohnt:

1.) Mit der **VIELcard** könnt ihr einmalig 70 Freizeiteinrichtungen gratis nutzen. Es gibt sie für 4, 7 und 14 Tage. Darin sind auch teure Attraktionen wie Erlebnisbäder und Bergbahnen enthalten.

2.) Die ↗ **ÖPNV-Urlaubskarte** ermöglicht beliebig viele Fahrten auf allen Bus- und Regiobahnlinien im südlichen Oberallgäu und Kleinwalsertal.

3.) Der **Alpsee-Grünten Einsteiger-Rucksack** bietet Juni – Okt vor allem Wanderen in mehreren Bädern, Bergbahnen und Museen zwischen Rettenberg und Sonthofen einmalig freien Eintritt.

Für Einheimische gibt es die **Allgäu-Walser-FAN-Card.** Sie kostet 8 Euro und bietet Ermäßigungen in rund 100 Einrichtungen. Kaufen kann sie jeder, der seinen Erstwohnsitz im Umkreis von 80 km rund um Kempten hat.

Gästekarten im Westallgäu

87534 Oberstaufen. www.westallgaeu.de.

▶ Im Westallgäu geben folgende Gemeinden die ↗ **Allgäu-Walser-Card** aus: *Gestratz, Grünenbach, Heimenkirch, Hergatz, Hergensweiler, Lindenberg, Maierhöfen, Oberreute, Opfenbach, Scheidegg, Stiefenhofen* und *Weiler Simmerberg.* Sie beinhaltet auch die kostenlose Nutzung der Busse auf den Regionalverkehrslinien des Landkreises Lindau und in die Nachbarorte Wangen, Isny, Oberstaufen und Sulzberg in Österreich.

In Oberstaufen erhalten Urlauber bei etwa 300 von insgesamt 550 Gastgebern mit ihrer Gästekarte die kostenlose Karte **Oberstaufen Plus.** Diese beinhaltet zusätzlich zu den Leistungen der Allgäu-Walser-Card umfangreiche Angebote im engeren Umkreis um Oberstaufen. Dazu zählen Freifahrten mit den Bergbahnen (Hochgrat, Imberg, Hündle), freier Eintritt ins Erlebnisbad Aquaria, freies W-Lan, freies Parken und die kostenlose Nutzung des Gästebusses. Im Winter ist auch der Skipass für die vier Skigebiete um Oberstaufen in der Plus-Karte enthalten.

Die Bodensee Card Plus

88131 Lindau. www.bodensee.eu. **Preise:** Sommer (Mitte Apr – Ende Okt) Bodensee Card Plus 3 Tage 69 €, 7 Tage 109 €, Winter 39 €; Kinder bis 6 Jahre beim Kauf einer Erwachsenenkarte frei, 7 – 16 Jahre Sommer 3 Tage 41 €, 7 Tage 65 €, Winter 19 €.

▶ Wer im Westallgäu Urlaub macht und Ausflüge im weiteren Bodenseeraum plant, sollte über den Kauf einer **Bodensee Card Plus** nachdenken. Es gibt sie im **Sommer** für jeweils 3 oder 7 Tage, wobei diese nicht am Stück genutzt werden müssen. Mit der Karte gibt es freien Eintritt bei über 160 Ausflugszielen (darunter das Zeppelin Museum, die Pfänderbahn und das Sea Life in Konstanz) sowie freie Fahrt mit den Kursschiffen.

Im **Winter** gilt die Bodensee Card Plus für 3 einzeln wählbare Tage und 60 Attraktionen, darunter Bergbahnen und Erlebnisbäder.

Erhältlich ist die Karte ↗ online, bei allen Tourist-Informationen am Bodensee und vielen Gastgebern.

Kommt meistens noch oben drauf: Die Kurtaxe

Allgäu GmbH, Gesellschaft für Standort und Tourismus, Allgäuer Straße 1, 87435 Kempten (Allgäu). ✆ 0831/5753730, www.allgaeu.de.

▶ In den staatlich anerkannten Kur- und Erholungsorten können die Gemeinden von Urlaubern einen **Kurbeitrag** bzw. eine **Kurtaxe** erheben. Hier sind

Kommt fast jährlich neu: Der beliebte Bodensee-Führer von pmv

〰 *Bodensee mit Kindern* von pmv bietet weitere 300 schöne Aktivitäten für Familien! 8. Auflage, ISBN 978-3-89859-468-4.

☼ Als Gegenleistung für die Kurtaxe bekommen Urlauber in diesen Orten vom Gastgeber eine **Gästekarte,** die vergünstigte Eintritte ermöglicht. Meist betragen die Ermäßigungen zwischen 0,50 und 1 € pro Person und Eintritt.

also zu den Übernachtungskosten zusätzlich die entsprechenden Kurbeiträge (über die Unterkunft) zu entrichten. Sie liegt im Allgäu je nach Ort, Kurbezirk und Region für Erw bei 0,80 – 2,90 Euro pro Kopf und Nacht. Kinder sind in manchen Gemeinden gar nicht kurbeitragspflichtig, in anderen erst ab 6 oder 7 Jahre. Selbst bis wann ein Kind als solches gilt, ist unterschiedlich geregelt: bis 15, 16 oder 17 Jahre; sie zahlen 0,40 – 1,20 € pro Nacht.

Orte, Touristinfos & Anfahrten

Bad Wörishofen

Gäste-Information im Kurhaus, Hauptstraße 16, 86825 Bad Wörishofen. ℂ 08247/9933-55, -56. www.bad-woerishofen.de. **Bahn/Bus:** Ab München Hbf RE bis Buchloe oder Türkheim, dann RB bis Bad Wörishofen. **Auto:** A96 Ausfahrt Bad Wörishofen, St2015, rechts in Irsinger Straße, links in Hauptstraße. **Zeiten:** telefonisch Mo – Fr 8 – 20, Sa, So, Fei 10 – 18 Uhr. Schalter 15. März – Okt Mo – Fr 9.30 – 18, Sa, So, Fei 9.30 – 16 Uhr, sonst Mo – Fr 10 – 17 sowie Nov – 14. März Sa 10 – 12.30, Weihnachtsferien Sa, So, Fei 10 – 16 Uhr.

▶ Das Prädikat Bad trägt Wörishofen bereits seit 1920, heute positioniert es sich als Gesundheitsstadt. Dank Therme, Kurpark, zahlreicher Unterkünfte und Gesundheitsangebote nach Pfarrer Kneipp ist die beschauliche 16.000-Einwohner-Stadt eher auf ältere Menschen als auf Familien eingestellt.

Memmingen

Stadtinformation Memmingen, Marktplatz 3, 87700 Memmingen. ℂ 08331/850-172, 850-173. www.memmingen.de. **Bahn/Bus:** Memmingen liegt an der Strecke Ulm – Kempten, Augsburg – Lindau sowie Aulendorf – Wangen – Hergartz RE/RB, vom Bhf 5 Min zu Fuß ins Zentrum. **Auto:** Von Ulm über A7 bis Ausfahrt Memmingen Nord, dann über Europastraße und Buxheimer Straße,

Seit 2019 sind alle städtischen Museen kostenlos! Dies gilt zunächst für 3 Jahre. Die Öffnungszeiten sind einheitlich Di – So 11 – 17 Uhr.

weiter in Dr.-Berndls-Straße bis Parkhaus Karstadt, dann 6 Min zu Fuß über Buxacher Straße bis Marktplatz. Von München über A96 bis Ausfahrt Memmingen Ost, dann B300/Münchner Straße, Beschilderung bis Parkhaus Bahnhofstraße folgen, 6 Min zu Fuß. **Zeiten:** Mo – Fr 9 – 17, Sa 9.30 – 12.30 Uhr.

▶ Memmingen (ca. 41.500 Einwohner) hat eine lange Geschichte als freie Reichs- und reiche Handelsstadt sowie als Zentrum der Reformation. Hier wurde 1525 die erste deutsche Menschenrechtserklärung in Form der zwölf Bauernartikel veröffentlicht. Der mittelalterliche Stadtkern mit seinem vielfältigen Einzelhandels- und Gastronomieangebot lädt zum Bummeln und Verweilen ein. Die schönsten Gebäude und die Geschichte der Stadt könnt ihr schon vorab entdecken, wenn ihr auf der Webseite den virtuellen Stradtrundgang *Roter Weg* macht.

Mindelheim

Touristinformation Mindelheim im Rathaus, Maximilianstraße 26, 87719 Mindelheim. ✆ 08261/9915-20, www.mindelheim.de. **Bahn/Bus:** Mindelheim Bhf an der RB-Strecke Augsburg – Lindau und Günzburg – Mindelheim. **Auto:** Von München oder Lindau A96 Ausfahrt Bad Wörishofen/Mindelheim, dann MN37 bis ins Zentrum. **Zeiten:** Mo – Fr 9.30 – 12.30 und 14 – 17 Uhr.

Stadtführungen April – Okt zu verschiedenen Themen, Jun – Sep auch spezielle Kinderführungen.

▶ Das 14.000-Einwohner-Städtchen besticht durch seinen schön renovierten Stadtkern und eine interessante Museumslandschaft. Alle drei Jahre findet hier zur Erinnerung an den ehemaligen Stadtherrn und Landknechtsführer *Georg von Frundsberg* das zehntägige **Frundsbergfest** statt (das nächste Mal 2021). Daneben gilt Mindelheim **Krippenstadt;** besucht das schöne ↗ *Krippenmuseum!*

Ottobeuren

Touristikamt Ottobeuren, Marktplatz 14, 87724 Ottobeuren. ✆ 08332/9219-50, www.ottobeuren.de. **Bahn/Bus:** Von ↗ Memmingen Bhf Bus 955 bis Ottobeuren

Marktplatz. **Auto:** Von Ulm A7 Ausfahrt Memmingen Süd/Ottobeuren, B300, St2013, von München A96 Ausfahrt Erkheim/Ottobeuren, St2011. **Zeiten:** Mo – Fr 9 – 12.30 und 14 – 17, Fr 14 – 16, Mai – Sep auch Sa 10 – 12 Uhr.

▶ Der Kneipp-Kurort mit seinen rund 8000 Einwohnern wird seit Jahrhunderten von der mächtigen Klosteranlage und der prächtigen barocken Basilika dominiert. Ottobeuren lockt aber nicht nur Kunst- und Musikfreunde (wegen der berühmten Orgelkonzerte) an, sondern punktet auch mit guter Gastronomie und vielen Wandermöglichkeiten.

Auf der Webseite findet ihr unter »Tourismus« eine Anleitung (PDF) für **Geocaching** rund um Ottobeuren. Das Suchspiel verbindet Sightseeing und Schnitzeljagd, für Kinder gibt es zudem einen Multi *Märchenwald*. Gehzeit 1 Std, auch mit Kinderwagen machbar.

Kempten

Tourist Information Kempten, Rathausplatz 24, 87435 Kempten (Allgäu). ✆ 0831/960 955-0, www.kempten.de. **Bahn/Bus:** Von Ulm oder München RE bis Kempten Hbf, dann mit Bus 6, 8 oder 10 bis ZUM (neben Königsplatz). **Auto:** Von Ulm über A7 bis Ausfahrt Kempten, dann über B19 bis Berliner Platz, danach über B19 ins Zentrum, Parken am Königsplatz; Schildern folgen. **Zeiten:** Mo – Fr 9 – 17 Uhr, Mai – Okt auch Sa 10 – 13 Uhr.

▶ Kempten als die *Metropole des Allgäus* mit rund 65.000 Einwohnern ist eine lebendige Stadt mit guten Einkaufsmöglichkeiten, vielfältiger Gastronomie und vielen Kulturangeboten. Gute Verkehrsanbindung in alle Richtungen. Das Umland punktet mit schöner Landschaft, Bergblick von vielen Stellen aus und zahlreichen Wander- und Sportmöglichkeiten.

In der Tourist-Info gibt es einen speziellen Stadtplan für Kinder mit vielen Tipps und einem Kempten-Quiz.

Altusried

Gästeinformation Altusried, Hauptstraße 18, 87452 Altusried. ✆ 08373/7051, www.altusried.de. **Bahn/Bus:** Von Ulm oder München mit RE bis Kempten Bhf, von dort Bus 66 und 66b bis Altusried Rathausplatz. **Auto:** Von Ulm auf A7, Ausfahrt Dietmannsried, dann über St2377 und St2009 bis Altusried Hauptstraße. **Zeiten:** Mo – Fr 9 – 12 Uhr, Mo, Mi, Fr auch 16 – 18 Uhr.

▶ Der Markt Altusried mit seinen rund 10.000 Einwohnern ist durch die Abenteuer des Kult-Kommis-

Altusried im Kluftinger-Rausch: www.kommissar-kluftinger.de.

BioTextilien Allgäu, Hauptstraße 33, Altusried. © 08373/921200. www.biotextilien-all-gaeu.de. Mo, Di, Do 9 – 12.30 und 14 – 18, Fr 9 – 18 und Mi, Sa 9 – 13 Uhr. Große Auswahl an ökologisch hergestellter Kleidung für die ganze Familie.

Ursprünglich hieß der Ort Beuren oder Buron, was »zu den Häusern« bedeutet. Als Handel und Handwerk immer bedeutender wurden, setzte man im 14. Jahrhundert die Silbe Kauf davor. Kaufbeuren bedeutet also »Häuser, bei denen Handel getrieben wird«.

sars *Kluftinger* deutschlandweit bekannt geworden. Dabei hat er mehr zu bieten als Krimi-Schauplätze, nämlich eine außergewöhnliche **Freilichtbühne** samt eifrigem Theatervolk, eine erstaunlich vielseitige Gastronomie und viele Wander- und Radelmöglichkeiten. Überregional bekannt ist der **Alternative Markt Altusried,** der jährlich am 1. Oktobersonntag stattfindet.

Kaufbeuren

Kaufbeuren Marketing Tourist Information, Kaiser-Max-Straße 3a, 87600 Kaufbeuren. © 08341/437-190, www.kaufbeuren.de. **Bahn/Bus:** Ab München Hbf RE oder ALEX München – Lindau etwa alle 30 Min, ab Augsburg oder Ulm RE/RB bis Kaufbeuren Bhf, zu Fuß etwa 10 Min. **Auto:** Von München A96 bis Ausfahrt Buchloe/Jengen, dann B12 bis Kaufbeuren/Neugablonz, am Kreisverkehr 2. Ausfahrt Augsburger Straße, an der Spittelmühlkreuzung vor der Altstadt links und dann gleich wieder rechts ins Rosental. **Zeiten:** Mo, Di, Do, Fr 9.30 – 17, Mi 9.30 – 14 Uhr, Mai – Okt auch Sa 9.30 – 12 Uhr.

▶ Kaufbeuren war jahrhundertelang eine wohlhabende Handels- und freie Reichsstadt, die allerdings im 30-jährigen Krieg sehr zu leiden hatte. Nach dem Zweiten Weltkrieg kamen viele Heimatvertriebene aus dem Sudetenland, die mit dem neuen Stadtteil **Neugablonz** ein Zentrum der (Mode-)Schmuckindustrie aufbauten. Heute ist Kaufbeuren mit 44.000 Einwohnern die drittgrößte kreisfreie Stadt Schwabens. Ihre schöne **Altstadt** und das bunte Theater- und Kleinkunstleben machen sie touristisch reizvoll, Handel und Gastronomie sind aber eher kleinstädtisch geprägt.

Marktoberdorf

Touristikbüro der Stadt Marktoberdorf, Richard-Wengenmeier-Platz 1, 87616 Marktoberdorf. © 08342/4008-45, www.touristik-marktoberdorf.de. **Bahn/Bus:** RB König-Ludwig-Bahn 974 aus München über Kaufbeuren bis

Marktoberdorf Bhf. **Auto:** Von München A96 Ausfahrt Buchloe, dann B12 bis Ausfahrt Marktoberdorf Ost, anschließend auf B16 ins Zentrum, an der 1. großen Kreuzung rechts in Poststraße, dann links in die Jahnstraße bis Richard-Wengenmeier-Platz. **Zeiten:** Mo – Fr 8 – 12.30 und zusätzlich Mo, Do 14 – 16 Uhr.

▶ Marktoberdorf bekam zwar bereits 1453 das Marktrecht, blieb aber lange vor allem ein Dorf. Seine Blütezeit erlebte es im 18. Jahrhundert, als die Augsburger Fürstbischöfe hier eine Sommerresidenz errichteten. Erst 1953 wurde es zur Stadt und 1972 im Zuge der Gebietsreform zum Zentrum des neu gegründeten Landkreises Ostallgäu. Die ehemalige Residenz beherbergt heute die Bayerische Musikakademie und ist Veranstaltungsort renommierter Musikfestivals im Bereich Klassik und Jazz. Ansonsten ist Marktoberdorf mit seinen 18.000 Einwohnern ein recht beschauliches Städtchen.

Weil Marktoberdorf ein ziemlich langer Ortsname ist, verkürzen ihn die Einheimischen auf die drei Buchstaben des alten (und inzwischen wieder häufiger zu sehenden) Autokennzeichens: MOD. Besonders beliebt ist die Kombination MOD-EL.

Füssen

Tourist Information Füssen, Kaiser-Maximilian-Platz 1, 87629 Füssen. © 08362/9385-0, www.fuessen.de. **Bahn/Bus:** RE aus München, RB 974 König-Ludwig-Bahn über Buchloe, Kaufbeuren und Marktoberdorf bis Füssen Bhf. **Auto:** Von Norden auf A7 bis Ausfahrt Füssen. **Zeiten:** Mo – Fr 9 – 17, Sa 9.30 – 13.30 Uhr.

▶ Füssen blickt auf 700 Jahre Stadtgeschichte zurück und kann mit einer gut erhaltenen Altstadt samt sehenswerten Kirchen, einem stattlichen Schloss sowie vielen Gastronomie- und Hotelbetrieben aufwarten. Sehenswert ist der *Lechfall* unweit des Stadtkerns, an dem sich das blaugrüne Wasser rauschend über einige Stufen ergießt.

Zu Füssen mit seinen rund 15.000 Einwohnern gehören **Bad Faulenbach, Weißensee** und **Hopfen am See.** ↗ *Schwangau* mit den Königsschlössern sowie das südliche Ostallgäu und die Region um ↗ *Reutte* in Österreich lassen sich von hieraus gut erkunden.

Ab der 1. Übernachtung in Füssen bekommt ihr die kostenlose **FüssenCard,** mit der ihr gratis parken oder mit dem ÖPNV nach Kaufbeuren, Pfronten und Kempten fahren könnt. Zusätzlich gibt es ermäßigte Eintritte in der Region.

Pfronten

Pfronten Tourismus, Vilstalstraße 2, 87459 Pfronten-Ried. © 08363/698-88, www.pfronten.de. **Bahn/Bus:** RB aus Kempten bis Bhf Pfronten-Weißbach, -Ried, oder -Steinach. **Auto:** Von Ulm über A7, Ausfahrt Oy-Mittelberg, dann B309 über Nesselwang bis Pfronten-Ried, kurz vor der Vils rechts in die Vilstalstraße. **Zeiten:** Mo – Fr 9.30 – 12 und 14 – 17 Uhr.

▶ Wer hier noch nie war, ist erst einmal verwirrt: Pfronten ist nämlich gar kein Ort. Sondern die etwa 8000 Einwohner verteilen sich auf **13 Ortsteile,** letztlich Dörfer, die sich schon seit dem Spätmittelalter zu einer Pfarrgemeinde zusammengeschlossen haben: **Berg, Dorf, Halden, Heitlern, Kappel, Kreuzegg, Meilingen, Ösch, Rehbichl, Ried, Röfleuten, Steinach** und **Weißbach.** Allen gemeinsam ist die traumhaft schöne Lage direkt an den Allgäuer Alpen und die gute touristische Infrastruktur mit zahlreichen Übernachtungsmöglichkeiten, Wanderwegen, Skipisten, Loipen und anderen Outdoor-Angeboten.

Nesselwang

Tourist Information Nesselwang, Hauptstraße 20, 87484 Nesselwang. © 08361/923040, www.nesselwang.de. **Bahn/Bus:** RB Kempten – Reutte bis Nesselwang Bhf, ab Kempten ZUM Bus 63. **Auto:** Von Norden kommend auf A7 bis Ausfahrt Nesselwang, dann auf OAL23 weiter bis ins Ortszentrum. **Zeiten:** Mo – Fr 8.30 – 12 und 14 – 18 Uhr. **Infos:** Kinderferienprogramm unter www.nesselwang.de/kinderferienprogramm-nesselwang.html.

▶ Der Luftkurort Nesselwang hat 3500 Einwohner, die jährlich rund 90.000 Urlaubsgäste beherbergen. Trotz Tourismus und Verkehr hat sich der Ort seinen allgäutypischen Charakter bewahrt. Die touristische Infrastruktur ist dank **ABC-Bad** und **Alpspitze** sehr gut, auch Gastronomie und Handel können sich für einen Ort dieser Größe sehen lassen. Zudem bietet

Hunger & Durst

Brauerei-Gasthof Hotel Post, Hauptstraße 25, Nesselwang. © 08361/30910. www.hotel-post-nesselwang.de. Täglich geöffnet. Gute Allgäuer Küche, Bierspezialitäten aus eigener Brauerei und dazu ein skurriles **Ostereiermuseum.**

sich Nesselwang als Ausgangspunkt für die Umgebung im Dreieck zwischen Kempten, Füssen und Grünten an. Von Mitte Mai bis Anfang September wird ein eigenes Kinderferienprogramm angeboten, die meisten Veranstaltungen sind mit der Nesselwanger Gästekarte kostenlos.

pmv Öko-Tipp!
Wertach

Tourist-Info Wertach, Rathausstraße 3, 87497 Wertach. © 08365/7021-99, www.wertach.de. **Bahn/Bus:** Von Ulm RE bis Sonthofen Bhf, weiter mit Bus 9781 oder 81 bis Wertach Rathaus. **Auto:** Von Ulm über A7 bis Ausfahrt Oy-Mittelberg, dann B310 bis Wertach. **Zeiten:** Mo – Fr 8 – 12 und 14 – 17, Sa 9.30 – 12 Uhr, Nov – 20. Dez Sa geschlossen.

▶ Zwei Drittel der höchstgelegenen Marktgemeinde Deutschlands (915 m) am Fuße des **Grünten** stehen unter Naturschutz. Wertach ist Luftkurort und außerdem ein besonders familienfreundlicher Urlaubsort, der Unterkünfte aller Art (2000 Betten bei rund 2500 Einwohnern!) und viele Freizeitmöglichkeiten bietet. Die Wandermöglichkeiten rund um den Grünten sind vielfältig und für Kinder geeignet, das Skigebiet **Jungholz** ist nur zehn Autominuten entfernt; Bus 48.

s'Molkefässle, Dr.-Bach-Straße 13, Wertach. © 08365/298. www.allgaeuer-kaese-spezialitaeten.de. Mo, Di, Do, Fr 8.30 – 12 und 15.30 – 18 Uhr, Mi 8.30 – 12, Sa 8 – 12 Uhr. 13 Bio-Käsesorten, Joghurt, Butter, Honig und andere gute Sachen.

pmv Öko-Tipp!
Immenstadt

Tourist Info Immenstadt, Seestraße 10, 87509 Immenstadt. © 08323/998877, www.alpseehaus.de. **Bahn/Bus:** Von Ulm RE Richtung Oberstdorf oder RE von Kempten bis Immenstadt Bhf, dann mit Bus 39 bis Bühl/B308. **Auto:** Von Norden über A7, am Allgäuer Dreieck auf A980, dann Ausfahrt Richtung Oberstorf/Immenstadt auf B19 bis Immenstadt Süd, dann B308 folgen bis Ausfahrt Bühl/Alpseehaus. **Zeiten:** Nov – Mitte März Mo – So 10 – 16 Uhr, Mitte März – Okt 10 – 18 Uhr.

▶ Die älteste Stadt im Oberallgäu verdankt ihren schönen Stadtkern ihrer Tradition als Handelsstadt.

Im Obergeschoss des Alpseehauses befindet sich die ⤢ Expedition Nagelfluh, auf dem Platz davor der ⤢ Alpsee Skytrail.

Landschaftlich sehr reizvoll unmittelbar vor der **Nagelfluhkette** und am **Großen Alpsee** gelegen, bietet sich Immenstadt für viele Freizeitaktivitäten in der näheren Umgebung an, fungiert aber auch als Verbindungsort zwischen Ober- und Westallgäu. Die Stadt hat sich dem sanften Tourismus ohne Schneekanonen & Co. verschrieben, engagiert sich stark für den *Naturpark Nagelfluh* und hat ein Programm *Berge für Einsteiger* gestartet.

Sonthofen

Tourist-Info Sonthofen, Rathausplatz 1, 87527 Sonthofen. © 08321/615-291, www.sonthofen.de.
Bahn/Bus: RE/RB und ALEX 970 München/Augsburg – Kempten – Immenstadt – Lindau – Sonthofen, von Ulm mit RE 3889 direkt – Kempten – Sonthofen Bhf, dann 10 Min zu Fuß über Blumenstraße bis Rathausplatz. **Auto:** Von Ulm über A7 bis Allgäuer Kreuz, dann auf A980 bis Ausfahrt Oberstdorf/Immenstadt, auf B19 bis Sonthofen Nord, dann über Grüntenstraße ins Zentrum. **Zeiten:** Juni – Sep Mo – Fr 8 – 17, Sa 9 – 12 Uhr, Okt – Mai 8 – 12 und 13 – 17, Sa 9 – 12 Uhr, Nov – 20. Dez und März, April 8 – 12 und 13 – 17 Uhr.

▶ Sonthofen wurde erst 1963 zur Stadt erhoben und darf sich seitdem *südlichste Stadt Deutschlands* nennen. Umgeben vom gewaltigen Gebirgspanorama der Allgäuer Hochalpen, bietet sich der Luftkurort (21.000 Einwohner) als Drehscheibe der Oberallgäuer Ferienregion an.

Viele Vermieter bieten die kostenlose Gästekarte **Bad Hindelang Plus** an, mit der ihr freien Eintritt in 20 Attraktionen habt, kostenlos parken und gratis Busfahren könnt. Es lohnt sich, bei der Buchung danach zu fragen!

Bad Hindelang

Kurverwaltung Bad Hindelang, Unterer Buigenweg 2, 87541 Bad Hindelang. © 08324/8920, www.badhindelang.de. **Bahn/Bus:** Von Sonthofen Bhf Bus 9748 nach Bad Hindelang Busbhf. **Auto:** Von Ulm über A7 bis Ausfahrt Bad Hindelang-Oberjoch, dann auf B309 bis Bad Hindelang. **Zeiten:** Mo – Fr 9 – 17, Sa, Fei 9 – 12 Uhr.

▶ Im Herzen des Ostrachtales liegt das Kneippheilbad Bad Hindelang. Es ist wegen seiner reinen und

allergenarmen Luft auch ein heilklimatischer Kurort, der trotz seiner Beliebtheit (auf die 5000 Einwohner kommen rund 1 Mio Gästeübernachtungen im Jahr!) noch viel von seinem ursprünglichen Allgäu-Charakter bewahrt hat. Zur Gemeinde Bad Hindelang gehören auch die Ortschaften **Bad Oberdorf, Oberjoch, Unterjoch** und **Hinterstein.**

Oberstdorf

Tourist-Information Oberstdorf-Haus, Prinzregenten-Platz 1, 87561 Oberstdorf. ✆ 08322/700-0, www.oberstdorf.de. **Bahn/Bus:** RE/RB und ALEX 970 München/Augsburg – Buchloe – Kaufbeuren – Kempten – Immenstadt – Oberstdorf, von Ulm mit RE 3889 direkt – Kempten – Sonthofen – Oberstdorf, vom Bhf 700 m Fußweg bis Oberstdorf-Haus. **Auto:** Von Norden über A7, am Autobahnkreuz Allgäu auf A980, dann Ausfahrt Oberstdorf auf B19, am Kreisverkehr hinter der Breitach geradeaus auf OA4, dann Parkleitsystem folgen. **Zeiten:** Mo – Fr 9 – 17, Sa 9 – 12 Uhr.

▶ Deutschlands südlichste und flächenmäßig drittgrößte Gemeinde Bayerns bringt es bei knapp 10.000 Einwohnern auf fast 3 Mio Gästeübernachtungen im Jahr. Kein Wunder: Oberstdorf liegt spektakulär schön im Talkessel der Allgäuer Hochalpen, ist weltberühmt aufgrund seiner Ski-Sprung- und Flugschanzen und bietet ein vielfältiges Sport- und Freizeitangebot für Jung und Alt, und das zu jeder Jahreszeit.

Bei den meisten Oberstdorfer Unterkünften sind Mai – Okt die Fahrten in 8 Bergbahnen im Preis enthalten!

Heckmair Sport GmbH, Nebelhornstraße 46, Oberstdorf. ✆ 08322/2210. www.heckmair.de. Mo – Fr, Sa 9 – 12, Mo, Di und Do, Fr 14.30 – 18 Uhr. Verleih von Trekkingrädern (10 €/Tag), Mountain- (ab 22 €/Tag) und eBikes (35 €/Tag), Kinderräder (ab 6 €/Tag). u.a.

ORTE, INFO & VERKEHR

VORSICHT, TIERE!

▶ Wenn ihr auf Almen und in den Bergen unterwegs seid, kann es zu Begegnungen mit Tieren kommen. Manchmal führen Wanderwege mitten über eine Weide, dann schließt immer das Gatter hinter euch. Wenn ihr auf **Kühe** oder **Jungtiere** (sie heißen im Allgäu übrigens *Schumpen*) trefft, geht ihr am besten ruhig und ohne heftige Bewegungen oder Lärm euren Weg weiter. Kühe auf Sennalpen werden gemolken und sind daher an Menschen gewöhnt. Schumpen sind neugierig und kommen Wanderern schon mal interessiert entgegen. Sie werden aber normalerweise nicht aggressiv.

VERHALTENSTIPPS FÜR KLEINE UND GROSSE WANDERER

Trefft ihr dagegen auf eine Herde mit Kühen und Kälbern oder gar einem Stier, solltet ihr möglichst gar nicht über die Weide laufen. Falls es trotzdem notwendig ist, haltet euch von den Kälbern fern, egal, wie niedlich sie sind. Nicht hingehen, nicht streicheln, nicht füttern! Mama-Kühe verteidigen nämlich ihre Kälber und Stiere ihre Herde gegen echte und gefühlte Bedrohungen. Richtig gefährlich wird es, wenn eine Kuh oder ein Stier stehen bleibt, euch aufmerksam ansieht und dabei den Kopf hebt, wieder senkt und dabei schnaubt. Dann steht ein Angriff bevor! In diesem Fall gilt: Nicht wegrennen, sondern sich langsam rückwärts von der Herde entfernen und dabei das Tier im Auge behalten.

Schafe ziehen sich normalerweise ängstlich zurück, wenn Wanderer vorbeikommen. Hier müsst ihr nur aufpassen, wenn ein Hütehund dabei ist, denn der nimmt seine Aufgabe sehr ernst. Dann geht ihr ruhig und mit großem Abstand an der Herde vorbei. **Ziegen** sind recht neugierig und meist freundlich. Muttertiere mit Zicklein und Böcke greifen nur an, wenn sie sich bedroht fühlen. Das gilt übrigens erst recht für wilde Bergziegen.

Besondere Vorsicht ist geboten, wenn ihr beim Wandern einen **Hund** dabei habt, denn der wird von Grasfressern meist als Wolf und damit als Gefahr eingeschätzt. Den Hund solltet ihr daher immer an der kurzen Leine führen! Im Zweifelsfall: Lieber umkehren und einen anderen Weg wählen.

Oberstaufen

Haus des Gastes Oberstaufen, Hugo-von-Königsegg-Stra-
ße 8, 87534 Oberstaufen. ✆ 08386/9300-0, www.ober-
staufen.de. **Bahn/Bus:** Von Ulm Hbf RE, von München
Hbf ALX bis Oberstaufen Bhf. **Auto:** Von Norden über A7,
am Autobahndreieck Allgäu auf A980, dann auf B19 bis
Ausfahrt Immenstadt-Süd, von dort über B308 bis Oberstaufen. **Zeiten:** Mo – Fr 8.30 – 17.30, Sa 10 – 13 Uhr.

 Rund 300 Gast-
geber bieten die
**Oberstaufen PLUS-
Karte,** mit der man gratis
parken, Busfahren und
W-Lan nutzen kann so-
wie freien Eintritt z.B. ins
↗ Erlebnisbad Aquaria
hat.

▶ Oberstaufen ist heilklimatischer und *Schroth-Kur-
ort* und profitiert von seiner zentralen Lage zwischen
West- und Oberallgäu an der Nagelfluhkette. Der Ort
hat bei aller touristischen Infrastruktur noch Allgäuer
Charme.
Wer es sportlich mag, kommt im Ortsteil **Steibis** auf
seine Kosten, Ruhesuchende und Familien schätzen
das gemütliche **Thalkirchdorf.**

Scheidegg

Scheidegg-Tourismus, Rathausplatz 8, 88175 Scheidegg. ✆ 08381/895-55, 0800-8899555. www.schei-
degg.de. **Bahn/Bus:** Von Hergatz (RB Aulendorf – Kißlegg – Lindau) Bus 13 bis Scheidegg Bahnhofstraße, ab
Bhf Röthenbach Bus 11 bis Scheidegg Zentrum. **Auto:**
Von Norden auf A96 bis Ausfahrt Sigmarszell, dann auf
B308 bis Scheidegg Rathausplatz. **Zeiten:** Mo – Fr 9 –
17 Uhr, Jun – Sep auch Sa 10 – 12 Uhr.

 In Scheidegg und
Lindenberg könnt
ihr die **Echt Bodensee
Card** kaufen, die kostenlosen Eintritt zu vielen
Sehenswürdigkeiten bie-
tet.

▶ Der heilklimatische Kneippkur- und Wintersport-
ort liegt im westlichsten Zipfel des Allgäus in sonniger Panoramahöhenlage (800 – 1000 m) auf dem
Pfänderrücken im Dreiländereck Schweiz, Österreich und Deutschland. Zwischen Hochgebirge und
Bodensee bieten sich unzählige Freizeitmöglichkeiten.

Wangen

Gästeamt/Tourist Information Wangen, Bindstraße 10,
88239 Wangen. ✆ 07522/74-211, www.wangen.de.
Bahn/Bus: Ab Ulm Hbf RB bis Kißlegg, dann RB bis Wangen oder ULM HBf IRE bis Ravensburg, dann Bus 7542

bis Wangen Busbhf, von dort 6 Min zu Fuß. **Auto:** A96 von München, Ausfahrt Wangen-West, dann B32 bis Wangen und Parkleitsystem folgen. **Zeiten:** Mo – Fr 9 – 17 Uhr, Juni – Sep auch Sa 9 – 12 Uhr.

▶ Wangen mit seinen rund 26.000 Einwohnern ist eine lebendige Stadt mit reichem kulturellen und gastronomischen Angebot. Die historische Altstadt ist noch geschlossen erhalten, vorbildlich renoviert und lädt mit ihren kleinen Läden, zahlreichen Brunnen und Kunstwerken zum gemütlichen Bummeln ein.

Isny

Isny Marketing GmbH Büro für Tourismus, Unterer Grabenweg 18, 88316 Isny. ℭ 07562/97563-0, www.is-ny.de. **Bahn/Bus:** Isny hat seit 1984 keinen Bahnanschluss; von Ravensburg Bus 7542, von Kempten Bus 50 bis Isny Kurhaus Busbhf. **Auto:** A96 bis Ausfahrt Leutkirch Süd, dann L319 und L318 Richtung Isny, dort Leutkircher Straße folgen, am Kreisverkehr 2. Ausfahrt Bahnhofstraße, dann Schwanenweg und Untere Achstraße bis zum Kurhaus. **Zeiten:** Mo – Fr 9 – 12.30, 14 – 17 Uhr.

▶ Mit **Beuren, Großholzleute, Neutrauchburg** und **Rohrdorf** zusammen hat die Stadt Isny gerade einmal 14.000 Einwohner. Dabei war sie jahrhundertelang eine bedeutende Handels- und freie Reichsstadt. Davon zeugen heute die schönen Bürgerhäuser und die gut erhaltene Stadtmauer mit Wehrgang nebst drei von ehemals fünf Toren. Isny bietet sich als Ausgangspunkt für viele Ausflüge an, man kann in der Umgebung auch sehr gut wandern und Skilanglauf machen. Zudem ist das abendliche Kulturangebot sehr gut.

Das Bahnnetz im Allgäu

▶ Die Bahnen im Allgäu fallen in das Netz der DB Regio Allgäu-Schwaben. Es fahren meist im stündlichen Rhythmus die:

Ostallgäu-Lechfeld-Bahn von Augsburg und München über Buchloe und Kaufbeuren bis Füssen;

Mittelschwabenbahn von Günzburg nach Mindelheim (mit Anschluss nach Memmingen);

Illertalbahn von Ulm über Memmingen nach Kempten;

Außerfernbahn von Kempten über Pfronten nach Reutte in Tirol, landschaftlich sehr reizvoll.

ALEX & RB/RE

Von **München** gehen Züge nach Kempten halbstündlich oder stündlich ab, wobei manchmal in Buchloe umgestiegen werden muss. Im 2-Stunden-Takt fahren Züge von München über Kempten nach Lindau und Oberstdorf. Achtung: In Immenstadt findet meist eine Zugteilung statt, bei der ein Zugteil weiter nach Lindau, der andere nach Oberstdorf fährt.

Die wichtigsten **Bahnknotenpunkte** im Allgäu:

Kostenlose Fahrplanauskunft 0800/1507090.
www.bahn.de.
ALEX: www.laenderbahn.com/alex.

Buchloe ist Fernverkehrshaltepunkt auf der EC-Strecke München – Zürich, über den außerdem die Regionalexpresslinien aus München und Augsburg nach Füssen, Kempten, Lindau, Memmingen und Oberstdorf verlaufen;

Kempten: Hier halten täglich 8 Fern- und 141 Nahverkehrszüge. Der Bahnhof ist Haltepunkt auf der IC-Linie Hamburg – Oberstdorf.

Memmingen: Hier halten täglich 8 Fern- (der EC auf der Linie München – Zürich) sowie 144 Nahverkehrszüge.

Busverbindungen

Unterwegs im Unterallgäu

VVM Verkehrsverbund Mittelschwaben GmbH, Hans-Lingl-Straße 1, 86381 Krumbach. ✆ 08282/828700, www.vvm-online.de.

▶ Im Unterallgäu nutzt ihr das Angebot des **Verkehrsverbunds Mittelschwaben** (VVM). Gruppentarife gibt es hier erst ab 15 Pers, es werden aber 6-Fahrten-Karten und Wochenkarten angeboten, deren Preise sich nach den jeweiligen Tarifzonen richten.

Regio-Ticket Allgäu-Schwaben

87435 Kempten (Allgäu). www.bahn.de. **Zeiten:** gültig Mo – Fr ab 9 Uhr, Sa, So, Fei bereits ab 0 Uhr. **Preise:** 23 € für 1 Pers, 7 € für jede weitere, bis max. 5 Pers.

Bei Mitnahme eines zahlungspflichtigen Hundes ist beim Regio-Ticket das Wort »Hund« anstelle eines Reisenden einzugeben – auch wenn der Hund Bello heißt.

▶ Mit dem personalisierten **Allgäu-Schwaben-Ticket** könnt ihr einen ganzen Tag lang beliebig oft Zug fahren, und zwar in der Region zwischen Lindau und München, zwischen Oberstdorf und Ulm bzw. Donauwörth mit allen Regional- und S-Bahnen sowie in der Länderbahn *ALEX* zwischen München Hbf – Buchloe – Kempten – Lindau bzw. Oberstdorf, Buchloe – Memmingen – Kißlegg – Hergatz und der *agilis-Eisenbahngesellschaft* zwischen Ulm und Neu-Ulm und Augsburg-Oberhausen und Mering. Kinder bis 5 Jahre fahren gratis mit, max. 3 Kinder bis 14 Jahre können zusätzlich kostenlos mitgenommen werden.

Im nördlichen Oberallgäu

mona GmbH, Albert-Wehr-Platz 1, 87435 Kempten (Allgäu). ℂ 0831/522880, 0800 1154600 (gebührenfrei). www.mona-allgaeu.de.

▶ In der **Mobilitätsgesellschaft für den Nahverkehr im Allgäu** (mona) haben sich mehrere regionale Verkehrsbetriebe aus Kempten, dem Oberallgäu und dem Ostallgäu zusammengeschlossen, um den öffentlichen Personennahverkehr im Allgäu attraktiver zu gestalten. Ziel ist es, ein zusammenhängendes Nahverkehrsnetz samt einheitlichem Tarifsystem zu schaffen, das nicht an den Grenzen des Landkreises oder der Stadt Halt macht. Liniennetze, Fahrpläne und Tarife findet ihr auf der mona-Webseite.

Allgäumobil im Schlosspark

Tourismusverband Ostallgäu e.V., Schwabenstraße 11, 87616 Marktoberdorf. ℗ 08342/911-506, www.schlosspark.de. **Infos:** Welche Bus- und Bahnnetze kostenlos genutzt werden können, ↗ online oder im ↗ Allgäumobil-Fahrplanheft.

▶ Kostenlos den ganzen Tag Bus und Bahn fahren, so oft ihr möchtet (ausgenommen Anruf-Sammel-Taxi): Dieses Angebot könnt ihr nutzen, wenn ihr euren Urlaub in den Orten *Eisenberg, Füssen, Halblech, Hopferau, Lechbruck am See, Nesselwang, Pfronten, Rieden am Forggensee, Roßhaupten, Rückholz, Schwangau, Seeg* oder *Oy-Mittelberg* verbringt. Auch die Fahrt bis Kempten ist inklusive, nur für Busfahrten in Kempten müsst ihr bei Bedarf Tickets lösen.

Als Fahrkarte genügt eine gültige Gästekarte oder Königs-Card zusammen mit einem Lichtbildausweis und einem Abschnitt des Meldescheins von eurer Unterkunft.

Im Ostallgäu mit dem Bus unterwegs

Regionalverkehr Allgäu GmbH (RVA), Betrieb Füssen, Moosangerweg 18, 87629 Füssen. ℗ 08362/9390505, www.rva-bus.de.

▶ Im Ostallgäu haben sich mehrere Busunternehmen zur **Ostallgäuer Verkehrsgemeinschaft** (OVG) zusammengeschlossen, die einheitliche Tarife anbieten. Im südlichen Ostallgäu können Sie mit Ihrer Gästekarte die Busse der **Regionalverkehr Allgäu GmbH** (RVA) über das Angebot ↗ Allgäumobil im Schlosspark kostenlos nutzen (www.rva-bus.de). Hier erkundigt ihr euch am besten jeweils bei eurem Gastgeber, der Tourist Info oder beim Busfahrer nach der günstigsten Fahrkarte.

Im nördlichen Ostallgäu gibt es für 11,60 € ein Familien-Tagesticket der OVG, das aber nicht im Bereich des Stadtbusses Kaufbeuren gilt. Das Ticket kann in den Bussen der OVG gekauft werden.

Oberallgäu-Ticket und ÖPNV-Urlaubskarte

Bayerische Eisenbahngesellschaft mbH, Boschetsrieder Straße 69, 81379 München. www.bahn.de.

▶ Mit dem **Oberallgäu-Ticket** könnt ihr im gesamten Oberallgäu alle Busse und Nahverkehrszüge nutzen. Als Tageskarte kostet es 15 Euro für Erw und Ju-

Die Tageskarte bekommt ihr in den Bussen, an den Bahn-Verkaufsstellen und an allen Nahverkehrsautomaten im Oberallgäu.

gendliche ab 15 Jahre. Kinder bis 14 Jahre fahren in Begleitung Erwachsener kostenlos mit. Wer nur das südliche Oberallgäu (Oberstdorf bis Martinszell) oder nur den nördlichen Teil (Martinszell bis Dietmannsried) erkunden möchte, zahlt für die Tageskarte 11 Euro.

Feriengäste, die eine gültige Gästekarte aus dem Oberallgäu (⌁ Allgäu-Walser-Card) haben, können das Oberallgäu-Ticket auch als **ÖPNV-Urlaubskarte** für 4 (17 Euro), 7 (23 Euro) oder 14 Tage (36 Euro) kaufen, Kinder bis 14 Jahre fahren unentgeltlich mit.

Mit dem Bus im Westallgäu unterwegs

Bodensee-Oberschwaben Verkehrsverbundgesellschaft mbh, Bahnhofplatz 5, 88214 Ravensburg. ℗ 0751/3614141, www.bodo.de.

▶ Das Westallgäu fällt größtenteils in das Gebiet des **Bodensee-Oberschwaben-Verkehrsverbunds** (Bodo). Für Familien interessant ist die Gruppen-Tageskarte, die für bis zu 3 Zonen 10,30 Euro, für das Gesamtnetz 17,90 Euro kostet. Damit können bis zu 5 Personen gemeinsam Mo – Fr ab 8.30 Uhr, Sa, So, Fei ganztägig fahren. Kinder bis 5 Jahre fahren gratis mit, ab 6 Jahre zählen sie als eine Person.

Für Schulklassen und Jugendgruppen gibt es Sonderregelungen. Infos auf der Webseite unter Fahrscheine & Preise.

UNTERKUNFT & CAMPING

www.PeterMeyerVerlag.de

© pmv, Kettl-Römer

© pmv, Kettl-Römer

© pmv, Kettl-Römer

© pmv, Kettl-Römer

Endlich: Einfach mal abhängen! | **Ferienzentrum auch im Winter:** Oberstdorf mit Sprungschanze und Söllereckbahn | **Schumpen:** Wer nicht weiß, ob das Jungtier noch ein Schumpen ist (unter 1 Jahr alt), sagt einfach Rind zum Tier | **Naturidylle:** Naturfreundehaus Freibergsee | **Klettern:** Die Jugendherbergen bieten vielerlei Aktivitäten | **Froschkonzert inklusive:** Zelten am Waldbad Camping Insny

© pmv, Annette Sievers

© pmv, Kettl-Römer

Aus der Vielzahl von Unterkünften, die sich für erlebnisreiche Wochenenden und Ferienaufenthalte eignen, haben wir eine Auswahl vorgenommen, bei der die Bedürfnisse von Kindern, Jugendgruppen und Familien im Vordergrund stehen.

Die Unterkünfte werden nach Art gegliedert und regional sortiert mit Adresse und Preisen vorgestellt, von der Familienferienstätte über Urlaub auf dem Bauernhof bis zur Jugendherberge sowie Jugendzelt- und Campingplätzen. Bei jeder ↗ Touristik-Information bekommt ihr Prospekte mit weiteren Pensionen, Hotels und Ferienwohnungen.

Hotels & Pensionen

ₚₘᵥ Öko-Tipp!

Bio-Pension Kirschenfee, Markus Beetz, Mühlenweg 1, 87776 Attenhausen. ✆ 08336/8139998, www.kirschenfee.de. **Auto:** Von A96 Ausfahrt Erkheim, dann Untere Dorfstraße nach Süden bis Attenhausen, dort 1. Straße rechts. **Preise:** DZ ab 76 €, Zusatzbett 22 €.

▶ Ideal für Familien, die es ländlich, ruhig und biologisch mögen: Kleine Pension mit 3 liebevoll eingerichteten Zimmern, davon 2 für Familien, Frühstück mit selbst gebackenem Brot, auf Anfrage auch Bio-Halbpension möglich. Wlan-Frei und elektrosmogarm.

Mit dem Fahrrad sind es nur ein paar Minuten zu einem Badestopp bei den **Attenhausener Baggerseen.** 2 km zum Bahnhof Sontheim mit direkter Anbindung nach München, Augsburg, Ulm.

JUFA Kempten im Allgäu – Familien-Resort, Stadtbadstraße 5, 87439 Kempten (Allgäu). ✆ 0831/52384080, www.jufa.eu/kempten. **Bahn/Bus:** Bahn bis Kempten Hbf, dann Bus Linie 6 bis Sportpark. **Preise:** ÜF Familienzimmer je nach Größe, Ausstattung und Personenzahl 99,50 – 163 €, HP und VP buchbar.

▶ Das 57-Zimmer-Hotel (auch Familienzimmer) liegt direkt neben dem Erlebnis- und Freibad ↗ **CamboMare** und ist auf Familien und Sportgruppen ausgerichtet. Rad- und Sportgeräteverleih, Spielplatz,

Der Eintritt ins **CamboMare** und in die Kletterhalle ↗ **swoboda alpin** ist im Übernachtungspreis inbegriffen.

Spielzimmer, Tischtennis, Kicker, Billard und Heimkino.

Hunger & Durst

Bräustüberl in der Walder Käskuche, Nesselwanger Straße 44, Wald. ☏ 08302/200. www.walder-kaeskuche.de. Mo Ruhetag. Gemütliche Stube mit deftigen Leckereien, Betriebsführungen mit Verkostung für Gruppen ab 25 Pers auf Anfrage.

Hunger & Durst

Landgasthof Hubertus, Aitrang. www.hubertusapfeltrang.de. Ganztägig geöffnet, Mo, Di ab 17 Uhr. Restaurant mit sehr guter Küche und hauseigener Brauerei.

Berghof Babel, Nesselwanger Straße 44, 87616 Wald. ☏ 08302/200, www.berghof-babel.de. **Preise:** DZ je nach Kategorie 62 – 70 € pro Pers, Familienapartment 158 – 185 € pro Nacht; Kinder bis 5 Jahre im Zimmer der Eltern kostenlos, 6 – 14 Jahre 17 € inkl. Frühstück bei Ü im Zimmer der Eltern; Gruppenpreise ab 21 Pers.

▶ Gut ausgestattetes Hotel mit 60 Zimmern neben einem noch aktiven Bauernhof. Mehrere Familien-Apartments mit Kinderzimmer. Erlebnisgarten mit Saunalandschaft, Hallenbad, Schwimmteich, Fahrradverleih, Spielscheune und Tretauto-Fuhrpark, Ponyreiten für Kinder.

Landgasthof Hubertus, Familie Petrich, Wenglinger Straße 2, 87674 Aitrang. ☏ 08341/81976, www.hubertusapfeltrang.de. **Preise:** ÜF z.B. 4-Bett-Zimmer ab 124 €; Kinder bis 3 Jahre im Bett der Eltern frei.

▶ Ruhig gelegener Landgasthof in hübschem Dorf unweit von Kaufbeuren. 4 FeWo, je eine für 5, 6, 7 und 8 Personen, im Gästehaus neben dem Landgasthof. Im Hotel EZ, DZ sowie 3- und 4-Bett-Zimmer. Bolzplatz, Spielplatz, kleiner Pool, Kinderfuhrpark, Spielzimmer.

ρmv Öko-Tipp!

Explorer Hotel Neuschwanstein, An der Riese 45, 87484 Nesselwang. ☏ 08361/9989000, www.explorer-hotels.com/neuschwanstein. **Preise:** ÜF je nach Saison 40 – 75 €; Kinder bis 5 Jahre im Zimmer der Eltern gratis, 6 – 11 Jahre 15 €, ab 12 Jahre 20 €; eigenes Kinderzimmer für 1 – 3 Kinder mit 50 % Ermäßigung, diverse Paketangebote.

▶ Das zertifizierte Passivhotel (100 % klimaneutral) mit 99 Zimmern und einer Bar liegt direkt an der ✐ *Alpspitzbahn* und ist damit perfekt für sportliche Familien geeignet, die gleich morgens los zum Wandern und Radeln oder auf die Piste wollen. Die Familienzimmer sind einfach, aber praktisch eingerichtet und es gibt genügend Stauraum für Fahrräder und Skiausrüstung.

Berghotel Sonnenklause, mit Gaststätte, Andrea Schwenken, Hinang 48, 87527 Sonthofen-Hinang. ✆ 08321/3614, www.sonnenklause.de. **Preise:** ÜF je nach Saison und Zimmerkategorie 63 – 78 € (min. 3 Nächte), HP 20 € pro Pers; Kinder 2 – 14 Jahre je nach Alter 5 – 20 € pro Nacht im Zimmer der Eltern inkl. Frühstück.

▶ Das Berghotel liegt auf 1100 m in Alleinlage und daher absolut ruhig am Sonnenkopf (Fahrstraße bis zum Haus). Das ganze Haus und das Hotelschwimmbad werden aus der hauseigenen Quelle versorgt. Es gibt mehrere Familienzimmer für bis zu 4 Personen. Wellnessbereich, Spielplatz, Kräutergarten. Von hier ist es zu Fuß nur eine gute halbe Stunde zum Wasserpritschelparadies am ↗ *Hinanger Wasserfall.*

Familienferienstätten

Haus Zauberberg, DKF e.V. – Kolping Familienferienstätte, Mathias Owerrin, Kolpingstraße 23, 87459 Pfronten-Rehbichl. ✆ 08363/91260, www.haus-zauberberg.de. **Preise:** Standardpreis VP 60,90 €; für einkommensschwächere Familien gemeinnütziger Preis 53 €; Kinder 3 – 6 Jahre VP 33,40 €, gemeinnütziger Preis 30,30 €, 7 – 11 Jahre 42,40 bzw. 37,90 €, 12 – 17 Jahre 51 bzw. 44 €; für kinderreiche und einkommensschwache Familien oder mit behinderten Angehörigen ist eine zusätzliche Förderung durch Zuschüsse möglich.

▶ Von der Deutschen Kolpingsfamilie e.V. getragene Ferienstätte für Familien, Schulklassen, Gruppen und Senioren. 68 Zimmer, Indoor- und Outdoorspielplatz, Turnhalle, Kegelbahn, Wellnessbereich und Kleinkinder-Wasserspielplatz. 3 Babyküchen. Zu bestimmten Zeiten Kinderbetreuung und Kinderpro-

Hunger & Durst

Sonnenklause, Sonthofen. www.sonnenklause.de. Restaurant 10 – 22 Uhr (14 – 17.30 Uhr kalte Küche), Mi Ruhetag. Regionale Küche, Kräuter aus dem eigenen Garten vom Frühstück bis zur Abendkarte, auch Brotzeiten und Kinderkarte.

gramm. Auch saisonale Angebotswochen, z.B. *Skizwergerl* oder *7 = 6 für Familien.*

Kolping Allgäuhaus Wertach, Kolpingstraße 1 – 7, 87497 Wertach. ℂ 08365/790-0, www.allgaeuhaus-wertach.de. **Preise:** ab 3 Nächte 71,10 € im DZ mit VP; Kinder bis 2 Jahre im Zimmer der Eltern frei, 3 – 6 Jahre 39,10 €, 7 – 11 Jahre 49,80 €, 12 – 17 Jahre 60,40 € jeweils mit VP; 7 – 11 € Ermäßigung für die gemeinnützige Familienerholung, ⟋ Webseite unter /preise/gemeinnuetzige-preise-infos.

▶ Kolping-Ferienheim, das Familienfreizeiten und Programme für junge Familien sowie Großeltern und Kinder anbietet, aber auch Wander- und Exerzitienwochen. 74 EZ/DZ (4 barrierefrei), dazu Familienapartments (1 barrierefrei). Babyküche auf jedem Stockwerk, kostenloses Babyfon. Abenteuerspielplatz, Streichelzoo, Beachvolleyballplatz, Kegelbahn, Sporthalle, Wellnessbereich mit Sauna und Kinderland, Aufenthaltsraum mit Büchern und Spielen.

Ferienwohnung oder -haus

Ferienhaus Krieger, Helmut Krieger, Wideregg 9, 87754 Kammlach. ℂ 08336/7628, www.krieger-ferienhof.de. **Preise:** Ü z.B. 4 Pers für 6 Nächte 600 €, 5. und 6. Pers jeweils 20 €, min. 2 Nächte.

▶ Ruhiger Ferienhof am Rand eines Weilers. 3 FeWo und 1 Apartment. Lamas, Ponys, Kaninchen, Enten, Hühner. Liegewiese, Spielplatz, Tichtennis, Kicker, Indoor-Spielehaus.

Pension Seebad, Hubert Speiser, See 4, 87477 Sulzberg. ℂ 08376/493, www.pension-seebad.de. **Auto:** auf A7 bis Allgäuer Dreieck, dann auf A980, 1. Ausfahrt Richtung Sulzberg. **Preise:** ÜF im 3-Bett-Zimmer ab 36 €, Junior-Suite ab 39 €; 2 FeWo für 3 Pers ab ÜF 56 €, FeWo für 4 Pers ab 93 €.

▶ Die Pension liegt direkt am Öschlesee (mit Terrasse und eigenem Badestrand), sie bietet für den Familienurlaub auch 3-Bett-Zimmer und Juniorsuiten. Auf der gegenüberliegenden Straßenseite sind in einem eigenen Haus 4 FeWo untergebracht. Frühstück, Strandbad, Liegestühle und Sonnenschirme sind inklusive.

Ferienhof und Baumhaus Hotel Allgäu GbR, Familie Bechteler, Kaisersmad 6, 87488 Betzigau. ✆ 08304/5102, www.baumhaushotel-allgaeu.de. **Preise:** bei Belegung mit 4 Personen je nach Saison und Ausstattung 228 – 328 € je Nacht inkl. Frühstück (min. 2 Nächte); Fr – So Aufpreis von 25 € je Erw.
▶ 4 Baumhäuser à 32 qm für je 2 – 4 Personen, schön anzusehen und perfekt ausgestattet mit W-Lan, Heizung, Warmwasser, Bad/WC, Küche und Frühstücksservice. Auf dem nahe gelegenen Hof der Familie Bechteler ist zusätzlich 1 FeWo zu vermieten (120 qm, bis zu 6 Pers).

Die Baumhäuser liegen nah am Kempter Wald, in dem ihr den Wasserweg Durach oder die Wanderung zum Geotop Dengelstein machen könnt.

Feriendorf Hochbergle, Lechbruck am See Touristik GmbH, Hochbergle 2, 86983 Lechbruck. ✆ 08862/7711, www.feriendorf-lechbruck-am-see.de. **Zeiten:** ganzjährig. **Preise:** je nach Haustyp und Saison für 2 Erw 50 – 90 € pro Nacht; Kinder ab 1 Jahr je 6 €/Nacht; zu bestimmten Zeiten Ermäßigung 7 = 6 Wochen.
▶ 120 Häuser bis zu 5 Personen und 26 Häuser bis zu 7 Personen (alle in Privatbesitz) liegen in ruhiger Alleinlage auf einem Hügel über dem *Oberen Lechsee*. Einige Häuser haben Seeblick. Brötchenservice, Frühstück und Halbpension möglich. Spielplatz, Tischtennisplatten, Fußball-/Bolzplatz und Volleyballplatz. Auch für Schulklassen oder Gruppen geeignet.

Feriendorf Reichenbach, Sonnenhäuser Verwaltungs GmbH, Bürgermeister-Martin-Straße 8, 87484 Nesselwang. ✆ 08361/616, www.feriendorf-allgaeu.de. **Zeiten:**

Hunger & Durst

Gasthof Metzgerwirt, Flößerstraße 14, Lechbruck. ✆ 08862/8209. www.p-e-t-z.de. Täglich geöffnet. Altmodische Wirtschaft mit deftigem Essen und Fleisch aus hauseigener Metzgerei.

Die Häuser sind in Privatbesitz und daher sehr unterschiedlich in Komfort und Ausstattung. Hier heißt es vorab genau vergleichen!

ganzjährig. **Preise:** unterschiedlich je nach Haustyp und Saison.

▶ Feriendorf etwa 2 km außerhalb von Nesselwang. 120 Ferienhäuser und 10 Apartments, 50 – 175 qm, für 2 bis 8 Pers, mit unterschiedlicher Ausstattung. Zum Dorf gehören ein Spielplatz, Bolzplatz, Tennisplatz, ein Freibad und ein 300 qm großes Spielhaus mit Boulderraum, Riesenrutsche, Heuspringen, Kinderkino, Dart, Billard, Kicker usw. Brötchenservice.

Ferien auf dem Bauernhof

▶ Auf einem richtigen Bauernhof zu wohnen, ist für viele Kinder ein aufregendes Erlebnis. Viel Platz und Tiere zum Spielen, beim Füttern zuschauen oder sogar ein wenig bei der Stallarbeit helfen, bringt sie der Natur näher und macht Spaß.

Zu manchen dieser Bauernhöfe gehört ein Gasthof und fast alle verkaufen hofeigene Produkte wie Milch, Eier oder Marmelade.

Alte Mühle Kirchdorf, Gudrun Marquardt, Schwedenstraße 16, 86825 Bad Wörishofen-Kirchdorf. ✆ 08247/334717, www.alte-muehle-kirchdorf.de. **Preise:** je nach Saison, Aufenthaltsdauer und Personenzahl ab 76 € pro Nacht.

▶ Aktiver Bauernhof mit 1 FeWo für 5 Personen und 1 FeWo für 7 Personen in einer restaurierten Mühle in Ortsrandlage. Esel, Shropshire-Schafe und Rauhaardackel aus eigener Zucht, Enten, Gänse, Hühner und Forellen.

Ferienhof Orf, Brüchlins 29, 87724 Ottobeuren. ✆ 08332/1614, www.ferienhof-orf.de. **Preise:** Ü 45 – 55 €, Dez – März Mindestmietdauer 1 Woche.

▶ 2 FeWo für 2 – 5 Personen auf einem Hof in einem Weiler über Ottobeuren. Obstgarten, Spielplatz, Trampolin, Tischtennis, Zwerghasen und Katzen.

pmv Öko-Tipp!

Der Schwärzler-Hof, Susanne Schwärzler, Dottenried 44, 87437 Kempten (Allgäu)-Heiligkreuz. ✆ 0831/98651, www.schwaerzler-hof.de. **Preise:** 65 bzw. 75 € pro FeWo und ÜN, mind. 3 Nächte.

▶ Biologisch-dynamisch geführter Demeterhof mit Kühen, Pferden, Schafen, Ziegen, Gänsen, Enten, Hühnern, Schweinen und Bienen. Sehr ruhige Alleinlage ohne Durchgangsverkehr. 2 FeWo (eine für 2 – 4, eine für 3 – 6 Pers) in einem separaten Bio-Holzhaus.

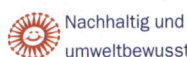
Nachhaltig und umweltbewusst denkende Feriengäste sind ausdrücklich erwünscht!

ømv **Öko-Tipp!**
Ferienhof Krug, Maria Krug, Vorderbrennberg 7, 87452 Frauenzell. ℂ 08373/8988, www.ferienhof-krug.de. **Preise:** auf Anfrage.

▶ Aktiver Bioland-Hof mit Mutterkuhhaltung, Schafen, Hühnern und Bienen. 2 FeWo, eine bis 4, eine bis 6 Personen. Bolzplatz, Spielplatz mit Trampolin, Grillplatz, Tischtennis und Kicker, Schwimmbad und Sauna im Haus, Kneippanlage am Hof.

Ferienhof Heiligensetzer, Brigitte Heiligensetzer, Heberlings 82, 87471 Durach. ℂ 0831/63767, www.ferienhofheiligensetzer.de. **Preise:** Ü 30 – 85 €, min. 7 Nächte, Frühstück kann dazu gebucht werden.

▶ Bauernhof mit kleiner Landwirtschaft in Einzellage. 3 FeWo für bis zu 6 Personen. Jungvieh, Kälber, Ponys, Esel, Hasen und ein Hund. Spiel- und Liegewiese, Spielplatz mit Riesentrampolin, Spielraum, Kräutergarten.

Bäuerin Brigitte ist ausgebildete Märchenerzählerin – wenn ihr sie lieb bittet, erzählt sie euch bestimmt eines!

ømv **Öko-Tipp!**
Ferienhof Maidel, Marieluise Maidel, Eschach 113, 87474 Buchenberg. ℂ 08378/276, www.ferienhof-maidel.de. **Preise:** je nach Saison und Haus 82 – 110 €, FeWo 58 – 65 € pro Tag.

▶ Bioland-Hof in sonniger Panoramalage mit Milchkühen, Ponys, Katzen, Hasen und Hühnern, gleich neben den ↗ *Schwärzenliften* in Eschach gelegen. 2 Ferienhäuser (2 – 7 Pers) und 1 FeWo (2 – 4 Pers). Baby- und Kleinkinderausstattung vorhanden. Spiel-

Der Badeplatz am Eschacher Weiher ist nur 15 Min zu Fuß entfernt.

platz mit Schaukel und Rutsche sowie Kinderfahrzeuge.

ϱмv Öko-Tipp!

Bauernhof Knestel, Tanja Knestel, Weibletshofen 4, 87616 Marktoberdorf. ✆ 08342/5979, www.bauernhofknestel.de. **Zeiten:** Juli, Aug, Dez min. 5 Nächte. **Preise:** ab 2 Pers 60 €, jede weitere Pers 10 €; Kinder unter 5 Jahre 5 €; KönigsCard-Anbieter.

▶ Aktiver Bio-Bauernhof in ruhiger Ortsrandlage. 2 FeWo für bis zu 5 Personen. Garten mit Spielplatz, Trampolin, Tischkicker und Sitzgruppen.

Wiesen-Hof Engstler, Hermann Engstler, Eggenbühl 1, 87634 Obergünzburg. ✆ 08372/929608, www.wiesenhof.de. **Preise:** je nach Saison 94 – 129 € pro Nacht für 2 Erw bei einem Aufenthalt von 5 Nächten; Kinder bis 16 Jahre frei; Longstay-Rabatt ab der 8. Nacht (3,50 €/Nacht).

▶ Kinderfreundlicher Bauernhof in ruhiger Alleinlage oberhalb von Obergünzburg. 2 FeWo (eine für 5, eine für 4 Pers). Großer Kinderspielplatz, Bolzplatz, Kinderfuhrpark, Riesentrampolin, Streicheltiere, Spielzimmer mit Kicker & Co.

ϱмv Öko-Tipp!

Biolandhof Reiser, Renate Reiser, Mühlgasse 4, 87648 Aitrang. ✆ 08343/1461, www.biolandhof.de. **Preise:** je nach Saison und Belegung 75 oder 85 €.

▶ Aktiver Bioland-Hof an der Kirnach mit eigenem Sägewerk. 2 FeWo, eine bis 4, eine bis 5 Personen. Kühe, Ponys, Esel, Katzen, Kaninchen, Enten, Hühner und ein Hund. Frühstück und Brötchenservice möglich. Aufenthaltsraum, Terrasse, Liegestühle, Grill- und Lagerfeuerplatz, Bolzplatz, Spielplatz, großes Trampolin, Kinderfuhrpark, Kicker, Billard, Tischtennis. Einmal wöchentlich geführtes Ponyreiten.

Von hier aus ist der Elbsee mit seinen Bade-, Wander- und Spielmöglichkeiten zu Fuß oder mit dem Fahrrad schnell zu erreichen.

ρɱⱴ Öko-Tipp!

Ferienhaus Franzenhof, Martina Koch, Oggenried 8, 87660 Irsee. ✆ 08340/291, www.ferienhaus-franzenhof.de. **Zeiten:** April – Okt. **Preise:** 3 FeWo für max. 4 Pers, 1 DZ.

▶ Aktiver Bauernhof mit Weiderindhaltung und Kräuterlandhof. Ökologische Stromerzeugung und Heizung. Ponys, Meerschweinchen, Kaninchen. Sommergarten, Kräuterzimmer, Blockhaus mit Aufenthaltsraum, Spielplatz mit Trampolin, Spielscheune, Tischtennis. Brötchenservice möglich.

🍎 Jeden Fr 16 – 19 Uhr ist in Irsee Biomarkt mit ausschließlich regionalen Anbietern.

ρɱⱴ Öko-Tipp!

Ferienhof Aufmuth, Petra Aufmuth, Bergmangstraße 18, 87674 Ruderatshofen-Hiemenhofen. ✆ 08343/386, www.bauernhofurlaub-aufmuth.de. **Preise:** FeWo je nach Saison 52 – 65 €/Tag, FeHaus ab 60 €/Tag, Apartment ab 25 €; der 1. Tag kostet jeweils 30 € mehr.

▶ Aktiver Demeterhof mitten im Dorf. 3 gemütliche FeWo für bis zu 5 Personen, ein kleines Ferienhaus direkt neben dem Hof (5 Pers) und ein Apartment für 2 Pers. Sauna und Fitnessraum. Liegewiese, Grillplatz und Feuerstelle, Spielplatz, Tischtennis, Kinder-Fuhrpark, Hasen und Meerschweinchen.

🍎 Milch, Käse, Eier, Wurst und Rindfleisch können aus der hofeigenen Produktion erworben werden.

ρɱⱴ Öko-Tipp!

Berghof Kinker, Franz Kinker, Ussenburg 77, 87672 Roßhaupten. ✆ 08367/1033, www.berghof-kinker.de. **Preise:** FeWo 75 – 125 €.

▶ Bewirtschafteter Bio-Bauernhof in ruhiger Lage auf 920 Metern Höhe mit freiem Blick auf den Forggensee und die Ammergauer Alpen. 4 gut ausgestattete FeWo, davon eine behindertengerecht. Brötchenservice möglich. Garten, Spielplatz und Spielhütte, Tischtennis, Go-Carts.

ρɱⱴ Öko-Tipp!

Ferienhof Lechleiter, Lisl Lechleiter, Ringweg 8, 87466 Oy-Mittelberg-Faistenoy. ✆ 08366/600, www.ferienhof-

Milch, Eier, Marmelade und Apfelsaft können aus der hofeigenen Produktion erworben werden.

lechleiter.de. **Preise:** je nach Saison und Belegung ab 60 € pro Nacht (min. 4 Nächte).

▶ Aktiver Bio-Heumilch-Bauernhof mit Kühen, Hühnern, Obst-, Kräuter- und Gemüsegarten. 2 FeWo (bis 6 Pers mit Zustellbetten). Brötchenservice möglich. Garten mit Spielplatz und Trampolin. Bäuerin Lisl ist ausgebildete und praktizierende Heilpraktikerin, daher können auch Gesundheitsangebote wie Fußreflexzonenmassage, Meditaping und Bachblütentherapie genutzt werden.

pmv Öko-Tipp!

Bio-Ferienhof Kögel, Andrea Kögel, Holz 3, 87466 Petersthal/Oy-Mittelberg. ✆ 08376/1329, www.ferienhof-koegel.de. **Preise:** je nach Wohnung bei 4 Pers 100 – 125 € pro Nacht, pro Pers mehr 10 €.

▶ Aktiver Bioland-Hof in ruhiger Alleinlage über dem Rottachsee. 3 FeWo, davon 2 bis 5, 1 bis 7 Personen. Ausstattung für Babys und Kleinkinder vorhanden. Mutterkuhhaltung, Ponys, Esel, Schafe, Ziegen, Schweine, Hühner, Enten und Hasen. Spielwiese mit Spielplatz, Liegestühlen, Sitzgruppe mit Tisch, Gartenhaus, Lagerfeuerplatz und Grill.

Ponyreiten (Mo – Fr) ist inklusive, bitte Reit- oder Radhelm mitbringen.

pmv Öko-Tipp!

Beim Bergbauern, Monika Zeller, Breitensteinweg 10, 87549 Rettenberg-Kranzegg. ✆ 08327/357, www.beim-bergbauern.de. **Preise:** FeWo/Haus ab 60 € pro Nacht, je nach Personenzahl und Reisezeit.

▶ Bio-Bauernhof in Ortsrandlage am Hang mit schönem Blick über das Dorf. 3 schön eingerichtete und gepflegte FeWo mit jeweils 2 Schlafzimmern und ein kleines Ferienhäuschen. Ausstattung für Kleinkinder vorhanden. Spiel- und Bolzplatz, jede Menge Trettraktoren und Bobby-Cars, überdachter Freisitz, Aufenthaltsraum und Spielzimmer. Brötchenservice, Milch und Eier gibt's direkt vom Hof. Frühstück ist auf Wunsch buchbar.

Familie Zeller vermietet auch die **Alpe Halden** inmitten der Wiesen bzw. Skipiste mit Platz für 8 bis 16 Personen.

Ferienhof Lämmerhofer, Iris Lämmerhofer, Burgweg 23, 87545 Burgberg-Winkel. ℂ 08321/71114, www.fewo-laemmerhofer.de. **Preise:** je nach Wohnung und Saison 37 – 80 € pro Pers und Nacht; Kinder 3 – 8 €.

▶ Ruhig am Fuße des Grünten auf der Südseite gelegen. Aktiver Milchviehbetrieb, dessen Kühe im Sommer etwas weiter den Berg hinauf auf der ↗ **Alpe Topfen** weiden (eigene Käseherstellung). 3 FeWo, 1 Chalet, ein DZ.

ɒмᴠ **Öko-Tipp!**
Berghof Berger, Ifen 4, 87534 Oberstaufen-Weißach. ℂ 08386/2911, www.berghof-berger.de. **Preise:** FeWo ab 96 €, Familienzimmer ab 40 €, je nach Saison, Personenzahl und Aufenthaltsdauer.

▶ Bioland-Bergbauernhof in Alleinlage mit Panoramablick. 1 FeWo, 3 Zimmer, 1 Ferienhaus mit Hüttencharakter für bis zu 10 Personen und 1 Seminarraum.

Der Finkenhof, Helga Fink, Im Ried 1, 87534 Oberstaufen-Weißach. ℂ 08386/961293, www.der-finkenhof.de. **Preise:** je nach Saison und Wohnung 50 – 82 € für 2 Pers; Kinder bis 4 Jahre je nach Saison 5 – 9 €, Kinder 5 – 14 Jahre 9 – 18 €.

▶ Aktiver Bauernhof mit kleiner Milchviehwirtschaft in ruhiger Ortsrandlage zwischen Oberstaufen und Steibis. 5 FeWo für bis zu 4 Personen, 2 DZ und ein 4-Bett-Zimmer. Ein zusätzlicher Aufenthaltsraum sowie ein großer Garten und eine Terrasse können von allen Gästen genutzt werden. Babyausstattung ist vorhanden. Kinder-Fuhrpark, Spielplatz mit Trampolin, Kicker, Tischtennis, Fußballplatz, Spielscheune.

ɒмᴠ **Öko-Tipp!**
Bioferienhof Wagner, Martina Wagner, Rauen 101, 88167 Gestratz. ℂ 08383/7344, www.wagner-bioferienhof.de. **Preise:** auf Anfrage.

Zur ↗ Starzlachklamm und zu den ↗ Erzgruben am Grünten könnt ihr von hier aus zu Fuß gehen.

Sennerei Hopfen, Stiefenhofen. ☎ 08386/2833. www.gebrueder-baldauf-kaese.de. Mo – Sa 8 – 12 und 15.30 – 18.30, So und Fei 15.30 – 18.30 Uhr, Führung jeden Fr um 17 Uhr. Traditionssennerei mit angeschlossenem Laden und hervorragenden Käsespezialitäten.

▶ 2 FeWo für 2 – 4 Personen auf einem Biobauernhof in einem Weiler inmitten von Wiesen. Liegewiese, Grillplatz, Spielplatz, Tischtennisplatte, Tischkicker, Kett- und Bobby-Car-Fuhrpark, Radverleih. Brötchenservice und Versorgung mit hauseigenen Bioprodukten möglich.

Ferienhof Baur, Hopfen 8, 88167 Stiefenhofen. ☎ 08386/2190, www.ferienhof-baur.de. **Preise:** ab 65 €/Tag für 2 Pers, jede weitere Pers 10 €.
▶ 5 FeWo 50 – 77 qm für 2 – 5 Personen direkt neben dem Allgäuer *Kräuterlandhof Baur,* der auch zertifizierter Kinderbauernhof ist. Mit Kräutergarten, Bolzplatz und großem Spielplatz, Bobby- und Kettcars, Kühen und Kleintieren in idyllischer Lage auf 850 m Höhe.

Reiterferien

pmv Öko-Tipp!
Gestüt Schochenhof, Familien Bär und Ullrich, 87724 Ottobeuren. ☎ 08332/2809298, www.schochenhof.info. **Preise:** 3 Zimmer/Apartments, Preise auf Anfrage.
▶ Ökologisch bewirtschafteter Bauernhof in ruhiger Alleinlage bei Ottobeuren. Rinder (Allgäuer Braunvieh), Schweine, Kamerunschafe, Enten und Hühner. Eigener Futteranbau, Kräuter- und Obstgarten. Knabstrupper-Zucht, Pferdepension und Reitunterricht.

Reitbauernhof Weber, Rosmarie Weber, Heimenhofen 3, 87674 Ruderatshofen. ☎ 08343/9235456, www.ferienhof-weber.de. **Preise:** FeWo für 4 Pers je nach Saison 89 oder 95 €/Tag, Mai – Okt nur wochenweise Vermietung. **Infos:** Während der Schulferienzeiten ist die Nachfrage groß, hier muss frühzeitig gebucht werden.
▶ Aktiver Bauernhof mit Kühen, Kälbern, Pferden, Ziegen und Katzen. Zum Hof gehört ein Reitstall, in

dem auch Pferde der Feriengäste untergebracht werden können. Es können einzelne Reitstunden oder auch Reiterferien-Pakete gebucht werden. 6 FeWo mit moderner Ausstattung. Dazu ein DZ und ein Reiterferienzimmer. Garten mit Liegewiese, Spielplatz, Grillplatz, Kicker, Billard, Fitnessraum, Swimmingpool mit Solarheizung. Wahlweise Brötchenservice oder gemeinsames Frühstück im Aufenthaltsraum (gegen Aufpreis).

Haflingerhof, Stefan Bentele, Ornachstraße 29 – 33, 87541 Oberjoch. ℘ 08324/7698, www.haflingerhof.de. **Preise:** FeWo für 4 Pers je nach Saison und Größe ab 105 €.

🍎 Der Haflingerhof hat einen eigenen Hofladen.

▶ Allergikerfreundlich auf 1200 m Höhe gelegen. 10 FeWo, davon 2 für 2 Pers, 7 für 4 und 1 bis 6 Personen. Haflinger, Ponys, Esel, Ziegen, Schweinchen und Hasen. Im Sommer Kühe auf der Alpe. Spielwiese, Kinder-Fuhrpark, Heuspielzimmer, Tischtennis, geführtes Reiten auf dem Reitplatz.

Jugendherbergen (JH) & Hostels

Deutsches Jugendherbergswerk Landesverband Bayern e.V., Mauerkircherstraße 5, 81679 München. ℘ 089/922098-555, bayern.jugendherberge.de. **Zeiten:** Info-Telefon Mo – Fr 8 – 19, Sa, So, Fei 9 – 17 Uhr. **Preise:** Mitgliedskarte für **Junioren** unter 27 Jahre 7 € pro Jahr. Ab 27 Jahre gibt es die **27plus**- oder **Familienkarte** für 22,50 €. Bei Paaren mit gleicher Anschrift zahlt nur ein Partner, Lebenspartner und minderjährige Kinder erhalten kostenlos eigene Mitgliedskarten, ebenso eigene volljährige Kinder oder Enkel bis 26 Jahre auch bei abweichender Anschrift. Die Familien-/27plus-Karte berechtigt den volljährigen Karteninhaber zur Mitnahme befreundeter minderjähriger Kinder; Mitgliedschaft für Schulgruppen u.Ä. ab 4 Pers 25 € pro Jahr. **Infos:** Windeleimer, Babyfon und Kinderbetten, kostenloses W-Lan sind Standard in allen JH; Bettwäsche inklusive, Handtücher kön-

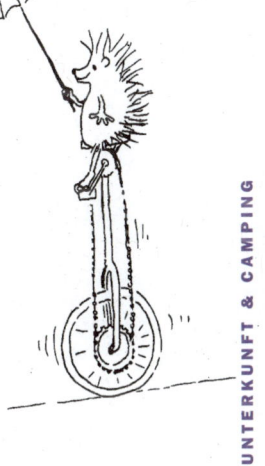

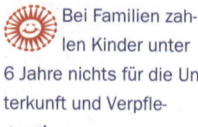 Bei Familien zahlen Kinder unter 6 Jahre nichts für die Unterkunft und Verpflegung!

nen gegen Gebühr ausgeliehen werden. Aktions-, Kurs- und Gruppenangebote auf der Webseite.

▶ Jede Menge Platz zum Spielen und tolle Angebote für Familien sorgen in den Jugendherbergen für eine unkomplizierte Zeit – in Bayern rund 60 Jugendherbergen, 4 im Allgäu. Alle liegen schön und bieten in Haus und Umgebung gute Möglichkeiten zu Sport und Spiel. Viele organisieren Ausflüge oder Naturerkundung.

Übernachten kann hier jeder, auch Einzelreisende und Großeltern, man muss nur Mitglied im Verband sein. Die Mitgliedschaft kann vor Ort oder über die Webseite erworben werden.

Für Gruppen gibt es auf Anfrage spezielle Aktivprogramme.

JH Ottobeuren, Manfred Hackl, Kaltenbrunnweg 11, 87724 Ottobeuren. ✆ 08332/368, www.ottobeuren.jugendherberge.de. **Preise:** ÜF ab 24,40 €, HP ab 39,40 €, ab 27 Jahre 4 € je Nacht mehr; Schulklassen ab 23,40 €/Pers.

▶ Ortsrandlage, 98 Betten in 23 Zimmern, 1- bis 6-Bett-Zimmer, 2 Schlafräume sind rollstuhlgerecht ausgebaut. Große Spielwiese, Speed-Soccer-Platz, Tischtennis, Billard, Kicker und Grillhütte, Gemeinschaftsraum mit Game-Station.

Viel Holz an der Hütte: Die Jugendherberge Ottobeuren
© pmv, Kettl-Römer

Bavaria City Hostel, Reichenstraße 15, 87629 Füssen. ✆ 08362/9266980, www.hostel-fuessen.com. **Preise:** je nach Saison und Zimmergröße ab 18 € pro Pers und Nacht. **Infos:** Bettwäsche ist inklusive, Handtücher können gegen Entgelt geliehen werden.

▶ Mitten in der Fußgängerzone von Füssen gelegen. 3 DZ und 7

MBZ für 4 – 9 Pers. Klein, aber mit Sinn für Design ausgestattet. Etagenbad, Küche, Terrasse, TV-Lounge. Frühstück möglich.

JH Füssen, Michael Biedermann, Mariahilferstraße 5, 87629 Füssen. ✆ 08362/7754, www.fuessen.jugendherberge.de. **Preise:** ÜF ab 25,40 €, HP ab 39,40 €, ab 27 Jahre 4 € je Nacht mehr; für Schulklassen ÜF ab 22,40 €, HP ab 28,40 €.

▶ Ruhige Lage in einem Wohngebiet, 148 Betten in 35 Zimmern (2- bis 6-Bett-Zimmer), davon vier 4er-Zimmer für Familien mit Dusche/WC und 9 Familienschlafräume mit Etagendusche. Spielecke, Spielzimmer, Kicker, Fahrradverleih.

JH Oberstdorf-Kornau, Jörg Simon, Kornau 8, 87561 Oberstdorf. ✆ 08322/9875-0, www.oberstdorf.jugendherberge.de. **Preise:** ÜF ab 28,40 €, HP 31,60 €, Gäste ab 27 Jahre 4 € je Nacht mehr; Schluklassen ab 24,90 €/Pers.

 Sommer- und Winterkurse für Rafting, Paragliding, Paddeln oder Schneeschuhwandern im Programm.

▶ Kinderland zertifizierte Jugendherberge für Familien in Alleinlage auf rund 900 m Höhe. 214 Betten in 2- bis 10-Bett-Zimmern, davon 14 Schlafräume für Familien mit Dusche/WC. Spielzimmer, Spielplatz, Billard, Kicker, Tischtennis, Kletterwand, Flying-Fox-Seilbahn, Langlaufloipe direkt am Haus.

Oberstdorf Hostel, Mühlbachstraße 12, 87651 Oberstdorf-Tiefenbach. ✆ 08322/9878400, www.oberstdorfhostel.de. **Preise:** ÜF 3-Bett-Zimmer je nach Saison 81 – 150 €, 6-Bett-Zimmer 132 – 270 €; Kinder bis 3 Jahre im Bett der Eltern frei, bis 11 Jahre im eigenen Bett 6 – 8 € Ermäßigung. **Infos:** Bettwäsche und Frühstücksbuffet inklusive.

🦋 Mitte Mai – Anfang Nov wird an 7 Tagen die Woche ein Familien-Ferienprogramm geboten – und zwar ohne Aufpreis!

▶ Für Jugendgruppen und Familien: 168 Betten in 46 Zimmern. 2-, 3-, 4- und 6-Bett-Zimmer mit eigener Dusche/WC, Fünferlager und EZ mit Etagenbad und -WC. Zeitgemäß eingerichtet. Kicker, Dart, Kino, Hostel-Wohnzimmer mit offenem Kamin und

Gemeinschaftsküche. Großer Outdoor Playground mit Grillstation, Basketball und Fußball, Slackline, Cross Boccia, Discgolf, Baumklettertouren, Trampolin und Boulderstadl.

JH Lindau, Dirk Umann, Herbergsweg 11, 88131 Lindau. ℰ 08382/96710, www.lindau.jugendherberge.de. **Bahn/Bus:** ↗ Lindau, vom ZUP Anheggerstraße mit Bus 3 und 4. **Auto:** Der Herbergsweg zweigt 300 m westlich des Berliner Platzes von der Bregenzer Straße ab, ausgeschildert. **Zeiten:** ganzjährig außer 11. – 24. Dez und Jan – Anfang Feb. **Preise:** ÜF ab 24,40 €, HP 30,40 €, VP/Lunchpaket 34,90 €, Gäste ab 27 Jahre 4 € je Nacht mehr.

▶ Eine der größten und komfortabelsten Jugendherbergen in Bayern. Insgesamt 254 Betten in EZ, DZ, 4- oder 6-Bett-Zimmern. Ganzjährig Freizeitprogramme wie Segel- und Surfkurse sowie im Winter Ski- und Snowboardkurse, Oster- und Silvesterfreizeit. Leseräume und Spielzimmer, Kinderspielecke und -spielplatz, insgesamt sehr familienfreundlich.

Naturfreundehäuser & weitere Gruppenunterkünfte

Kraußstraße 8, 90443 Nürnberg. ℰ 0911/237050, www.naturfreunde-bayern.de. **Preise:** Schnuppermitgliedschaft Erw 50 €, die Ortsgruppen (siehe Webseite) erheben eigene Jahresbeiträge, die um den Schnupperpreis liegen; Kinder/Jugendliche bis max. 27 Jahre, deren Eltern nicht Mitglied sind, 25 €; Schnuppermitgliedschaft Familie 75 €. **Infos:** Mitglieder engagieren sich gemeinsam für soziale und Umweltthemen, erhalten 4 x im Jahr die Mitgliedszeitschrift, sind haft- und unfallversichert bei allen Veranstaltungen, Reisen und Ausbildungskursen der NaturFreunde, erhalten Rabatte auf die Übernachtungskosten in allen NFH.

▶ Die **Naturfreundehäuser** (NFH) sind naturnah gelegene, einfach ausgestattete Übernachtungsmög-

Die NaturFreunde Deutschlands sind ein politischer Freizeitverband für Umweltschutz, sanften Tourismus, Sport & Kultur und haben mehr als 70.000 Mitglieder in etwa 600 Ortsgruppen mit mehr als 400 Naturfreundehäusern, www.naturfreunde-schwaben.de.

lichkeiten für Gruppen und Einzelgäste. Meistens gibt es Mehrbettzimmer mit Duschen/WC auf dem Gang. Die Häuser stehen auch Nichtmitgliedern offen, allerdings zahlen diese ein wenig mehr als Mitglieder. In diesem Buch sind die Preise für Nichtmitglieder festgehalten.

NFH Rechberghaus, Rothenstein Rechberg 2, 87730 Bad Grönenbach. ℰ 08334/6224, www.naturfreunde-mm.de. **Auto:** Von Memmingen über Bad Grönenbach Richtung Legau nach Rothenstein, dort nach dem 1. Haus rechts der Beschilderung folgen. **Preise:** Bett 15 € für Nichtmitglieder, 8 € für Mitglieder, Matratzenlager 10 € bzw. 6 €, Wäschegebühr 4,50 €; Kinder 5 – 17 Jahre 11 €, 6 € für Mitglieder, Matratzenlager 8 bzw. 4 €, zzgl. Wäschegebühr. **Infos:** Hausreferentin: Nina Huber Tel. 08331 6400476.
▶ Idyllisch gelegen an der Illerschleife, 35 Betten in 6 Zimmern (4 DZ, 3- und 4-Bett-Zimmer) und einem Lager für 20 Personen, Terrasse, Liegewiese, Selbstversorgerküche.

NFH Freibergsee Oberstdorf, Nicolas Grimm, Höllwiesenweg 2, 87561 Oberstdorf. ℰ 08322/2285, www.nfh-allga.eu. **Preise:** 35 € pro Nacht mit Frühstücksbüffet; 1 Kind bis 5 Jahre bei 2 vollzahlenden Erw gratis, Kinder bis 9 Jahre 20 €, 10 – 14 Jahre 25 €; für Schulklassen und Gruppen je nach Personenzahl und Aufenthaltsdauer Sonderpreise.
▶ Mitten im Naturschutzgebiet gelegen, 2 Min zum Skilift. 52 Betten in 21 Zimmern (15 DZ, 2 x 3-Bett-, 3 x 4-Bett-, 1 x 5-Bett-Zimmer), Kinderspielplatz und Sonnenterrasse. Nur zu Fuß erreichbar ab Parkplatz ⌇ *Söllereckbahn* (15 Min), Gepäck wird auf Wunsch abgeholt. Halbpension möglich.

Kemptener NFH Steigbachtal, Stefan Rabus, Steigbachtal 12, 87509 Immenstadt. ℰ 08323/2123, www.kemptener-naturfreundehaus.de. **Lage:** Vom Immenstädter

Hunger & Durst
Zum Kohlenschieber, Marktplatz 4b, Bad Grönenbach. ℰ 08334/7837. www.kohlenschieber.de. Mo – Sa 11 – 24 Uhr. Riesige Kuchenstücke in netter Atmosphäre zu familienfreundlichen Preisen.

Friedhof über das Steigbachtal die Fahrstraße entlang oder nach ca. 4 km rechts den Wanderweg über die Alpe einschlagen. **Bahn/Bus:** ↗ Immenstadt. **Zeiten:** Einkehr Di – So ab 10 Uhr. **Preise:** Zimmer HP 47 €, Lager HP 37 €; Kinder im Elternzimmer 29 €, im Lager 24 €.

▶ Alleinlage am Gschwender Horn bei Immenstadt auf 1442 m Höhe. 97 Schlafplätze in 17 Zimmern (1- bis 5-Bett) und 3 Bettenlagern. Gaststätte mir 100 Plätzen und frischer Küche. Der Aufstieg zu Fuß von Immenstadt aus dauert rund 1,5 Stunden.

Dez – März ist die Mautstraße nicht befahrbar und die Hütte nur zu Fuß zu erreichen.

NFH Michael-Schuster-Hütte, mit Gaststätte, Heidi Nusser, 87527 Sonthofen. ✆ 08326/384636, www.naturfreunde-sonthofen.de. **Auto:** Von Sonthofen auf B308 Richtung Hindelang, dann rechts nach Imberg. Ab hier Mautstraße (Maut am Automaten entrichten) zum Parkplatz Straußberg, von dort ca. 10 Min Fußweg. **Zeiten:** Sa, So ist die Hütte mit Getränken bewirtschaftet. **Preise:** 14 €; Kinder bis 13 Jahre 7 €, 14 – 17 Jahre 11 €.

▶ Selbstversorgerhaus, Schlafraum für 12 Personen, Terrasse, Grillplatz.

Edmund-Probst-Haus, Matthias Geiger, Nebelhorn 1, 87561 Oberstdorf. ✆ 08322/4795, www.edmundprobst-haus.de. **Zeiten:** ganzjährig. **Preise:** DAV-Mitglieder Bett 20 €, Lager 13 €, Nichtmitglieder Bett 30 €, Lager 24 €; DAV-Mitglieder ab 7 Jahre Bett 20 €, Lager 6,50 €, Nichtmitglieder Bett 30 €, Lager 16,50 €.

▶ 1880 als Schutzhütte erbautes Haus auf 1932 m Höhe auf dem Nebelhorn (Anreise mit der ↗ Nebelhornbahn). Im Winter ideal für Skilager. 94 Betten in 4-Bett-Zimmern und Matratzenlagern. Warme Dusche mit Münzeinwurf. Für Gruppen ab 15 Personen ist Halb- und Vollpension möglich.

NFH Schönblick, Alte Schulstraße, 87534 Oberstaufen-Thalkirchdorf. ✆ 08325/427, www.naturfreunde-goeggingen.de. **Preise:** 14 € für Nichtmitglieder, 12 € für Mitglieder, Leihgebühr Bettwäsche 5 €; Kinder 2 – 17 Jahre 9 €

bzw. 7 €. **Infos:** Informationen zum Haus und Anmeldung bei Sigrid und Roland Eckert ℰ 0821/9985724.

▶ Ruhig gelegen am Nordhang des Klammen, 36 Betten in 9 Zimmern (DZ, 4er-, 6er-Zimmer), 2 Waschräume, Liegewiese und Tischtennisraum. Geeignet für Jugendfreizeiten, Klassenfahrten und Familienfreizeiten.

ⲣⲙⱴ Öko-Tipp!

Umweltstation Legau, Bildungszentrum Unterallgäu, Haid 20, 87764 Legau. ℰ 08330/246997-0 (Mo – Fr 8.30 – 16 Uhr), www.bzu.de/umweltstation-unterallgaeu. **Bahn/Bus:** Von Kempten ZUM Bus 66b. **Auto:** Von Memmingen auf St2009 über Lautrach nach Legau, in Legau links in Lehenbühlstraße/MN21 bis Umweltstation. **Preise:** auf Anfrage.

 Die Umweltstation verleiht Vierer-Canadier und bietet geführte Kanutouren auf der Iller an. Für Gruppen gibt es erlebnispädagogische Angebote mit Grill-Events. Weitere Infos auf der Webseite.

▶ Unterkunft für Schulklassen und Jugendgruppen, Vereine und Familien. 122 Betten in 22 Schlafräumen, davon 8 DZ mit eigenem Bad und 6 Schwedenhütten für 9 Personen sowie ein Zeltplatz für bis zu 1500 Personen. Selbstverpflegung oder VP möglich. Fußballplatz, Fahrräder, Boote, Lagerfeuerplatz. Für Gruppen ist ein individuelles Bildungsprogramm rund um die Themen Energie, Artenvielfalt, Wasser und Ernährung möglich.

Freizeit- und Tagungshaus Eschers, Eschers 12, 87496 Untrasried. www.eschers.de. **Preise:** Ü für Jugendgruppen/Schulklassen aus dem Landkreis Ostallgäu 9,10 € pro Pers, min. 136,50 €; für auswärtige Gruppen 11,24 €, min. 168,60 €, sonstige Gruppen 14 bzw. min. 210 € pro Nacht; Kinder unter 6 Jahre und jedes 3. Kind einer Familie frei. **Infos:** Bettwäsche 5 € oder mitbringen. Buchung über **Kreisjugendring OAL.**

▶ Selbstversorgerhaus in einem renovierten Bauernhaus in Alleinlage für Jugendgruppen, Vereine, Verbände, Schulklassen. Küche, Tagungsraum mit Medienausstattung, Billardraum, Spieltenne, große Spielwiese und Lagerfeuerplatz. 32 Betten in 4- bis

 **Kreisjugendring Ostallgäu,** Ruderatshofener Straße 29, Marktoberdorf. ℰ 08342/919841. www.kjr-ostallgaeu.de. Der KJR ist ein Zusammenschluss demokratischer Jugendverbände mit einer Vielzahl von Freizeitangeboten.

8-Bett-Zimmern. Ein behindertengerechtes Zimmer und Bad/WC.

Landjugendheim Haus Stephanie, Daniel Kürschner, Holz 10, 87494 Rückholz. © 08369/251, www.landjugend-heim.de. **Preise:** HP ab 21 €, VP ab 24 €; Kinder HP ab 11 €, VP ab 13 €, Schüler HP ab 19 €, VP ab 22 €; Freiplatz für Lehrer. **Infos:** Bettwäsche und Handtücher müssen mitgebracht werden.

▶ Ruhig am Ortsrand gelegen, 34 Betten in 10 Zimmern mit eigenem Waschbecken, außerdem 6 Etagenduschen und 5 Toiletten. 2 Aufenthaltsräume, 1 Spiel-/Bastel-/Leseraum, 1 Hobbyraum bzw. Partykeller, Schuhraum, Skistall und Trockenraum. Bolzplatz, Volleyballfeld, Liegewiese, Feuerstelle.

☀ Eine Wohneinheit im Adlerhorst ist rollstuhlgerecht ausgestattet und ein separates Behinderten-WC vorhanden.

Gruppengästehaus Adlerhorst, Bergaussstraße 1, 87629 Schwangau. © 08362/9822-11, www.adlerhorst-schwangau.de. **Preise:** HP 39,50 € pro Pers und Nacht, VP 44 – 48,50 €.

▶ Tolle Lage über Schwangau unterhalb des Tegelbergs. 92 Betten sind verteilt auf 6 Wohneinheiten mit 2- und Mehrbettzimmern, die jeweils einen eigenen Dusch- und WC-Bereich sowie Aufenthaltsraum haben. Großer Giebelsaal für gemeinsame Veranstaltungen. Indoor-Kletterwand und Kellerbar mit Tischtennis, Pool-Billard, Dart und Tischkicker. Unterhalb des Adlerhorsts ist ein Hochseilgarten, der für erlebnispädagogische Veranstaltungen genutzt werden kann.

Wertachmühle Nr. 1, Familie Hengge, Wertachmühle 1, 87466 Oy-Mittelberg. © 08365/1521, www.wertach-muehle.info. **Preise:** Gruppenhaus 1 Woche 995 €, Fewo 240 € für 1 Woche, weitere Preise je nach Aufenthaltsdauer und -lage auf der Webseite.

▶ Ehemalige Mühle in ruhiger Alleinlage an der Wertach, 2016 umfassend renoviert. 28 Schlafplätze in 2 DZ, 2 Vierbett- und 2 Achtbettzimmern, 2

Frühstücken mit

RAPUNZEL

Echte Naturkost für kleine und
große Bio-Fans:

- kontrolliert biologisch
- nachhaltig & naturbelassen
- fair produziert

...einfach lecker!

Rapunzel Naturkost | Rapunzelstraße 1 | 87764 Legau/Allgäu
www.rapunzel.de | 08330/529-0

Wir machen Bio aus Liebe.

Waschräume, 3 sepratae Toiletten, voll ausgestattete Küche, Aufenthaltsraum, Grill- und Spielwiese. Auch 1 Fewo bis 6 Pers.

Vom Bergheim Unterjoch sind es zu Fuß nur ein paar Minuten zu den **Spieserliften.** Schneeschuhe und Rutschkissen können im Haus ausgeliehen werden.

Bergheim Unterjoch, Obergschwend 7, 87541 Bad Hindelang. ℰ 08324/98202-0, www.bergheim-unterjoch.de. **Preise:** ÜF 47,10 € inkl. Lunchpaket, HP/VP möglich; ÜF Kinder 2 – 5 Jahre 27,40 €, 6 – 11 Jahre 34 € inkl. Lunchpaket; ab 4 Nächten Ermäßigung. Schulklassen pro Tag 30,50 € inkl. Frühstück und Lunchpaket, Freiplätze für Lehrer je nach Gruppengröße. Ermäßigung für kirchliche Gruppen und in der NS möglich. **Infos:** Bettwäsche mitbringen, Verleih gegen Gebühr.

▶ Vom Evangelischen Jugendwerk in Württemberg getragenes Haus für Jugendgruppen, Schulklassen, Kleingruppen und Familien. Am Waldrand und Berghang gelegen. 4 Apartments für max. 5 Personen. Ansonsten 64 Betten in 4 EZ, 7 DZ, zehn 3- und fünf 4-Bett-Zimmern, einige davon mit Dusche und WC. Terrassen, Feuerstelle, Beachvolleyballfeld, Tischtennisplatte, Sportplatz mit Kleinfeldtoren, Spielplatz, Niedrigseil-Parcours, Street-Basketball-Feld.

Mountain Hostel, Spielmannsau 3, 87561 Oberstdorf. ℰ 08322/9870580, www.mountain-hostel.de. **Preise:** Ü im MBZ ab 15,90 €, DZ ab 17,90 € Frühstück, HP und VP möglich; keine Kinderpreise; für Schulklassen und große Gruppen individuelle Preise auf Anfrage.

▶ Holzblockhaus von 1921 in wunderschöner, sehr ruhiger Lage am Ende des Trettachtals (Privatstraße). 88 Betten in 14 Zimmern für 2 – 11 Personen. Für Familien- und Jugendfreizeiten, für Schulklassen Angebote mit VP und verschiedenen Programmen. Große Wiese für Fußball und andere Sportarten, Spielplatz, Slackline, Lagerfeuerplatz.

Übernachten in freier Natur

▶ Für Schulklassen und Gruppen sind **Jugendzeltplätze** die zweifellos einfachste, wildeste und auch preiswerteste Variante des Campens. Dafür können sich Kinder und Jugendliche richtig austoben und oft gibt es eine Stelle für zünftige Lagerfeuer. Die **Campingplätze** bieten vor allem Familien mehr Komfort und Unterhaltungsmöglichkeiten beim Übernachten unterm Sternenhimmel.

Jugendzeltplatz, -feriendorf

Jugendzeltplatz Kempten-Rothkreuz, Stadtjugendring Kempten, Bäckerstraße 9, 87435 Kempten (Allgäu). ✆ 0831/13438, www.stadtjugendring-kempten.de. **Auto:** Navi: Im Rothkreuz 33, 87439 Kempten; Buchung über den Stadtjugendring Kempten. **Rad:** Direkt am Radweg Kempten – Isny. **Zeiten:** Mai – Sep. **Preise:** Ü 3,50 €.

▶ 4500-qm-Platz (umzäunt) neben der Rottach für bis zu 60 Personen. Er kann von Jugendgruppen, Jugendverbänden, Schulen und freien Trägern der Jugendarbeit angemietet werden. Sanitär- und Küchengebäude, Holzhaus 4 auf 6 m, Feuerstelle und Pavillon mit gemauertem Grill. Zur Ausstattung gehören auch 16 Klapptische und 30 -bänke, eine Tischtennisplatte, ein Volleyballnetz und eine Torwand.

Jugendzeltplatz Rettenau, KJR Ostallgäu, Ruderatshofener Straße 29, 87616 Marktoberdorf. ✆ 08342/911-811, www.rettenau.de. **Lage:** Zeltplatz: Grünauweg, 87675 Rettenbach am Auerberg. **Preise:** für Jugendgruppen außerhalb des Landkreises Ostallgäu 5,50 € (netto) pro Pers, Mindestsatz pro Nacht 110 € (= 20 Pers), sonstige Gruppen 7 €/Pers, Mindestsatz pro Nacht 140 €. **Infos:** Info und Buchung über KJR Ostallgäu.

▶ Ruhig gelegener Platz für bis zu 100 Personen, der 2015 ausgebaut wurde. Zwei Sanitärgebäude, Technikraum, Materialhütte, Kochausrüstung. Große Spielwiese, Tischtennisplatte, Beachvolleyballplatz, Dorfbadeweiher in 100 m Entfernung.

Verleih von Campingausrüstung, Zelten, Spiel- und Mediengeräten durch den KJZ gegen Gebühr

Jugendzeltlager Allgäu, Gottfried Kobel, Luimoos 47, 87494 Rückholz. ℂ 08369/910818, www.zeltplatz-bayern.de. **Preise:** auf Anfrage.

▶ Zwei Zeltplätze (einer bis 120, einer bis 400 Pers) inmitten von Wiesen und zwischen zwei Badeseen. Die Plätze werden nach Bedarf mit Toilettenwagen und Abwasser ausgelegt. Bauholz und Brennholz auf Anfrage.

Zeltplatz am Buchweiher, Familie Bentele, Buch 4, 88260 Argenbühl-Siggen. ℂ 07566/652, www.der-zeltplatz-am-buchweiher.de. **Preise:** Zeltlager 2,30 € pro Pers, privat auf Zeltplatz 3,50 €, WoMo 5 €, pro Person 4 €; Kinder ab 6 Jahre Zeltlager 2,30 €, privat auf Zeltplatz 3,50 €, im WoMo 3 €.

▶ Ruhig am Waldrand gelegener Selbstversorgerplatz für Gruppen bis zu 80 Personen. 4 WoMo-Stellplätze. Sanitäranlagen vorhanden. Der *Buchweiher* nebenan kann auch zum Baden genutzt werden.

Campingplätze

Camping am See International, Fred Schroff, Am Weiherhaus 7, 87740 Buxheim. ℂ 08331/71800, Handy 0173/5787726. www.camping-buxheim.de. **Zeiten:** Mai – Sep. **Preise:** 7,50 €, Wohnwagen, WoMo 11,50 €, kleines Zelt 5 €, großes Zelt 6,50 €; Kinder 2 – 12 Jahre 4 €.

Bootsverleih, Gaststätte, Naturlehrpfad sind gleich nebenan.

▶ Der Platz mit ca. 140 Stellplätzen plus einigen Zeltplätzen ist direkt am **Buxheimer Weiher** gelegen und hat auch einen großen eigenen Badestrand. Grillplatz, Spielplatz, Jugendraum.

An der Nordseite des **Sulzberger Sees,** der von Einheimischen nur *Öschlesee* genannt wird, liegt ein nettes kleines Strandbad, 16 Gehmin. vom Camping. Der flache See gehört zu den wärmsten in der Region.

Öschlesee Camping, mit Gaststätte, Moos 1, 87477 Sulzberg. ℂ 08376/93040, www.camping-oeschlesee.de. **Auto:** auf A7 bis Allgäuer Dreieck, dann auf A980, 1. Ausfahrt Richtung Sulzberg. **Zeiten:** ganzjährig. **Preise:** 7,50 €, Zelt mit Auto, Wohnwagen oder WoMo 12,50 €, Zelt 7,50 €, befestigter WoMo-Stellplatz inkl. Personen und Strom 16,50 €; Kinder 2 – 14 Jahre 4 €;

ab 7 Nächten 10 % Ermäßigung für Erw und Kinder, 15. Jan – 15. März und Okt – 15. Dez 30 %.

▶ Der Platz liegt nicht direkt am See, sondern auf der westlichen Seite der OA6, die aber über eine platzeigene Unterführung unterquert werden kann. Gepflegte Anlage mit Spielplatz, Jugendspielraum, Kegelbahnen, Tischtennis, Volleyball- und Fußballfeld, Grillplatz, Bäckerwagen (Apr – Sep). 250 Stellplätze für Wohnwagen und WoMos sowie Platz für Zelte. Moderne Sanitäranlagen mit Mutter-Kind- und behindertengerechtem Waschraum/WC; die Sanitäranlagen werden regelmäßig vom ADAC ausgezeichnet.

ρmv Öko-Tipp!

Camping Elbsee, Familie Martin, Elbseestraße 3, 87648 Aitrang. ℗ 08343/248, www.elbsee.eu. **Auto:** Von Marktoberdorf über Schwabenstraße bis Altdorf, dann links auf OAL5 Richtung Ruderatshofen, danach bei Aitrang links in Am Elbsee. **Preise:** je nach Saison 6,80 – 8,20 €, Auto 2,90 – 3,50 €, Stellplatz Classic (Wohnwagen/Zelt) 7,10 – 8,50 €, Umweltabgabe pro Nacht/Stellplatz 1,60 €; Kinder 4 – 15 Jahre 3,60 – 4,50 €.

▶ 5-Sterne-Patz mit Ecocamping-Siegel. 120 Zelt-/Stellplätze, 2 FeWo, Kiosk. Sanitäranlagen mit eigenem Kinder- und Behindertenbad, Sauna, Aufenthaltsraum mit Billard, Kicker, Airhockey, Kinderbücherei, Kinderkino, Spielraum und großem Spielplatz, zudem Bolzplatz, Beachvolleyball, Basketball, Bocciabahn, Kneippbecken. Direkter Zugang zum (kostenpflichtigen) Strandbad mit 50 % Ermäßigung.

Via Claudia Camping, Via Claudia 6, 86983 Lechbruck. ℗ 08862/8426, www.via-claudia-camping.de. **Zeiten:** ganzjährig. **Preise:** je nach Saison 5,90 oder 7,90 €, Zelt auf Zeltwiese 5,90 oder 8,90 €, Stellplatz je nach Saison und Ausstattung 8,90 – 25,90 €; Kinder 5 – 15 Jahre 3,50 oder 4,50 €; Bonustage Jan – April und Nov – Dez 5 = 4, 9 = 7, 13 = 10 oder 21 = 16. **Infos:** Naturerlebnisprogramm für Kinder in den Sommerferien.

Sterneckers, Moos 1, Sulzberg. ℗ 08376/2121219. www.sterneckers.com. April – Sep Di – So 11.30 – 14 und 17 – 22 Uhr, Juli/Aug auch Mo 17 – 22 Uhr. Vegetarische, vegane und thailändische Speisen bieten Abwechslung.

Da der Platz sehr beliebt ist, ist eine Reservierung während der Ferienzeiten sehr zu empfehlen.

Eine weitere Liegewiese und Bademöglichkeit sind ca. 10 Gehminuten entfernt am **Baderwäldlesee.**

Via Claudia Gusto, Lechbruck. ✆ 08862/9874804. www.via-claudia-camping.de. Di – Sa 16.30 – 22, So 10 – 14 und 16.30 – 22 Uhr, in den Sommerferien täglich 10 – 22 Uhr. Vegetarische Gerichte, Kindergerichte und Schnitzel; Biergarten.

▶ Großer Campingplatz (600 Plätze) mit großzügigen Stellplätzen plus Zeltwiesen in ruhiger Lage am *Oberen Lechsee.* 3 Sanitärgebäude, 4 Mietbäder, Kinderwaschland mit Babywickelraum, 2 Kindersanitäre und 2 Babybäder. Spielzimmer, Jugendraum, Bolz- und Beachvolleyballplatz, Tischtennis, Boccia- und Eisstockbahn, Liegewiese, Bootsanlegeplatz, Laden. Es gibt auch Blockhäuser, Schlaffässer, eiförmige Pods und einen Naturwagen zu mieten.

Camping Hopfensee, mit Gaststätte, Eduard Mayr, Fischerbichl 17/ Uferstraße, 87629 Füssen-Hopfen am See. ✆ 08362/917710, www.camping-hopfensee.de. **Zeiten:** Ab Ende der bayerischen Herbstferien bis Mitte Dez geschlossen. **Preise:** Ü je nach Saison 10 oder 11,20 €, Stellplatz 13,30 oder 15,55 €; Kinder 2 – 11 Jahre 6 oder 7,05 €, 12 – 17 Jahre 7,75 oder 10,65 €. **Infos:** Der Platz ist sehr beliebt, frühzeitig buchen!

▶ Der mehrfach ausgezeichnete und familienfreundliche 5-Sterne-Platz bietet nicht nur 373 Stellplätze für Wohnwagen und -mobile (keine Zelte!) in landschaftlich herrlicher Lage, sondern neben der allgemein gehobenen Ausstattung noch einige Extras: ein Hallenbad mit »Zwergerl-Bad«, Sauna, Dampfbad, Spa, eine Physio-Praxis, Spielplätze, ein Spielhaus, Kino, Badeplatz am See, Tischtennisplatten, einen Tennis- und einen Bolzplatz, auf dem im Winter eine Kunsteisbahn eingerichtet wird. Ein Restaurant und einen Laden gibt es auf dem Gelände natürlich auch.

Bannwaldsee-Stadl, Münchener Straße 151, Schwangau. ✆ 08362/93000. www.camping-bannwaldsee.de. Restaurant mit Café-Terrasse und Biergarten, Pizzeria und Feststadl mit Musik- und Tanzveranstaltungen.

Camping Bannwaldsee, mit Gaststätte, Münchener Straße 151, 87645 Schwangau. ✆ 08362/9300-0, www.camping-bannwaldsee.de. **Preise:** Ü ab 16 Jahre NS 8,50, HS 10,50 €, Stellplatz je nach Ausstattung und Saison 9,50 – 13,50 €, Zeltplatz 9,50 – 11,50 €; Kinder 6 – 15 Jahre 7 – 8 €.

▶ Sehr schön gelegener Platz am Südufer das *Bannwaldsees.* 650 Plätze, davon 200 Dauercamper. Laden, Spielplatz, Boot- und Fahrradverleih, im Sommer Kinder- und Familienprogramm. Es gibt auch 4 Apartments und 4 gemütliche Schlaffässer zu mieten. Der Sanitärbereich wurde im Frühling 2019 modernisiert und erweitert.

Camping Magdalena, Ursula Eisenmann, Bachtalstraße 10, 87669 Rieden-Osterreinen. ℂ 08362/4931, www.sonnen-lage.de/sonnen-lage/campingplatz. **Zeiten:** April – Okt. **Preise:** Ü ab 16 Jahre je nach Saison 6 – 7 €, WoMo, Wohnwagen 7 – 7,50 €, Zelt 3,50 – 5,50 €; Kinder 2 – 8 Jahre 3,20 oder 4 €, 9 – 15 Jahre 4,20 oder 4,80 €.

▶ Kleiner Campingplatz (104 Plätze, davon die Hälfte Dauercamper, sowie ein Campingfass) direkt am *Forggensee* mit Blick auf die Ammergauer Alpen. Spielplatz, Badebereich mit großer Liegewiese, neue Sanitäranlagen.

Camping Seewang, mit Gaststätte, Familie Rauch, Tiefental 1, 87669 Roßhaupten-Rieden. ℂ 08367/406, www.camping-forggensee.de. **Auto:** von Norden kommend über B16 direkt nach der Tiefentalbrücke rechts. **Zeiten:** ganzjährig. **Preise:** ab 16 Jahre je nach Saison 6 oder 7,50 €, Stellplatz 9 – 11 €, Zelt 7 oder 8 €; Kinder 3 – 5 Jahre 3 oder 3,50 €, 6 – 15 Jahre 4 oder 5,50 €.

▶ Ruhiger Platz direkt am *Forggensee* mit eigener Hafenanlage, Badeplatz, Liege- und Spielwiese. 100 Touristenplätze für Wohnwagen/Zelt, 13 WoMo-Stellplätze, 1 Blockhaus für 4 Personen und 1 FeWo. Café-Restaurant mit Panorama-Wintergarten, Brötchenservice auf Anfrage. Seit 2017 neues Sanitärgebäude mit Mietbädern.

ᴩᴍᴠ Öko-Tipp!
Insel-Camping am See, mit Gaststätte, Max Bertele, Insel 32 3/4, 87448 Waltenhofen. ℂ 08379/881, www.insel-camping.de. **Zeiten:** ganzjährig. **Preise:** 5,80 €, Pkw 1,50 €, Zelt 5 – 10 €, WoMo 8 – 10 €, 1 FeWo; Kinder 2 – 12 Jahre 4 €.

Hunger & Durst
Pizzeria Il Gambero,
↗ Radtour rund um den Forggensee.

🐚 Verleih von Ruderbooten und eBikes am Platz.

🐚 Zum Insel Camping gehört auch ein Ruderbootverleih (5 €/Std), Angler können hier Fischereikarten kaufen.

▶ Gepflegte und umweltfreundliche (Eco Camping) kleine Anlage mit 75 Stell-/Zeltplätzen im Naturschutzgebiet direkt am ⚹ *Niedersonthofener See* mit vielen Bäumen, Kiosk und Gaststätte. Separater Waschraum mit WC für Rollstuhlfahrer. Eigener Badestrand und Liegewiese (für Camper kostenlos, Besucher 1,50 Euro pro Tag).

ρmv Öko-Tipp!

Camping Zeh am See, Hedy Anders-Zeh, Burgstraße 27, 87448 Waltenhofen-Niedersonthofen. ✆ 08379/7077, www.camping-zeh-am-see.de. **Auto:** B19 bis Ausfahrt Niedersonthofen. **Zeiten:** ganzjährig. **Preise:** 7 €, Zelt oder Wohnwagen 6 – 9 €, WoMo 7 – 9 €, Auto 2 €; Kinder 2 – 10 Jahre 5 €.

Am CP sind Angelkarten erhältlich und Fischerboote zu mieten (13 €/Tag).

▶ Kleiner, familiärer 4-Sterne-Platz (Eco Camping) am Südende des ⚹ *Niedersonthofener Sees* mit ca. 100 Stellplätzen. Seebad gleich nebenan. Dazu 2 Spielplätze, Streichelzoo, Jugendtreff, Kiosk, Gaststätte und kostenloses W-Lan. Barrierefreies Sanitärgebäude mit Fußbodenheizung und Babybad.

Grüntensee-Camping International, mit Gaststätte, Grüntenseestraße 41, 87497 Wertach. ✆ 08365/375, www.camping-gruentensee.de. **Auto:** Von Wertach auf Grüntenseestraße in Richtung Nesselwang. **Zeiten:** ganzjährig. **Preise:** 9 €, WoMo 8,50 – 10 €, Zelt 7,50 €; Kinder 6 – 15 Jahre 7 €; Hund 2,50 €; auch DZ, FeWo (2 – 8 Pers), Holz-Iglu. **Infos:** Frühzeitige Reservierung wird besonders für Termine während der Schulferien empfohlen!

Tretboot- und SUP-Verleih am Platz.

▶ 4-Sterne-Platz in ruhiger Lage direkt am See mit Badestrand, Bade- und Bootssteg, Liegewiese, Spielplatz, Spiel- und Jugendraum, Bolz- und Volleyballplatz, Tischtennis, Bocciabahn, Fitnessraum, Kiosk. Großzügige Sanitäranlagen mit Familienduschen, eigene Hundedusche, Sauna im Iglu-Haus.

Alpsee Camping, mit Gaststätte, Seestraße 25, 87509 Immenstadt-Bühl. ✆ 08323/7726, www.alpsee-camping.de. **Preise:** Ü ab 17 Jahre je nach Saison 11 oder 14 €, Standplatz WoMo oder Wohnwagen 11 – 15 €; Kinder 5 – 11 Jahre 5 oder 6 €, 12 – 17 Jahre 8 oder 10 €.

▶ Direkt am *Großen Alpsee* gelegene 4-Sterne-Anlage mit 200 Stellplätzen, davon 100 WoMo-Plätze mit Frisch- und Abwasser- sowie Stromanschluss. Wellnessbereich mit Sauna, Infinity-Pool und Infrarotkabine, Restaurant und Mini-Markt. Kinderbad, Privatbäder, Spielplatz und Aufenthaltsraum mit Spielmöglichkeiten.

Camping Aach, mit Gaststätte, Fam. Blenk, Aach 1, 87534 Oberstaufen. ✆ 08386/363, www.camping-aach.de. **Preise:** auf Anfrage, 1 rustikal eingerichtete FeWo für 5 Pers; vielCARD-Anbieter. **Infos:** Hunde erlaubt.

▶ Terrassenförmig angelegter, naturnaher Platz mit 120 Stellplätzen kurz vor der österreichischen Grenze, 40 davon für Feriengäste und ein Zeltplatz für Jugendgruppen. Fitnessraum, Spielplatz, Tischtennisplatte, Indoor-Spielraum mit Billard, Flipper, Playstation. Sauna, Restaurant, Kiosk.

pmv Öko-Tipp!

Campingplatz Alpenblick, mit Gaststätte, Dietmar Jankowski, Schreckenmanklitz 18, 88171 Weiler. ✆ 08381/3447, www.camping-alpenblick.de. **Zeiten:** ganzjährig. **Preise:** Ü Stellplatz inkl. 2 Pers 17 € in NS, 22 € in HS, weitere Pers 4,70 oder 6,10 €, Ü im Campingfass NS 41 €, HS 49 € für 2 Pers, ab 2. Nacht 25 bzw. 33 €; Kinder bis 16 Jahre 2,20 oder 3,10 €; Angebote 7 = 6, 14 = 11 oder 21 = 17 bei Buchung 1 Woche im Voraus und Anzahlung von 50 €. **Infos:** Campingplatz-Eigentümer-Gemeinschaft Alpenblick.

▶ Familienfreundlicher Campingplatz am Südhang von *Lindenberg*. 170 Stellplätze, 8 ökologisch gebaute Blockhäuser für max. 5 Personen und 6 Campingfässer (bis 4 Pers). Kinderspielplatz, Badeweiher, Bolzplatz, Badmintonfeld, Tischtennis, Streichelzoo und Gaststätte.

Hunger & Durst

Café-Restaurant Grüntensee, Grüntenseestraße 41, Wertach. ✆ 08365/3039997. Öffentliches Lokal mit italienischen Köstlichkeiten, Eis und Kuchen sowie Sonnenterrasse.

Richtig viel Platz zum Spielen gibt es 100 m weiter im Wald auf der Familienspielwiese mit Grillplätzen, Tischtennis, Spiel- und Bolzplatz (9 – 22 Uhr).

Waldbad Camping Isny, mit Gaststätte, Lohbauerstraße 61-69, 88316 Isny. ✆ 07562/2389, www.camping-isny.de. **Auto:** Von Isny Kurhaus Richtung Lindau über Untere Achstraße/Maierhöfener Straße, dann der Beschilderung folgen. **Zeiten:** Mitte März – Mitte Okt. **Preise:** WoMo 7 – 8 €, Komfort-Stellplatz 11 – 12 € je nach Saison, Zelt ab 5 €, Erw ab 17 Jahre 7 – 8 €; FeWo NS 59 € (min. 3 Nächte), HS 69 € pro Nacht für 2 Pers (min. 7 Nächte), Holzhaus für 4 Pers ab 59 € in der NS (min. 3 Nächte) – 84 € in der HS (min. 7 Nächte); Schäferwagen für max. 2 Pers 35 € pro Nacht; Kinder 3 – 6 Jahre 3,50 €, 7 – 16 Jahre 5 €. **Infos:** Haustier 2,50 – 3 € je nach Saison.

▶ Idyllischer, stadtnaher Campingplatz im Wald mit kleinem Badesee, 50 Stellplätzen und Platz für etwa 15 Zelte. Dazu 2 Schäferwagen, 2 FeWo und 3 FH. Gaststätte, Kiosk und Brötchenservice.

Mitte Mai – Mitte Sep Fr 18.30 – 20 Uhr Wochenmarkt mit regionalen Produkten.

Camping am Badsee, mit Gaststätte, Familie Wagner, Almisried 1, 88316 Isny-Beuren. ✆ 07567/1026, www.campingbadsee.de. **Auto:** Isny bis Friesenhofen, dann rechts Richtung Beuren, Beschilderung folgen. **Zeiten:** Mitte April – Mitte Okt. **Preise:** 6,30 €, Stellplatz je nach Platzgröße 6,60 – 10,50 €; Kinder bis 5 Jahre 2,85 €, 6 – 11 Jahre 4,30 €, 12 – 15 Jahre 5 €. **Infos:** 1 FeWo und 2 Schlaffässer.

▶ Gepflegter und gut ausgestatteter Platz mit 98 Stellplätzen und weiteren für Dauercamper am wunderschönen See mit Kiosk, Gaststätte, Brötchenservice. Spielplatz mit Seilbahn, Volleyball- und Fußballfeld, Tischtennis, Streichelzoo, Behinderten-WC und -Waschraum.

REGISTER & KARTEN

1 cm
12 km

MEMMINGEN
&
UNTER-
ALLGÄU

Bad Wörishofen

Memmingen

BY

Kaufbeuren

KAUFBEUREN
& MOD

Ravensburg

Leutkirch

BW

KEMPTEN
& UMGEBUNG

Markt-
Oberdorf

WANGEN

Isny

KEMPTEN

&

FÜSSEN &
OSTEN

Wangen

980

ROTTACH-
SEE

Rottachsee

Forggensee

WESTALLGÄU

96

PFRONTEN

Füssen

Immenstadt

Lindau

IMMENSTADT

Pfronten

&

OBERALLGÄU

Bregenz

A

A

Kleinwalsertal

www.PeterMeyerVerlag.de

Register

Orte, Aktivitäten
Gaststätten
Stichworte
Personen

Umwelt- und sozialverträgliches Reisen beginnt bei der Wahl des richtigen Reiseführers

▶ pmv wählt die Reiseziele nach Kriterien der Nachhaltigkeit aus: Seit 2007 keine Flugreiseziele mehr – außer »Ghana«, ein Land, das wir mit unserem Freund Jojo Cobbinah seit 1993 unterstützen.

▶ Unsere Freizeittipps sind ressourcenschonend.

▶ Ausflüge sind mit Bahn & Bus machbar.

▶ Bücher und Prospekte werden in Deutschland gedruckt.

▶ Druck auf Recycling- oder zertifiziertem Papier aus nachhaltiger Forstwirtschaft und mit Ökofarben.

▶ Klimaneutral: Bereits seit 2009 unterstützen wir mit jedem Buch Wiederaufforstungs- oder Energieprojekte, die auch soziale Aspekte berücksichtigen, in Indien, Afrika und Deutschland.

▶ 100 % Ökostrom für Büro und Haushalt, geringer Verbrauch.

▶ Keine Werbegeschenke aus Plastik, kein Plastikgeschirr auf Messen, keine Plastikhülle um die Bücher und anderes mehr.

Mit ☀ pmv Land & Leute umweltfreundlich entdecken.

Zeichenerklärung Karten

Hallenbad, Freibad		Kirche, Kloster	
Badestelle, Strandbad		Schloss, Burg	
Bootfahren, Paddeln		Sehenswerte Altstadt	
Segeln, Surfen		Museum	
Personenboot		Kino	
		Essen & Trinken	
Wandern		Seil-, Bergbahn	
Reiten, Kutschfahrten		Bergwerk	
Natursehenswürdigkeit, Park		Aussichtsturm	
Wild-, Vogelpark		Leuchtturm	
Umweltinfo, Lehrpfad,		Höhle	
Betriebsbesichtigung		Gipfel mit Höhe in m	
Radeln		Pass mit Höhe in m	
Kletterpark		Aussicht	
Erlebnispark, Spielplatz			
Theater, Freilufttheater		Autobahn, Ausfahrt	
Wintersport, rodeln		Bundesstraße	
Ski alpin		Internat. Flughafen	
Skiflugschanze		ICE-, Bahnhof	
Sternwarte		Großstadt	
Wasser-, Windmühle		Ort, Dorf	
Archäologische Fundstätte		Hotel, Pension	
		Ferien(bauern)hof	
(Tourist-)Information		Jugendherberge	
Einkaufen, Buchhandlung		Gruppenunterkunft, NFH	
		Zeltplatz, Campingplatz	

© auf Signaturen und Karten: pmv Peter Meyer Verlag

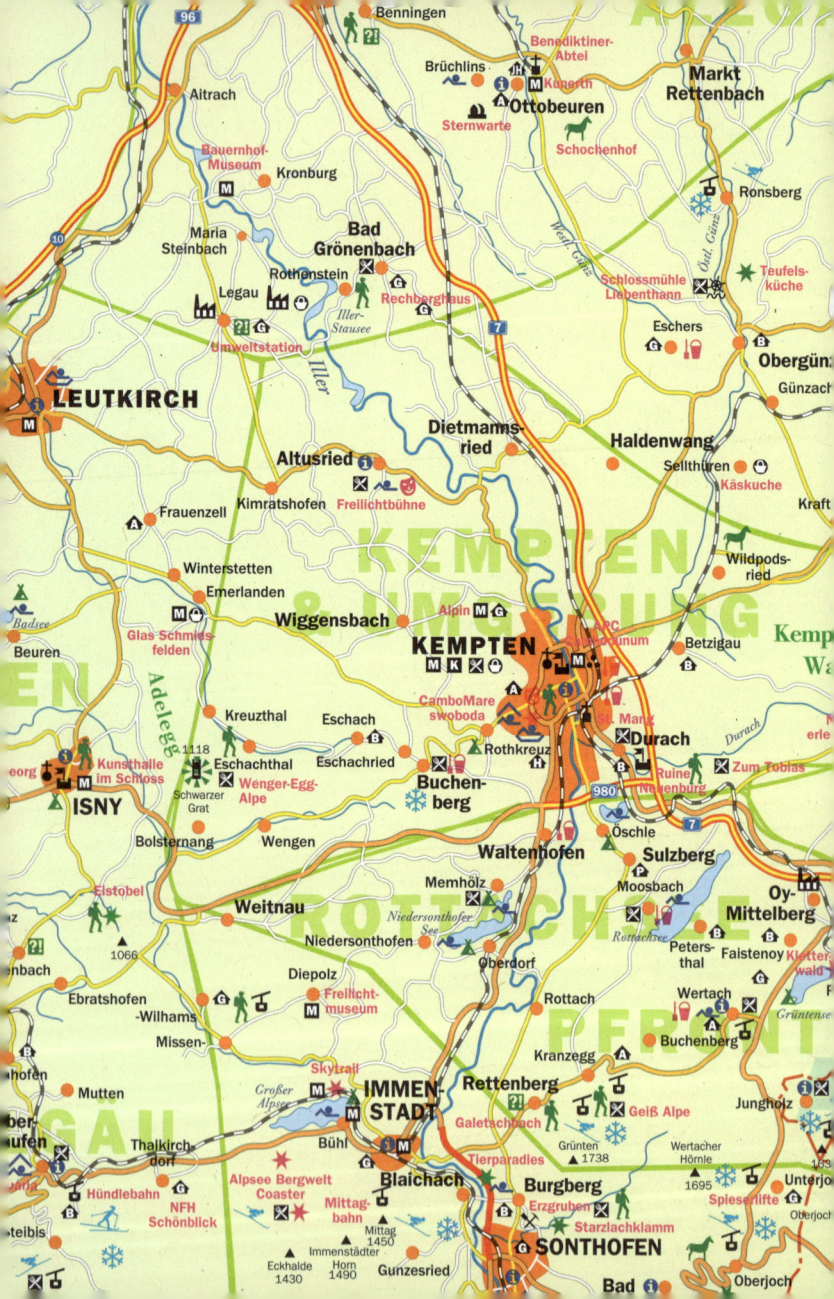

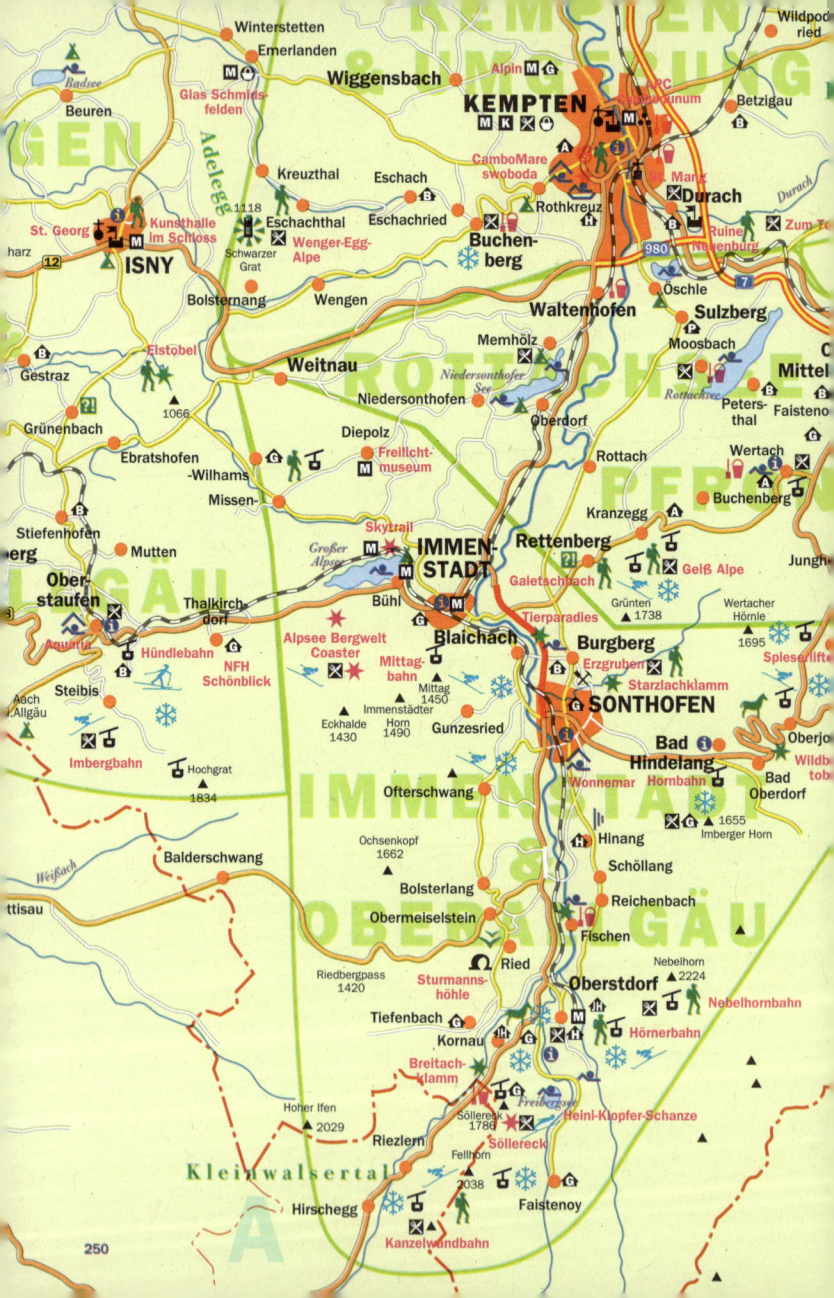

Winterstetten
Emerlanden
Wiggensbach
Wildpoldried
Alpin
KEMPTEN
Betzigau
RC Decimunum
Glas Schmids-felden
Beuren
Badsee
CamboMare swoboda
Kreuzthal
Eschach
Rothkreuz
Marx
Durach
Eschachthal
Eschachried
St. Georg
Kunsthalle im Schloss
1118
Wenger-Egg-Alpe
Buchen-berg
Ruine Neuenburg
Zum To
ISNY
Schwarzer Grat
harz
Öschle
Sulzberg
Bolsternang
Wengen
Waltenhofen
Memhölz
Moosbach
Mittel
Elstobel
Weitnau
Niedersonthofer See
Petersthal
Faisteno
Gestraz
1066
Niedersonthofen
Oberdorf
Rottachsee
Wertach
Grünenbach
Diepolz
Rottach
Buchenberg
Ebratshofen
-Wilhams
Freilicht-museum
Kranzegg
Missen-
Skytrail
IMMEN-STADT
Rettenberg
Geiß Alpe
Jungh
Stiefenhofen
Mutten
Großer Alpsee
Galetschbach
Grünten 1738
Wertacher Hörnle
erg
Ober-staufen
Thalkirch-dorf
Bühl
Tierparadies
1695
Aquaria
Hündlebahn
NFH Schönblick
Alpsee Bergwelt Coaster
Blaichach
Burgberg
Erzgruben
Starzlachklamm
Spieserlifte
Steibis
Mittag-bahn
Mittag 1450
SONTHOFEN
Oberjo
Aach i.Allgäu
Imbergbahn
Hochgrat 1834
Eckhalde 1430
Immenstädter Horn 1490
Gunzesried
Bad Hindelang
Wildb tob
Ofterschwang
Wonnemar
Hornbahn
Bad Oberdorf
1655
Imberger Horn
Balderschwang
Ochsenkopf 1662
Hinang
ttisau
Weißach
Bolsterlang
Schöllang
Obermeiselstein
Reichenbach
Fischen
Ried
Nebelhorn 2224
Riedbergpass 1420
Sturmanns-höhle
Oberstdorf
Nebelhornbahn
Tiefenbach
Kornau
Hörnerbahn
Hoher Ifen 2029
Breitach-klamm
Freibergsee
Heini-Klopfer-Schanze
Riezlern
Söllereck 1786
Söllereck
Kleinwalsertal
Fellhorn
2038
Faistenoy
Hirschegg
Kanzelwandbahn

250

Füssen & Osten

a.Auerberg

Ettrieser Weiher
Klette am Ette — Römerbad — Kohlhuden
Stötten — Bernbeuren
Auerberg 1055
Moos-Barfußpfad

Wald — Steingaden
Görisried — Lechbruck
Natur-erlebnispfad
Steinbach
Sameister-weiher
Sameister
Lech
Schmutter-weiher

FÜSSEN &

Rückholz
Illas-bergsee

Imkerei
Seeg — Roßhaupten
Alpe Beichelstein

Gugge-moos — Rieden a.F.
Nesselwang — Eisenberg — Hopfen a.See
Reichen-bach — Kappel
Alpspitzbahn — Hopfensee
Kreuzegg
Weißbach — FÜSSEN
Höll-schlucht — St. Mang
Kappeler Alp
Pfronten — Burgruine Falkenstein
Steinach
Baumkronenpfad
Ziegelwies — Vils
Tannheimer Berge

Buching — Buchenberg
Bannwald-see

Forggensee

Schwangau
Tegelberg
Neuschwanstein
Hohen-schwangau — Hohenschwangau

Ammergebirge

OSTEN

Tannheimer Tal

Nesselwängle
1938

Breitenberg 1838
1635 Sorgschrofen 1838
nterjoch
erjoch-Pass

Gaichtpass

Reutte — Breitenwang
Alpentherme
Ehenbichl — 1823
Fort Claudia
Burg Ehrenberg — highline179
Heiterwang

Plansee

Weißenbach
2241
Berwang

2376

2233

Fernpass 1216
Innsbruck ↓

PETER MEYER VERLAG
1 cm
3 km

251

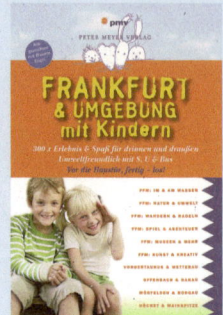

HARZ MIT KINDERN
Die 400 besten Touren &
Ausflüge rund ums Jahr
von Kirsten Wagner

Bergwerke erkunden, Fal-
ken beobachten oder
sogar im Sommer rodeln:
Im Harz gibt es für Fami-
lien mit Kindern 3 – 13
Jahre Spannendes zu ent-
decken. Das beweist Kirs-
ten Wagner mit ihren sage
und schreibe 400 Aus-
flugstipp. Damit kommt
garantiert keine Lange-
weile auf!

»Das alles macht Spaß
und ist zudem interessant.
Die Texte sind so geschrieben, dass Kinder selbst
ihre Lieblingsziele aussuchen können und die El-
tern hinterher trotzdem
sicher den Weg dorthin
finden.« Die Zeit

ISBN 978-3-89859-469-1
288 Seiten, 17,50 Euro
Bereits 6. Auflage!

BERCHTESGADENER
LAND & CHIEMGAU
MIT KINDERN
400 spannende Aktivi-
täten vom Chiemsee bis
zum Watzmann
von Katja Faby

Was können Familien im
Berchtesgadener Land
und Chiemgau außer wan-
dern und baden unterneh-
men? Dieser pmv-Freizeit-
führer stellt über 400
spannende Aktivitäten
vor, die die Urlaubs- und
Freizeitplanung kinder-
leicht machen und auch
bei schlechtem Wetter für
gute Laune sorgen.

»Service pur, damit auch
Eltern wirklich Urlaub
haben.«
Badische Zeitung

ISBN 978-3-89859-462-2
256 Seiten, 17 € [D]

Pro Natur & Umwelt:
Bücher mit Blauem Engel.

FRANKFURT & UMGE-
BUNG MIT KINDERN
300 x Erlebnis & Spaß
für drinnen und draußen.
Umweltfreundlich mit
S, U & Bus
von Annette Sievers

Ferien in der Großstadt
sind langweilig? Weit
gefehlt! 300 Aktivitäten
für Kinder von 3 bis 13
Jahre lassen sich frei
kombinieren und bieten
beste Voraussetzungen
für entspannte Ausflüge:
Wölfe und Waschbären
beobachten, schwimmen
oder klettern sowie Wan-
der- und Radtouren sind
auch in der Metropole
möglich. Das Museums-
angebot ist einzigartig.

»Das Buch gehört in die
Handtasche jeder Mutter –
gleich neben die Feucht-
tücher.« Susanne Fröhlich

ISBN 978-3-89859-466-0
256 Seiten, 17,50 € [D]

 pmv PETER MEYER VERLAG

© maruritius

Zum Glück gibt es die umwelt-freundlichen Reiseführer von pmv!

Denn unsere Tipps und Touren sind so vielseitig wie umweltschonend, so amüsant wie lehrreich. Von Autoren sorgfältig ausgewählt und liebevoll beschrieben, machen die Texte Lust auf Unternehmungen in freier Natur oder der Stadt. Anfahrten mit ÖPNV, regionale Unterkunft und Einkehr sowie am Ende die umweltfreundliche Herstellung der Bücher machen das grüne Glück perfekt.

Die einzigen Reiseführer mit Blauem Umwelt-engel.

BODENSEE MIT KINDERN
Die 333 schönsten Ausflüge & Frei-zeittipps rund um den ganzen See

8. aktualisierte Auflage
ISBN 978-3-89859-468-4
17,50 Euro [D]

Alle Bücher auch als eBook
erhältlich.

✴ **pmv** PETER MEYER VERLAG

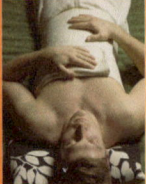
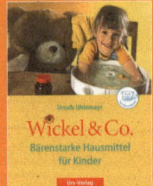